来凤琪　主　译

叶海松　黄晓霞　主译助理

21世纪的学习和教学技术 前景瞻望

Leslie Moller

Jason Bond Huett

Douglas M. Harvey　主编

Learning and Instructional Technologies for the 21st Century

Visions of the Future

华东师范大学出版社

上海市版权局著作权合同登记　图字：09－2015－566 号

目　录

译 序

在 2013 年的美国教育交流与技术学会（AECT）年会上，常务理事长 Phillip Harris 博士问我是否能为 AECT 翻译三本书，我一口答应了。之所以答应得如此爽快，有以下几个原因：其一为中国教育技术界作些贡献是我多年来的愿望与一贯的实践，其二我非常愿意为 AECT 多作贡献，其三深信自己的翻译能力，其四相信能很快地组织起一支中英文并茂而且熟谙教育技术的翻译队伍，其五相信凭着长年与华东师范大学的学术交流关系，在华东师范大学出版社出版三本 AECT 书籍应该不成问题。在此，我首先要感谢华东师范大学出版社接受我们的译文，使《21 世纪的学习和教学技术：前景瞻望》（*Learning and Instructional Technologies for the 21ˢᵗ Century：Visions of the Future*），《教育技术领域的设计：设计思维、设计过程与设计工作室》（*Design in Educational Technology：Design Thinking，Design Process，and the Design Studio*）和《教育交流与技术术语集》（*Encyclopedia of Terminology for Educational Communications and Technology*）这三本译作能与我们中国教育技术界的同事及学生们见面。

在完成这三本译著的过程中，有一个我亲身经历的故事老是在我脑际驻留：那是 30 多年前，时届我撰写本科毕业论文期间，由于一位师长的建议，我在论文准备过程中以年轻人不分昼夜的热情，加班加点地第一次尝试将一本英文原著 *Writing Scientific Papers in English* 翻译成稿，投寄给上海科学技术文献出版社。由于那段时期百废待兴、人才断流，以致编辑见到我恭恭敬敬地坐在接待室中，却没能将我的青年模样与她推测中的"中老年知识分子形象"对上号。后来，当编辑部确认我是译者时，做了一个令我深感意外的安排：让当时已是权威的著名自然杂志编辑陈以鸿老师做我译著的校对。我当时初出茅庐，有陈以鸿编辑作为我的老师，我不但学到了许多翻译知识和技巧，还学到了陈老师对学问一丝不苟，对翻译工作脚踏实地的认真态度。他那循循善诱、诲人不倦的精神令我至今印象深刻。我时常体会到在各领域中，我们都要以这样的精神来教诲后来者如何对待知识与著作实践。对年轻人要有代代相传的关心、指导与提携，这样我们的科学与知识才能得以传承。在这种理念的引导下，我与我共事的年轻梯队，在时间紧缺的条件下配合完成了这三本译作的艰巨任务。

没有从事过翻译实践的人可能往往会认为翻译比写文章容易，其实不然。因为两种语言之间没有绝对等同的文字，所以，逐字直译是不可取的。当我们在翻译专业科技文化作品时，逐字直译尤其不可取。大概人人都知道翻译要信达雅，但要做到信达雅绝对不是件容易事。我不能说我们的翻译梯队做到了信、达、雅，但是他们在翻译过程中按主译要求几经修改，以求精炼。我们要求梯队成员按照以下准则翻译，我们称其为七部曲：

第一部：细读每一段落以彻底理解每一段落的意思

第二部：用中文讲述所理解的段落内容

第三部：写下讲述的中文

第四部：修正、精炼中文文字，适当地方加字以提高中文可读性

第五部：中英对照以检查意思方面有否添加或遗漏

第六部：再次修正，然后邀请中国学者阅读并提供反馈

第七部：根据反馈第三次修正，然后润色，力争信、达、雅

这是我们要求翻译梯队采用确保准确表达原文意思并确保译文的可读性的意译方法。但是，三次修正后依然存在着各种问题，之后对每个章节的审阅少者二至三审，多者四至五审。由于翻译梯队分散在中美各地，有效交流成了一个问题，加之大家都是全日制工作人员，其工作压力也可想而知。在翻译过程中，有两个翻译成员因整个审阅修改过程太过耗时而退出。雪上加霜的是还有一位到最后一刻没能如期递交译文，对主译成员造成了极大的压力。然而，天无绝人之路，在我们山穷水尽疑无路时，刘炬红、闫寒冰、刘名卓和徐鹏博士先后毅然决然地表示愿意提供帮助，以解燃眉之急。尤其是华东师范大学开放学院的副院长闫寒冰教授、刘名卓副教授和东北师范大学的徐鹏副教授，当他们得知我们的困境时，毫不犹豫地伸出援助之手，在百忙之中抽时间，不辞辛劳地连夜赶翻，且保质保量。他们的援助犹如雪中送炭，他们高度的责任感使我深受感动。

审阅编译的过程是一个严谨思维和费时的过程。为求信、达、雅，在用词用句上都

需要反复推敲。举例来说，在用词上，同样的一个英语词汇可能在不同的上下文中有不完全一样的意思，因此，需要根据上下文被译成不同的中文。比如说，practice，在drills and practice 中，是指操练，而在 practice in the real world 中是指实践。另外，有些中文词貌似同义，而事实上意思是不尽相同的。例如，后果和结果，评估和评价，进展和发展，教学和教育，模型和模式，动力和动机，扩散和普及，测试和测量等，它们不是完全等同的同义词，不能互用。为求翻译的精确，我们在审阅编译过程中都一一作了仔细检查和必要的修正。此外不少句子的翻译也存在着歧义，我们也都一一作了修正，在此仅举一例：

原文：This chapter tells the story of efforts to make the sharing of that knowledge open, accessible, and a widespread aspect of our practice.

原译：本章致力于讲述为使这个知识共享开放，易接近，并普及至我们真实实践中所做的努力。

原译的主要问题在于：（1）"This chapter tells the story of efforts"不是"本章致力于"而是本章讲述了一个（我们）"致力于"一项工作的故事。（2）"to make the sharing of that knowledge open, accessible, and a widespread aspect of our practice"中的"accessible"不是指"easy to approach"（易接近）而是指"obtainable, easy to access"（可/容易获取的）。

因此本句被修正为："在本章中，我们给大家讲一个我们致力于知识共享的故事，其目的是为了使知识共享开放于众、唾手可得，并广泛地贯彻到我们的实践中去。"

术语的翻译常与国内的既成翻译有冲突。我们的基本原则是尽量保持与既成翻译的一致，但当既成翻译产生歧义时，我们要进行修正。然而，对于从其他领域引进的术语，例如"混搭"（mashup）、"面向对象"（object-oriented）等，我们不作修正，袭用既成翻译。以下我们将举七个术语修正的例子：

● 例一

原文：Dual Coding Theory

既成中文翻译：双重编码理论

分析既成翻译的问题所在：Paivio 的 Dual Coding Theory 讲的是当信息接收者在外来信息进入大脑时，工作记忆中的两个系统是如何对语言信息以及非语言信息进行处理的。这个过程是一个学习过程，学习的第一步是对接收到的信息进行解码。因此，把 Dual Coding Theory 翻译成编码理论是有歧义的。

我们将既成中文翻译修正为：双码理论。

- 例二

原文：performance

既成中文翻译：绩效

分析既成翻译的问题所在：performance 意为学业表现、工作表现。学生做的学校布置的作业情况是他们的 learning performance，工作单位里雇员做的工作情况是他们的 working performance。performance 可好也可差，强调的是成绩而不是功效、效应或效率。

因此，我们将既成中文翻译修正为：业绩。

- 例三

原文：critical thinking

既成中文翻译：批判性思维

分析既成翻译的问题所在：critical thinking 中的 critical① 不是指 inclined to find fault or to judge with severity, often too readily（挑剔、批判）而是指 involving skillful judgement as to truth, merit, etc.（有技巧地来审视事物的真实性与价值）。

因此，我们将既成中文翻译修正为：严谨思维。

- 例四

原文：Meta-Analysis

既成中文翻译：元分析

分析既成翻译的问题所在：Meta 这个源自于希腊文的前缀，有多重意思，当它搭配于不同的词语时，有着不同的含义，所以，翻译时应根据每个词本身的意思来决定中文译文，而不能一概翻译为"元"。Meta-Analysis 的原意简单来说是

---

① 英语的原文解释摘自 Webster's Encyclopedic Unabridged Dictionary of the English Language。

对众多现有实证文献的再次统计与分析。

因此，我们将既成中文翻译修正为：整合分析。

● 例五

原文：Schema Theory

既成中文翻译：图示理论

分析既成翻译的问题所在：Schema 是指"an underlying organizational pattern or structure; conceptual framework"（一种基本的组织模式或结构；一种概念框架），其解释与心理学和认知学的定义一致。简单来说，schema 是信息（依据个人的知识与经验等）在人脑中的分类，它形成了一种原有知识的结构，是一种因人而异的思维结构，而这种结构可以随着知识的增长而改变。

因此，我们将既成中文翻译修正为：思维结构理论。

● 例六

原文：formative evaluation

既成中文翻译：形成性评价

分析既成翻译的问题所在：1）formative evaluation 中的 evaluation 不是评价，而是评估。评价更多强调的是下定论，而评估则侧重于过程与分析。2）formative evaluation of instructional material 一般是指在教材设计完成但未完善的情况下所进行的评估，其目的是为了改进教材质量，对不足之处作出修改以达完善。在设计过程中，另有一个评估术语被称为 on-going evaluation，它虽具有 formative evaluation 的性质及目的，但是，因为它发生在产品形成的每一步骤的过程中，所以被称为 on-going evaluation。也许这 on-going evaluation 可被翻译成形成性评估（请注意了，依然是评估，不是评价）。3）formative evaluation of learners 是对学生学习过程的一种诊断性评估。在学生获取知识的过程中，教师要用正式或非正式的评估手段来进行诊断，看学生是否掌握了所教知识，从而决定下一步教学行为。

因此，我们作了如下修正：将 formative evaluation of instructional materials 翻译为"教材检验性评估"，但当它被用于 on-going evaluation 时，我们保持既成翻译"形成性评估"。对于 formative evaluation of learners，我们将其翻译为"诊断性评估"。

● 例七

原文：norm-referenced vs. criterion-referenced

既成中文翻译：常模参照（考核）vs. 标准参照（考核）

分析既成翻译的问题所在：norm-referenced 考核是一种标准考核，举例来说，TOEFL 或 GRE，它们基于标准试卷，意在从一组人中进行比较来挑选合格人才。而 criterion-referenced 考核经常是教师自己根据教学目标出考核题，意在检查学生的学习情况，看是否达到了教学目标。尽管 criterion 直译为中文是"标准"，但是那只是教师按照教学目标自定的标准，而不是参照标准的考核。因此，既成的中文翻译有着极大的误导性。

我们将既成中文翻译修正为：标准参照（norm-referenced）vs. 教学目标参照（criterion-referenced）。

对于整个翻译的过程，我有很多可写，但限于时间，只能尽量缩短此序的篇幅。对于我们的体会及经验，我和我现时的学生叶海松以及国内的同行闫寒冰、刘名卓和徐鹏将在 AECT 2016 年的年会上讨论，并撰写成文发表。

在此，我想感谢我的助理叶海松和黄晓霞博士。晓霞提供并联络了大部分的翻译梯队人员，独立完成了初期第一审的评审工作。海松则每天跟着我加班加点，不分昼夜。在后面的几审中，他担任了与翻译梯队的联络工作。在最后一稿的审阅中，当依然有部分篇章需要进行较多的修改时，为省时，我们缩减与翻译梯队交流的时间，海松同意作为第二译者对这些需要进行大改的篇章进行了修正。我感谢我的翻译梯队，没有他们的贡献，也没有这三本译著。我还要感谢华东师范大学出版社的彭呈军编辑，他给予及时的审核与有价值的反馈，在与他的合作下，本系列译作得以与广大读者见面。最后，我还要感谢冯晓晓和参加前期评估的诸位。冯晓晓时有参加主译成员的讨论并帮助我们找人对译著进行前期评估，她自己也参加了部分前期评估的工作。其他参加前期评估工作的有：屠海晶（印第安纳州立大学，博士，助理教授）；陈刚（山东理工大学，博士，副教授，印第安纳州立大学访问学者）；杨隆化（辽宁大学，博士，副教授，印第安纳州立大学访问学者）；马蔚然（印第安纳州立大学，博士研究生）；邹艳红（中南大学，博士，副教授，印第安纳州立大学访问学者）；王书林（辽宁大学，博士，副教授，印第安纳州立大学访问学者）。

此刻，我想起了我的先父母，是他们教导我成人。先父是上世纪三十年代成功的律师，先母是复旦 1935 年毕业时全校第一，获金质奖章的法学学士。他们希望我能学医或学教育,因为医生治病救人,教师则在教授知识的同时,授人以做人之道。我选择了教育作为我的职业生涯。有人怀疑侨居国外24年的我是否依然能用中文,但我确信从小父母帮助我打下的中文基础不是那么容易被削弱的。记得儿时家父常说:"中文最美,要好好学习中文。"他教我唐诗、宋词、文言文,家母则教我练字。她那手漂亮的颜体字激励我年轻时天天苦练。今天,我已步入他们离开人世时的年龄,我时刻铭记着他们的教导,对教育界作出我微薄的贡献。希望他们的在天之灵能看到我的努力,知道我没有辜负他们的期望。

正值结束译序之际,我收到了一位分别了48年的高中挚友在微信上送来的一首歌《相逢是首歌》:"……相逢是首歌,同行是你和我,心儿是年轻的太阳,真诚又活泼。"我不由联想到你(学术同事们)和我共同前行在学术界的大道上,用我们真诚和活泼的心一起为中国教育技术界作贡献。让我们为中国教育技术的无量前景,共同努力,携手并进吧!

来凤琪

2016 年 4 月

写于美国印第安纳州(Indiana)泰瑞霍特市(Terre Haute)

译者简介

来凤琪,哲学博士,现任印第安纳州立大学终身教授,博士生导师,学术领域为教育技术。1997年毕业于普渡大学,随后,在芝加哥的公司工作,先后任培训部主任及高级教学设计师/项目经理直至2002年返回学术界。来凤琪教授出国前曾在中国任教14年,她在国内的教学起始于幼儿园,然后是小学、初中、高中,直至大学。她于1983起开始发表文章并从事翻译。她的第一本译作《怎样写科学论文》(*Writing Scientific Papers in English* by O'Connor, M. & Woodford, F. P.)出版于1983年,首印62000册,然后于1985年重印10100册。她的译文曾于1983年获全国第二届科技英语翻译奖。她的出版物发表于中美学术界,包括教科书、书本章节,以及学术论文。早在1991年,她曾参加邢志远主持的英汉词典(*A Complete Dictionary of English-Chinese Idiomatic Phrases*)编纂工作,完成3000多条词汇的编纂。来凤琪教授被纪录于Marquis美国名人录(Who's Who in America®),世界名人录(Who's Who in the World®),美国妇女名人录(Who's Who of American Women®),美国教育名人录(Who's Who in American Education®),以及金融与商业名人录(Who's Who in Finance and Business®)。她获得的奖项有AECT主席奖,SICET特殊贡献奖,印第安纳州立大学国际教育贡献奖,印第安纳州立大学Bayh教育学院Reitzel教授研究奖,先进技术援助公司(ATS)年度最佳职工奖,上海铁道学院教学研究最高贡献奖,上海铁道学院教学一等奖等。1997年,来教授被选拔为Phi Kappa Phi全学科荣誉学会终身会员。自2004年起,来教授热衷于中国学术交流活动并活跃于中国教育技术学术界,受邀至17所中国高校授课讲学,先后获得了上海师范大学、山东高等教育学会、河南大学、河南师范大学、华东师范大学和西安外事学院的荣誉证书。她是北美国际华人教育技术学会(SICET)的创办人之一,2005年任年会主席,2005—2006年任学会主席。她也是AECT-LKAOE 2015年夏季国际研讨会的策划筹备人与大会主席,以及HKAECT-AECT 2017年夏季国际研讨会的荣誉顾问。

叶海松，博士候选人，2001 年毕业于上海师范大学，毕业后留校工作 11 年，曾任上海师范大学教育技术系副教授、本科专业负责人，从事本科和研究生教育多年。目前在印第安纳州立大学课程与教学（教育技术学方向）专业攻读博士学位，主要研究方向为教学设计、整合数据分析研究法和数据分析在教育决策方面的应用。

黄晓霞，哲学博士，2007 年毕业于佛罗里达州立大学，学术领域为教学系统设计。毕业后任职于印第安纳州立大学，从事教学设计工作。2012 年加入西肯塔基大学，为教学设计专业助理教授。她的研究主要集中于运用有效的教学策略和技术来建立不同情境下的最优化学习环境。

以下按姓氏笔画排列：

王红，哲学博士，2005 年毕业于美国堪萨斯州立大学，主修教育技术。她曾于福特海斯大学工作，担任教育技术助理教授并主持教学设计部工作。她也曾工作于堪萨斯州立大学，负责教学技术与设计部的工作。王红博士现就职于北弗吉尼亚社区学院，任副教授并负责主持教育技术培训工作。她的文章发表于多种学术期刊，也多次在有关教育技术和远程教育的全美及国际会议上作报告。

冯晓晓，博士候选人，2012 年于麦克尼斯州立大学获得教育技术学硕士学位，目前在印第安纳州立大学攻读博士学位。主要的研究兴趣是多媒体课件设计研究、在线学习，以及教学设计。

朱喜梅，硕士，任教于河南师范大学新联学院教育系，主要从事教育技术学应用研究，并教授现代教育技术、教育原理、教育学基础、教育行政学、教育经济学，以及教育社会学等课程。

刘余良，哲学博士，2000 年在美国得克萨斯州农工大学康默市分校获得教育心理学哲学博士学位，目前是美国南伊利诺伊州大学爱德华兹维尔教学技术专业的教授。

刘炬红，哲学博士，资深教育技术设计师，就职于詹姆斯·麦迪逊大学教育技术中心。刘炬红博士在传统教室以及共时和异时网络空间担任过本科和研究生课程的教学。她的研究兴趣包括引导和支持学生在在线环境里积极参与学习，以及在网络环境中运用互动和互通的协作教学法。她在中国和美国同行评鉴的期刊和专著里发表过学术论文和章节数篇，还参与了教育传媒技术百科全书词条的编纂。她的学术报告被收录在国际、国家和区域会议的论文集里。刘博士的教学设计项目曾入围美国教育交流与技术学会（AECT）PacifiCorp 设计比赛决赛，其关于支持网络环境下学生学习的项目在在线学习联盟（OLC）年会上获得最佳学术报告奖。

刘维，哲学博士，2012 年毕业于普渡大学，专业为学习、设计与技术，毕业后留校，在教学开发研究中心担任教学技术师，有 10 年的教学及科研工作经验，主要从事媒体与技术教学应用，翻转、混合式、网络化课堂教学设计与开发，教师培训，研究与基金申请方面的工作。

何瑾霞，哲学博士，2009 年在中佛罗里达大学获得教育技术博士学位。目前在蒙特利尔大学做课程设计，研究方向为网络教学方法的研究、网络社区合作和虚拟小组合作以及多媒体技术应用工作。

涂韵宏，教育博士，2006 年毕业于弗吉尼亚理工学院及州立大学课程设计及教育技术专业。现任威斯康星大学苏必利尔分校图书信息管理科学助理教授及远程教育课程设计师，在课程设计、远程教育及教育技术运用方面有超过十年的经验。

鲍贤清，哲学博士，毕业于华东师范大学，专业为学习科学与技术设计，目前是上海师范大学教育技术系讲师。他的主要研究方向为信息技术在教学中的应用和教学设计。他最近的研究主要集中于在线学习和场馆学习的设计与开发。

前　言

　　本书是首届美国教育交流与技术协会(AECT)研讨会的成果,它代表了我们这个领域中一些学术带头人的最杰出的思想。在你阅读本书之前,我想为你提供一些背景信息来使你更好地了解它的来龙去脉,以及为何书中的成果显得如此重要。

　　2005年夏天,在Phil Harris, Sharon Smaldino, Jim Klein和Rob Foshay等人的大力帮助下,我们构思出了一个方案,以期补充一些我认为在普通会议和研讨会中所没有被重视的方面。具体来说,在大型会议上,我观察到当学者们在做报告时,听众常常只是被动参与而没有真正融入到学术对话中去。出现这种状况的原因无疑有多种,但是其结果似乎都相同,它实际上阻碍了真正的对话。然而,只有在离开了报告会场之后的轻松环境下,才能听到真正精彩的学术对话。

　　此外,我们都听说过学术界趋于"一英寸宽,一英里深"这样的一个说法,指的是我们所接受的学术训练使我们注重于朝精而深的方向发展。这导致我们建构起来的新知识与外界隔绝,充其量也只是与同事们的工作有一些浅显的联系。这些现象促使我们这些对研讨会感兴趣的人去寻找一种新的形式来分享信息和创意,促进对话及其他联系。

　　于是,举办这次研讨会的想法便产生了。与常规的学术会议不同,此次研讨会有如下一些特点。首先,所有与会者需要围绕一个主题进行研讨,并且提交的论文必须和他人分享。其次,论文截止时间的设置容许其他参会者有足够的时间(在研讨会开始前)来阅读和思考彼此的贡献。第三,做报告的时间长于一般会议所分配的时间。在报告时间内,报告人只用几分钟来"作报告",而绝大部分的时间则被用来和与会者进行深度交流。

　　首届研讨会的目标是探讨当前的研究和新想法,以响应美国教育部的《国家技术计划》。这份计划指出:

为了使如此重要且势不可挡的变化得以实现,我们不仅需要对工业时代的工厂化教育模式进行反思和重组,也需要重新思考哪些工具可以用来支持这场变革。但是,仅仅拥有更多的技术并不能从根本上改变教育。

(http://www.ed.gov/index.jhtml)

　　这虽然是一个宏伟的目标,但是在我的学术和实践经验中,我经常接触到的想法是:引进更多更好的技术是改进教育的出路,但是变革也就此止步。我并不想否认技术的重要性。然而,很多人可能会争辩,技术的主要优势是它能够促进先进的学习设计和新型模式,同时还能改善学习互动。简而言之,如果不充分考虑学习的过程以及这一过程中所包含的因素,技术就其本身来说是不能带来真正的改变的。如果我们认同教育部长 Rod Paige 博士所说的,那让我们来读一读他在 2004 年的《展望 2020 年》报告中所介绍的内容(同样也包含在教育部的计划中):

　　　　尽管有如此多的改革和持续增加的计算机和网络方面的投资,学校的改变却很小。我们管理学校和提供教学的方式依然同我们的建国父辈上学时的方式一样。换言之,我们在工业时代的环境下用农业时代的方式教育学生,却告诉学生们他们生活在一个数字时代。(美国商务部,2002)

　　受到 Paige 博士评论的启发,我们努力的目标也愈发清晰。我们不应该仅在现有的系统中加入更多更好的技术,而是需要重新创建一个崭新的系统。教育复兴的种子终于将被播种。与此呼应,首届研讨会的目标是响应教育部的号召,确定具体的、以研究为基础的学习和教学技术,以重新思考学习、重组学校、重新定向技术,提供新的教学方法和对未来的展望。

　　我们最初的希望之一是提取这些想法的精华,来对教育部《国家技术计划》中所提到的不足之处(特别是有关教学设计和学习科学的不足之处)作出反应。我们的愿望是制定一份"白皮书",希望美国教育交流与技术协会(AECT)能考虑将其作为公开声明或政策。

　　可惜的是,尽管研讨会取得了巨大的成功,在组织方式上取得了突破,在参与者的互动程度上上升到了新的层次,并且产生了本书中许多出色的文章,我们却没能就正式的白皮书达成共识。作为组织者,我对此负全责。回顾研讨会的经过,我显然应该在研讨会的共识建立上投入更多的注意力。尽管有不尽如人意之处，但在本书中你仍将找到优秀论文和创新思想，这些内容已经开始触及教育部计划所提出的挑战。本书可谓是技术和学习领域的"精粹集锦"。为了给本书注入更多的学术思想活力，我们请Marcy Driscoll 和 Rob Foshay 各加了一个章节来阐述他们对本书观点的反馈。Marcy和 Rob 的贡献与其他作者的贡献不同：我们要求他们自由地对所读的文章进行反思，畅所欲言，提出他们的想法。他们对本书的贡献的重要性在于引导读者重新审视之前所读的内容。

当本书交付出版时，第二届研讨会正在进行。我深切地希望美国教育交流与技术协会（AECT）能继续举办这个两年一次的的研讨会，并将继续提高其有效性和合作精神。我坚信改进教育需要我们的共同努力。如果我们像寓言中所说的三个盲人摸象那样——每人固守自己很小的一块研究领域——那就很难进步。假如我们从没探索过整体的所有部分，对整体的理解又从何谈起呢？

教育改革不是个轻松的任务，但却是必需的。在通读本书时，务请记住那句罗马谚语："务实之人不应为务虚之人的无稽之谈而受干扰。"

在结束序言之前，我要感谢这些使本书得以出版的个人和团体。首先要感谢Jason Huett 和 Douglas Harvey 对本书的编辑和修订。没有他们辛勤的工作和帮助，你就不可能读到此书。

还要感谢 Elizabeth Boling 和印第安纳大学（University of Indiana）的师生员工们。他们热情地欢迎此次研讨会在他们校内举办，并在幕后处理众多的日常事务。

最后，我要特别向 Tom Duffy 和 David Jonassen 致谢。Tom 和 David 以学术界的优良传统，起到了启发者、激励者和问题解决者的作用。没有他们的指导和关心，就没有这个研讨会和这本书的诞生。

希望你能喜欢本书！

祝安！

Leslie Moller

弗米利恩（Vermillion），南达科他州（South Dakota）

原作者简介

Brain Beabout 是美国新奥尔良大学（University of New Orleans）教育领导与管理学院助理教授，曾任教于美国新奥尔良公立学校。自 2005 年卡特里娜（Katrina）飓风事件之后，他开始致力于该区域大规模的结构变化研究。目前，他教授有关学校领导和教育改革的课程。他的学术研究领域主要涉及教育改变中的混沌理论和复杂理论的应用、学校改革的现象学，以及社会公平和正义的指引。他的著作收录于《多元文化教育》、《英国教育技术学》杂志和《思想和教育的视野》杂志。最近，他受邀编纂了《边缘学生教育》杂志特刊，研究内容是卡特里娜（Katrina）飓风事件对教育的影响。电子邮箱：bbeabout@uno.edu

Alison A. Carr-Chellman 博士在印第安纳大学（Indiana University）获得博士学位，她的导师为 Charles M. Reigeluth，研究方向是教学系统设计。她曾经做过学校教师、家教、企业教学设计师，以及教授。她的兴趣主要是系统理论和系统改革、创新传播，以及在线学习。她已经发表了百余篇文章、书刊篇章、会议论文，并出版书籍两册。目前，在宾夕法尼亚州立大学（Penn State）教育学院学习与业绩系统系部，她所教授的课程包括定性研究、教学设计、在线学习的全球影响。电子邮箱：aac3@psu.edu

Jody Clarke 是哈佛大学教育研究生学院（Harvard Graduate School of Education）学习与教学专业的优秀博士生，而且还获得了哈佛大学教育研究生学院教育技术专业的硕士学位。她是 Chris Dede 的 IERI（环境研究与教育协会）所赞助的项目的项目主任，该项目的主题为"针对在课堂环境中开展有效而又可扩展的创新所进行的健全设计研究"，与一门中学科学课程有关，全美百余位老师参与到了这门课程当中。她是 Chris Dede 的 NSF 资助项目（在多用户的虚拟环境中多用户的情景学习和知识迁移的研究）的研究主管。她的研究兴趣涉及新兴的技术是如何影响学习、认知、教育和社交

以及对研究提供新的可能性的。电子邮箱：jody_clarke@gse.harvard.edu

Chris Dede 是哈佛大学教育研究生学院（Harvard's Graduate School of Education）学习技术专业的 Timothy E. Wirth 教授。他的研究领域包括新兴的技术、政策和领导。他是国家科学院委员会教育与心理评估基金会的成员，同时也是美国教育部的技术专家组中的一员，还是指导委员会第二届国际科技教育研究会的成员。在 2007 年，他被授予哈佛大学优秀教师的称号。邮箱：Chris_Dede@Harvard.edu

Chaoyan Dong 是纽约大学（New York University）医学院电子媒体病人教育系（Electronic Media Patient Education Institute，EMPEI）博士后。她的主要研究领域包括电子媒体是如何影响正式学习和非正式学习的，以及如何创建具有丰富的辅助内容的技术集成的学习环境。她的博士论文探究的是美观的多媒体设计是否是诱发学习者积极的情绪的原因以及这种积极的情绪是如何影响学习的。她在普渡大学（Purdue University）获得了教育技术学硕士学位，之后在纽约大学（New York University）获得了教育传播与技术专业的博士学位。邮箱：chaoyan@nyu.edu

Marcy P. Driscoll 是佛罗里达州立大学（Florida State University）教育学院教育研究专业的 Leslie J. Briggs 教授。目前，她担任教育学院院长，还是教育交流与技术协会的主席。她编著了八本教科书和许多有关学习、教学以及研究方法的文章。作为教育学院的院长，她最近开始关注与教育政策和教师教育相关的问题。她还是佛罗里达（Florida）教育部门发起的建立佛罗里达科学、技术、工程和数学中心的项目的共同负责人，还是 FSU（该项目创办了数学和科学教育方面的创新课程）教育项目的共同负责人。邮箱：mdriscoll@fsu.edu

Thomas Duffy 是印第安纳大学（Indiana University）布鲁明顿（Bloomington）校区教育技术系的 Barbara Jacobs 主任。他是学习与发展科学以及认知科学专业的教授。他主要从事与探究学习环境相关的设计研究，即 LTTS 项目，聚焦于定义技术支撑学习环境的设计原理。这些原理大多直接应用在在线职业拓展环境的运作方面。在评估设计中，他尤为关注学习支架中技术的有效运用以及在促进学习的合作和指导的活动中技术的有效运用。除了 LTTS 项目以外，他另有两个主要项目获得资金支持。通过政府部门的支持,他目前与阿塞拜疆(Azerbaijan)的专科学校协作开发他们的远程教育技术。目前,通过从 Cisco 系统融资,他正在评估 Cisco 的网络学院教育模式,这种教育模式将集中式教育大纲和评估与地方教学融为一体。最近,他与 Sig Tobias 共同编纂了《建构主义和教学设计:成功或失败》。邮箱:duffy@indiana. edu

Wellesley R. ("Rob")Foshay 是德州器材公司的教育技术教育研究集团的主任(Educational Research for the Education Technology Group of Texas Instruments)。他管理的大项目有关德州器材的图形计算器和教室网络技术以及支持系统干预和专业服务的数学和科学教育的独立研究。在加入德州器材公司之前,Rob 通过 Foshay 集团(www. foshay. org)进行独立咨询。他还以 PLATO 学习系统(年代最久远的最大的数字化学习系统之一)的主导技师身份工作了 15 年。他有 25 年从事数字化学习产业的经验,而且还具备大学和高中的教学资格。他在印第安纳大学获得了博士学位。邮箱:rfoshay@foshay. org

Andy Gibbons 博士是杨百翰大学(Brigham Young University)教学心理学和技术专业的主任和教职工,同时也是犹他州立大学(Utah State University)教学心理学的教职工。在 Wicat 系统公司,他主管教学设计项目 18 年,而且他还在 Courseware 公司工作了 5 年。Gibbons 博士的工作包括大规模的培训发展、仿真设计和基于计算机的创新性教学。目前,Gibbons 博士的研究重心是教学设计的系统体系。他发表了以模型为中心的教学设计理论,而且他还提出了教学设计的基本分层理论。他现在正在研究有关把设计层作为一种建立自适应的衍生而又可扩展的教学系统的工具的设计语言的运用。邮箱:andy_gibbons@byu. edu

Ricki Goldman 是纽约大学(New York University)副教授,以及教育中的数码视频人种学研究方法的创始人和几个数码视频分析工具(Learning Constellations, 1988—1989,MIT Media Lab)的发明者。她编纂了《学习科学中的视频研究》(Goldman,Pea,Barron & Derry,2007),《一起在线学习:异步型学习网络研究》(Hiltz & Goldman,LEA,2004)。Seymour Papert 曾经评价过她的书《审视孩子们思维的见解:数字化人种的旅程》(LEA,1998),称"Ricki Goldman 创造了一种能够使孩子们思维的丰富性和兴奋性绽放的新方法"。邮箱:ricki@nyu. edu

Douglas M. Harvey 是新泽西(New Jersey)理查德斯托克顿大学(Richard Stockton College)的副教授。从 1999 年至今,他教授教学技术专业硕士学位课程。他的研究内容涵盖了调查技术对分布式教育情境中的社区形成和讨论的影响以及其他课题。邮箱:harvey@stockton.edu

Jason Bond Huett 博士是西乔治亚大学(University of West Georgia)的副教授,他还服务于《远程教育评论》季刊、《应用教育技术》和《信息系统教育》杂志。Huett 博士担任远程教育标准委员会主任,还任几个大学和虚拟高中的在线课程的课程顾问。在德州达拉斯(Dallas)举办的 2006AECT 国际会议中,他起着至关重要的作用。他发表了大量有关远程教育的文章和书刊篇章,其中两项还获得了奖项。他对于一切有关在线学习领域的内容都很感兴趣。目前,他与他的妻子和 3 个孩子居住在乔治亚州(Georgia)的卡罗敦(Carrollton)市。邮箱:jhuett@gmail.com

David Jonassen 博士是密苏里大学(University of Missouri)教育学院的著名教授,教授学习技术和教育心理学专业的课程。自从在天普大学(Temple University)获得了教育媒体和实验教育心理学的博士学位,Jonassen 博士开始给很多所大学上课,包括宾夕法尼亚州立大学(Pennsylvania State University)、卡罗纳州里大学(University of Colorado)、荷兰特文特大学(University of Twente in the Netherlands)、北卡罗纳大学格林斯博罗分校(University of North Carolina at Greensboro),以及锡拉丘兹大学(Syracuse University)。他发表了 30 本书,还发表了大量文本设计、任务分析、教学设计、基于计算机的学习、超媒体、建构主义学习、认知工具、学习技术方面的文章、论文,以及相关的报告。他还为商业机构、大学、公立学校以及世界各地的机构做咨询。他的研究聚焦于解决问题的本质和学习解决复杂问题的方法。邮箱:jonassend@missouri.edu

Jamie R. Kirkley 于 2006 年在印第安纳大学(Indiana University)获得教学技术和语言教育领域的博士学位。从 1998 年至今,她是适地信息公司(Information In Place)的研究员和高级教学设计师,并在印第安纳大学(Indiana University)布鲁明顿(Bloomington)校区教育学院兼职任教。她发表了有关严肃游戏、嵌入式学习支架和基于问题的学习方面的文章。邮箱:jamie@infoinplace.net

Deborah L. Lowther 是美国孟菲斯大学(University of Memphis)教育政策研究中心(CREP)的高级教育技术研究员。她独立带领团队进行了大量全国范围内的技术整合政策和实践方面的引人注目的研究。最值得一提的是她提出了密西根州(Michigan)的使用笔记本电脑进行自由学习的计划,开启了田纳西州(Tennessee)教育技术学的项目,以及提出让南佛罗里达大学(University of South Florida)用笔记本电脑进行课堂观察。总地来说,Lowther 博士的研究涉及 600 个美国基础教育的学校、12000 名学生、5000 名老师,以及在联邦、州以及地方资金支持的研究项目中通过7000 次课堂观察收集到的数据。在 2007 年,她与 Smaldino、Russell 合著了《教育技术学和学习媒体》(第九版)。她在 2005 年与 Morrison 合著了《课程与技术整合》(第三版)。邮箱:dlowther@memphis.edu

Leslie Moller 博士是南达科塔州大学(University of South Dakota)教育技术和培训系的副教授和前主任。他曾是普渡大学教学研究和发展专业的研究生。Leslie 博士是 AECT 研究论坛会的主任和编辑。他也是《远程教育评论》季刊、《教育技术学与业绩改进》国际杂志季刊的编辑部委员会成员。Moller 博士曾担任美国教育研究协会(AERA)的教学技术特别兴趣组主席和 AECT 的远程教育与课程委员会主席。在远程教育和教学系统设计方面,他已经写了 30 多篇文章和书刊篇章。他与他的妻子Mary Ann 以及他们的宠物,居住在南达科塔州(South Dakota)的杨克顿市(Yankton)。邮箱:lesmoller@aol.com

Gary R. Morrison 在印第安纳大学(Indiana University)获教学系统技术专业博士学位。目前,他是奥多明尼昂大学(Old Dominion University)教学设计与技术专业的教授和研究生项目主任。他的研究主要关注认知负荷理论、教学策略、美国基础教育的技术整合以及远程教育。他与 Ross、Kemp 合著了《设计有效教学》(第五版),他还与 Lowther 合著了《课堂教学与计算机技术整合》(第三版)。在教学设计和教育技术方面,他所写的书刊篇章超过 25 篇、文章在 35 篇以上。Gary 博士是《高等教育计算机技术》杂志的编辑,以及《行为科学中的计算机技术》杂志、《远程教育评论》季刊和《无限元图书馆》杂志的《教学技术》系列的编辑委员会成员。他还是 500 强公司以及美国中部大学的教学设计师。美国的公共广播公司与公共国家电台采用了他所设计的两门有关远程教育的课程。Gary 博士曾担任美国教育交流与技术协会(AECT)的研究

与理论部门、设计与开拓部门和远程学习部门的主席。邮箱：GMorriso@odu. edu

Chandra Hawley Orrill 是乔治亚大学（University of Georgia）学习与业绩支持实验室的研究员。她的研究主要关注教师职业发展和对教师职业的理解。她对 3—8 年级数学老师的学习和职业发展对课堂时间的影响特别感兴趣。邮箱：corrill@uga. edu

Charles M. Reigeluth 在哈佛大学（Harvard University）获得经济学学士学位，在杨百翰大学（Brigham Young University）获得教学心理学专业的博士学位。在获得博士学位之前，他当了 3 年的高中老师。1988 年，他成为印第安纳大学（Indiana University）布鲁明顿（Bloomington）校区教育学院教学系统技术专业的教授，在 1990 至 1992 年期间，担任该系主任。他的主要服务、教学，以及研究领域是帮助公立学校体系进行区域范围内的模式改革。他的主要研究目标是成功地帮助学区进行以学习者为中心的教育模式的改革。他已经出版了 9 本书，发表了 120 篇以上的杂志文章和书刊篇章。其中的两本书还获得了美国教育交流与技术协会（AECT）授予的"年度杰出书籍"荣誉。他还获得了 AECT 授予的杰出贡献奖和杨百翰大学（Brigham Young University）优秀毕业生的奖项。邮箱：reigelut@indiana. edu

P. Clint Rogers 在杨百翰大学（Brigham Young University）教学心理学与技术专业完成了博士学位的学习。他的主要研究兴趣包括在线学习的文化定制、教育与科学的哲学根源、以及媒体与技术推广对商业、国际发展和社会变革的影响。邮箱：Clint. rogers2008@gmail. com

Steven M. Ross 在宾夕法尼亚州立大学（Pennsylvania State University）获得了教育心理学的博士学位。目前，他是孟菲斯大学（University of Memphis）的 Faudree 教授以及教育策略研究中心的行政主任。他出版了 6 本教材，发表了 125 篇以上的杂志文章，这些文章所涉及的领域包括教育技术和教学设计、边缘学习者、教育改革、基于计算机技术的教学以及个性化教学。他还是《教育技术研究与发展》杂志的研究部分的编辑。1993 年，他是孟菲斯大学第一个教学、研究以及服务方面的杰出教师奖的获得者。他在美国众议院的幼儿、青少年以及家庭教育委员会上汇报了学校结构重建研究，并在美国参议院卫生、教育、劳工和退休金委员会见证了不让任何一个学生掉队法案的诞生。他是技术应用评估、附加教育服务、特许学校,以及学校改革方面的技术顾问和研究员。邮箱:smross@memphis.edu

Sharon E. Smaldino 是 LD & Ruth G. Morgridge 教师教育的优秀主席以及北伊利诺伊大学(North Illinois University)教育学院关系办公室主任。她与其他人合著了几本有关教学与远程教育方面的书籍。Sharon 经常在国家以及国际级的会议上做学术报告,而且在许多杂志上发表了文章。她担任过 AECT 的主席,目前是 AECT 的基金管理委员会的成员。邮箱:ssmaldino@niu.edu

J. Michael Spector 是佛罗里达州立大学(Florida State University)学习系统研究所的副主任,教学系统专业的教授,以及学习、教育和业绩体系国际中心的负责人。他是美国空军学校的优秀毕业生,并在德克萨斯大学奥斯丁分校(University of Texas at Austin)获得博士学位。他最近的研究领域是如何为教学设计提供智能支持、基于学习环境研究的系统动力学、评估复杂领域的学习,以及教育与技术的整合。Spector 是培训标准、业绩与教学(*ibstpi*)国际委员会的执行副总裁,是 IEEE 学习技术工作组的执行委员会成员,并任 AECT 主席。他担任了 ETR&D 的发展部分的编辑,而且还担任很多其他编辑部的编辑。他与其他的编者共同编著了《教育交流与技术研究手册》(第三版),还发表了 100 多篇文章、书刊篇章和书籍。邮箱:mspector@lsi.fsu.edu

Johannes Strobel 是普渡大学(Purdue University)工程教育和教育技术专业的副教授。他在密苏里哥伦比亚大学(University of Missouri-Columbia)获得了学习技术专业的硕士学位和博士学位。他的主要研究和教学领域涉及交叉学习、工程与技术、开放式学习环境的特别设计、虚拟组织和社区、无定规可循的/复杂的领域中的问题解决,以及工程中的历史推理。他借鉴了概念发展与改革理论和特定领域推理,还采用了定性参与式的并以设计为基础的研究方法。邮箱:jstrobbel@purdue.edu

Rodrigo del Valle 在印第安纳大学(Indiana University)获得了教育学的博士学位,并在该大学的学习与技术研究中心工作过。目前,他是智利(Chile)特木科天主教大学(Catholic University of Temuco)教师发展部门的主任,智利教育技术网络的"红色捆绑"项目中教育资源的主管,同时也担任世界链接发展项目的协办人。他的主要研

究领域包括在线学习、教师职业发展、技术整合。邮箱：rvalle@uctemuco.cl

William Watson 是普渡大学(Purdue University)教育学院课程与教学专业的副教授，担任普渡中心的严肃游戏与虚拟学习环境项目的主任。他的主要研究领域涉及以学习者为中心的学习环境设计以及它们对学习者的影响的评估。他所感兴趣的领域包括教育视频游戏、多用户的虚拟学习环境、教育系统化改革以及学习技术的整合，还包括学习过程中计算机的系统应用，比如：学习管理系统。邮箱：brwatson@purdue.edu

Heather Tillberg-Webb 博士是美国约翰霍普金斯大学(The Johns Hopkins University)凯里商业学院的教学设计师。她的主要研究兴趣是技术、交流，文化对教学条件的交叉影响。邮箱：tillbergh@etown.edu

Alyssa Friend Wise 博士是西蒙弗雷泽大学(Simon Fraser University)教育学专业的副教授。她的主要研究领域是在线学习环境的设计与应用。从建构主义的学习视角，她调研了在线学习中"用户"与"社区"模型中的延伸(和重叠)。邮箱：alyssa_wise@sfu.ca

Lisa C. Yamagata-Lynch 是北伊利诺伊大学(Northern Illinois Univesity)教育技术研究与评估系的副教授。她的研究领域包括课程技术整合、美国基础教育学校和大学的合作关系、教师职业发展，以及活动系统分析对理解复杂学习环境的应用。她的代表作主要发表在《教学与教师教育》、《学习科学、思想、文化、活动、评估和项目规划》杂志。邮箱：Lisayl@niu.edu

（冯晓晓　译）

1 教学设计理论与实践的探索与推进

J. Michael Spector

摘　要：学习基本上与人的变化有关——人的能力、态度、信仰、知识、思维模式以及技能方面的恒定不断的变化。在过去，用技术来支撑学习被误认为技术能提供无数迅猛改进学习的机会。不幸的是很多所谓的先进技术并没有给学习带来实质上的、永恒的改进。在改进学习的过程中，要紧的一步是评估学习者在学前、学中、学后，以及学后很长一段时间里的能力、态度、信仰、知识等的变化。然而能有效评估学习改进的方法几乎不存在，加之学习范畴中还包括非良构的复杂问题，要评估这一学习范畴，那就更具有挑战性了。在本章节中，笔者将讨论评估、解决问题这一复杂学习范畴的一些过程。

关键词：教学设计理论，教学技术，学习，认知心理学，动机学，认知负荷，复杂范畴，系统论方法，技术整合，DEEP 方法论

介绍

多年来，在教学的计划与实施中产生了很多次变革[①]。有些变革是因为某一新技术的引进而产生的，比如说书本的批量生产。有些变革是因为人们工作的性质的改变

[①] 本章节是基于 Spector 教授 2006 年在比利时列文（Leuven，Belgium）召开的 EARLI-ID 年会上的主题报告而写的。他的这些观点也在 EARLI 的其他报告以及 AECT 夏季研究讲习会上发表。

J. M. Spector

Florida State University, Learning Systems Institute, C 4622 University Center, Tallahassee, FL 32306 - 2540, USA

e-mail：mspector@lsi. fsu. edu

而引起的。举例来说，在手工作坊中的边操作边学习是多世纪以来普遍的教学实施方法，这是应工业革命实地培训特殊技能工人的需要而产生的结果。较近期的认知心理学以及新的数字技术在学习与教学领域带来了许多理论与实践上的变革。

然而，没有一个单一的理论能解释在多种情况下人们学或不学的原因。类似地，也没有一种单一的教学设计模式能适用于绝大多数的学习场合。有极少既成的设计原理能指导有效的教学设计，但哪怕是这些已被广泛接受了的设计原理也缺少教学设计实践所需的细则。

这些说法是会受到挑战的，事实上也已受到了有些研究人员和教学设计者的挑战。让我们先把这些不同看法放一边，继续我们的讨论吧。事实上，我们对学习与有效教学设计的了解比我们自己认为的要少。我们将重温一下基本的学习原理和那些对教学设计实践有影响的技术，检验一下识别对于教学设计实践有效的学习理论的关键问题，即如何决定在复杂范畴里的学习进展以及是什么教学技巧才使得学习与业绩有所改进的问题，提出一个对问题进行概念化的动态方法来迎接这个重要的挑战，并对这个方法的方方面面进行推敲和讨论。

在《研究对教育的影响：一些个案分析》(*Impact of Research on Education：Some Case Studies*)一书的前言中，Patrick Suppes(1978)说："因为整个民族对研究付出很少，我们所有的人有时会感到无望，因为研究可以在很大程度上来帮助人们改进实践。"(第 xiii 页)尽管在学习和教学方面我们做了不少研究，但还是有很多未知有待我们去探讨。在如何改进学习和教学方面，还有更多的事需要我们在已知的基础上去做。与此同时，认知心理学在发展，用于支撑学习和教学的技术在更新。1972 年Edgars Dijkstra 在计算机学会的年会主题报告中说："电子工业还没有解决任何问题，但却带来了问题，它带来了如何用它的产品的问题。"(第 861 页)

人们热衷于信息与通信技术，不可无视的是这些技术在日新月异地发展。每当引入新技术都会带来如何有效地应用新技术来提高学习的新问题——这在教育领域中尤其是一个挑战(Spector, 2000)。技术的变化无穷以及因此给学与教所带来的挑战数不胜数。教育资源信息中心(ERIC)的信息与技术部门以及其他十六个部门和十个相关部门被关闭的事实都是由于技术的变化。这些部门自 1966 年起为教育界服务，吸引了世界各地为数众多的用户，包括研究人员、教师、学生、图书馆员、媒体专家、技术协调，以及管理人员。ERIC 还在用，但是这些部门没有了。可能 ERIC 的服务和支持与以往一样好——但很多人不这么认为，因为它的用处少了。但是那些从前用惯了这些服务的人不得不调整他们自己，因为技术变了。

技术改变了人们的工作与生活习惯，更重要的是技术增强了人的能力。人们可以用技术来进行教与学（例如，Jonassen，2006；Lowyck & Elen，2004；Spector & Anderson，2000）。新技术为改进学与教提供了新机会；然而，尽管在研究与技术方面的投资可观，但教育并没有很大的改进。所谓的"技术能为学习带来惊人的改进"并没有实现。如果以教育对社会的影响作为衡量教育改进的标准，那么我们可以问，正如Suppes（1978）所提到的：是什么导致人们对于教育研究的负面评价呢。

我想起了《圣经》序言中的一句名言，它基本上可以被翻译成："起始时的混沌。"①在我们能对学与教进行现代化的教育研究之前，对于如何教，可能会有起始时的混沌。教师用不同的方法和资源，会取得相当不同的教学效果。人们可能会认为在起始时的混沌时期，不会有很多的改变。我们可以做的是"探索"，尽管有些人认为他们可以做的是"推进"。我不被他们所说服。我们在新的领域里探索，这最确切地描述了我们当今教学设计实践的现状，以及教学设计所基于的学习理论基础和心理学社会学的发展的现状。而"推进"则已到达了对知识有着极大贡献的阶段，在这一阶段，被推进的事物已被广泛接受且能用于预言结果。在我看来，学习理论和教学设计在当前还远未达到这一阶段。

学与教的研究

在过去的50年中，在学的研究领域里我们做了些什么？认知心理学在人的记忆以及记忆在学习中所起的功用方面作出了很大贡献。个人的短期记忆能处理的信息是有限的，而这一特征并不因为年龄、性别、经验或其他的个人差异而有显著的不同（Miller，1956）。Anderson和他的同事们（2004）的基于记忆中的多种呈现形式——主要是文字和图像——的认知理论被广泛接受。Paivio（1986）和其他一些人认为多方面的提示能够加强记忆的储存和提取信息的能力。认知心理学家在我们对学习的认识方面所作出的贡献远远超过了我在此能提及的。（Kintsch，1993；Polson，1993）。

学习，从根本上来说，与改进有关。当我们说某一生物学到了一些东西，我们肯定

---

① ［文章作者在原文中用的是"... which can be loosely translated as follows：*In the beginning there were chaos and confusion...*"所以本翻译不是直接从圣经原文而来的。——译者注］

是观察到了此生物的变化。对于人类来说,相关的变化可以是能力上的、态度上的、行为上的、信仰上的、思维模式上的、技能上的或者任何这些方面的组合变化。这一学习的定义是根据这些可以观察到的直观印象而下的,而不是根据可能引起这种变化的各种认知或社交过程而下的。千真万确的是这些过程是重要的,因为这些过程使人们相信他们能学,使他们产生动力去学,使他们沉浸在学习之中,而且使他们能自己监督自己的学习。在本章中,我们不讨论后者,我们的讨论集中在"学习的产生是一种稳定且恒定的变化"上。

典型的研究内容是通过观察变化来断言学习是否发生,这些变化包括相应的人的能力、态度、行为、信仰等等方面的反应模式。要得出一个学习是否发生的结论,涉及多方面的原因。首先,有这么一个事实:人多数时间总是自然地在学。很多我们学到的东西是在日常或偶尔发生的事件中无意中得到的。为了做有关学习方面的研究,教学设计研究者通常在常规的学习环境中(例如学校)做观察。在常规的学习环境中,学习往往设有学习目标,这些学习目标是明确的,可以被更改且可以被用来作为评估的标准。这类应用性的教育研究跟学习心理学家在实验室里做实验有着很大差异。在实验室环境中做实验,人们可以很容易地控制各种变量。

认知研究人员承认很多非认知方面的因素在影响着学习,包括学习动力和偏见。学习动力在发展专业知识方面尤为重要(Ericsson,2001)。社交机会中人与人之间的交往对人的学习与业绩都有着很大的影响(Moreno,Mayer,Spires & Lester,2001;Salas & Fiore,2004)。

Bransford,Brown 和 Cocking(2000)总结了有关学习方面的研究结果,包括:

- 学生对于世界有他们自己的认识,而这些认识(往往是有误的)会干预他们的学习。
- 能力的发展需要有基础知识,概念上的框架,以及组织和回访已有知识的能力。
- 认知的自我意识能够帮助学习和改进业绩。

这些研究结果与以示范启发(model-facilitated learning)的学习方法(Milrad,Spector & Davidsen,2003)、认知师带徒(cognitive apprentice)的学习方法(Collins,Brown & Newman,1989)、以示范为中心(model-centered learning)的学习方法(Seel,2003),以及其他类似的教学设计方法相吻合,也被这些教学设计方法所证实。

Lowyck 和他的同事们 (Lowyck & Elen,2004;Lowyck,Pöysä & van Merriënboer,2003)也总结了他们的研究结果,为教学设计和有效地应用技术提供了有意义的信息。他们的研究结果针对的是有目标的学习，包括：

- 学习是一个积极的过程，学习的过程是很费脑的。
- 学习者在学习过程中运用自己的经验来构成自己的认识。
- 学习是一个慢慢积累的过程，当新知识与既成知识相结合时，新知识才最有用。
- 有效的学习是需要学习者自己监督的。
- 学习不能脱离情景，所谓情景包括情景场所和社会文化等方面。

专门研究认知负荷的研究人员对于设立目标的学习所需要的用脑程度做了研究（Paas，Renkl & Sweller，2003；Sweller，2003），他们把认知负荷分为三类：第一类是内在认知负荷（intrinsic cognitive load），即解决问题本身所需要的认知负荷；第二类是外在认知负荷（extraneous cognitive load），即在解决问题时用于对付所遇到的一些与解决该问题有关的外界因素所需要的认知负荷；第三类是相关认知负荷（germane cognitive load），一般说来，是对学习有利并因个人的特点以及情况而异的认知负荷。应该注意的是认知负荷的多少并非是客观可测的，它是应个人情况而异的。显而易见，对于一个富有经验的人来说，在自己熟悉的领域里解决一个问题是不会花很多内在或外在认知负荷的。但对于一个缺乏经验的人来说，解决同样的一个问题却需要花很大的内外认知负荷。那些解决问题所需要的相关认知负荷对于具有不同经验和不同已有知识的人们来说，显然也是不同的。

Merrill（2002）为教学设计设置了一套首要规则，这套规则是从教育研究和教学技术的成功的事例中归纳而来的，包括：Star legacy（Schwartz，Lin，Brophy & Bransford，1999），McCarthy（1996）的 4Mat，Andre（1986）的教学剧，Gardner（1999）的多种智慧，Nelson（1999）的合作解决问题，Jonassen（1999）的建构技巧，以及 Schank，Berman 和 McPherson（1999）的从实践中学。这些方法及其相关学习体系，以及前面提及的其他一些技巧，还有更多的没在这儿一一提及的技巧，都代表了在教学设计研究和技术领域中的伟大探索。Merrill（2002）设计的首要规则包括采用以问题为中心的教学方法，此方法帮助学习者激发相关的知识结构和期望，剖析解决问题的思路，提供解决问题的操练机会，然后将学到的知识应用到有意义的实际活动中去。

Spector（2001）将教育研究作了一个整体的综合分析，归纳出以下的自然主义的教育法则：

- 学习基本上与人的变化有关——人的态度、行为、信仰、能力、思维模式、技能的变化，或者是上述中的几个方面的综合变化。

- 亲身体验是学习和帮助人进行理解的起点——确实,亲身体验在学习过程中是与人处处相伴的,其表现方式为观察、推敲、假设、反思、思维实验、实际实验等等。

- 情景决定学习者对知识的理解和建构——这代表了实践出真知。

- 相关情景的涉及面往往又广又多;将新情景的方方面面跟既存的知识和理解联系起来才能使学习有效。

- 有效学习起始于谦卑和不确定——就是说,要意识到自己对知识不懂或不理解。

这些总结告诉我们,教育研究人员根据学习研究的结果对教学设计提出的建议是高度一致的。然而,为什么除了这些研究人员,几乎没人将这些研究结果系统地应用于学与教的改进呢? 为什么我们还没能看到改进学与教会不断授益于社会呢? 可能教育实践并不像人们想象的那样是有依据的,或者是因为我没能看到教学方面大规模的改进。假设没有后者这一可能,在下面的章节中我提出了一种评估方法,意在使基于证据的教学设计研究有所提高。

评估复杂范畴的学习

我相信研究成果没有被广泛地应用于学与教是因为我们没能成功地将有效地进行学与教作为教育系统必须考虑的事项[①]。这是因为我们没能把教育看作是复杂和动态的系统,因此阻碍了进步。在本章节中我会论及有关复杂系统里的学习的研究,并集中讨论一种根据学与教的实际数据来做决定的评估方法。

系统可以被粗略地定义为一组相互关联的组成部分经输入处理后再作为成果输出的机制。要定义一个系统,典型的做法是要设定可被认为是系统的那组完整部分的范围。这个范围通常是主观决定的。举例来说,当我们来定义教育系统时,我们可能认为作为一个完整的系统,它由两部分组成,包括家庭生活和学校课外活动。家庭生活部分包括双亲以及父母引导下的阅读等等。课外活动部分包括参加俱乐部和体育

---

① 在此章节中提及的工作起始于 Bergen 大学,然后在 Syracuse 大学继续进行。这项工作是国家科学基金会项目的一部分,题为"评估复杂范畴学习的深层方法"(Spector & Koszalka, 2004)。

活动。而其他的部分，像家庭生活中的节食和课外活动中的约会，不应包括在这个系统中。本讨论与教育系统的组成无关，而是有关教育系统本身，尤其是有关教育系统中的教与学的系统。

用基于系统的方法来研究学与教大约已有 50 年历史，近年来这一方法也被用于评估(Seel，2003；Spector，2004)。对于非良构复杂问题范畴里的学与教这一方面所做的研究表明，学习者通常不理解系统的性质——各种因素之间的错综复杂的关系以及系统中的牵一发而动全身的效应等等，他们是不理解的(Dörner，1996；Spector & Anderson，2000)。一些被提及到的教学方法直接关注这些问题，包括以解决问题为中心(problem-centered)的学习(Merrill，2002)以及类似的以示范为中心(model-centered)的学习(Seel，2003)和示范启发式(model-facilitated)的学习(Milrad 等，2003)。

这些基于系统学的教学方法的一个共同关注的中心是要对学习者交待问题的全部复杂情况，但是为了能帮助学习者有效地学习，要逐渐引入复杂因素以帮助学习者逐渐掌握问题的复杂性。具有挑战性的问题一般地有一个复杂的系统。教学不应该只针对问题的某一特性，而是应该同时看到整个系统，方能帮助学习者在他们的实际生活中去发现问题，解决问题，这就称为全方位的方法(Spector & Anderson，2000)或整体任务的方法(van Merriënboer，1997)。在这些复杂情景中来启发学习者加强理解的方法有多种，包括多次重提问题所处的形势(Spiro，Feltovich，Jackbson & Coulson，1991)，与模拟的复杂系统进行交互(Milrad 等，2003)，以及提供复杂问题中已完成的部分作为范例(van Merriënboer，1997)。以下章节所描述的方法对教学和评估应该都有启示作用。

我们可以把"技术用于教与学"跟基于系统学的教学方法紧密联系起来。在这种基于系统学的教学方法中我们会用到性能高但花费不高的电脑、宽带网络、无线技术，功用较大且易获取的软件系统，常用的学习环境等等。用于教育的技术为以解决问题为中心的教学方法提供了大量花费不大的资源。学习技术的模式从呆板地跟着电脑学改进到用电脑来推进学习(Lowyck & Elen，2004)。其强调的是：(a)技术是在不断变化和创新的；(b)用技术来支持较高层面的复杂学习(Jonassen，2006；Spector & Anderson，2000)。用技术来支持较高层面的复杂学习是很多教育研究人员所关心的问题(Project Zero at Harvard University；http://pzweb. harvard. edu/)。

学习环境和教学系统的关系应该被看作是大系统下的小系统，而不应该被看成是各自独立且与外界无关的一个学习可能发生的地方。跟早几代人的灌输学习法相比较,在活跃的模式中进行学习应该更好。很多学习活动可以用技术来实现,这一事实使教学设计变得更复杂了——也就是说,要能识别什么时候哪些学习活动是如何促进学习者的理解能力的,以及为什么会促进学习者的理解能力。在早几代教育技术发展中学到的教训是应该被记住的。举例来说,好的技术或许是不会给学习带来效应或效率的。以前的研究曾注重于某一技术对学习者的学习态度、动力和简单的知识测试方面的效应。这类研究触发了一场有关教育媒体效应的无谓辩论(Clark,1994;Kozma,1994)。研究应该注重学习效应,考虑如何改进对学生答疑的过程以及其他涉及到高层思维的学习,这些方面与理解具有挑战性的复杂学习的内容直接相关(Lowyck 等,2003;Spector & Anderson,2000)。

为了能够保证特定的教学方法和教育技术在改进复杂问题解决的技能方面起作用,我们就必须有合适的评估高层思维学习成果的方法。对于这么一种方法我们进行过一次探索性测试,其结果于 2000 年在挪威卑尔根召开的 International System Dynamics 会议上发表并进行讨论(Christensen,Spector,Sioutine & McCormack,2000)。德国也开拓了相类似的方法,此方法看起来可行 (Seel,Al-Diban & Blumschein,2000)。下面我们将讨论这个由国家科学基金会(NSF)支持了一年的有关评估方法的研究项目的结果。

这个 NSF 项目名为"评估复杂范畴学习的深层(DEEP)方法"(详细结果请见 Spector & Koszalka,2004;本章节只汇报粗线条的总结),这一项目检查了用重述解释问题的方法来判断生物学、工程学和医学领域里专家的相对水准的结果。其他类似的研究也发表了类似的结论(Seel 等,2000;Stoyanova & Kommers,2002;Taricani & Clariana,2006)。这个 DEEP 项目从生物学、工程学和医学这三个复杂问题范畴中各提取了两个有代表性的问题情景。接受测试的有专家和非专家,每个被测试者接受一个问题情景,要求根据问题情景写出他们的解决方案的思路,其方法包括写出一系列思路程序,在每一程序下描述为什么此思路程序与问题的解决方案相关,以及如何相关。被测试者需要写下他们对问题所处形势的假设,包括他们的起始想法和活动结束时的想法,然后再将问题解决方法的程序写下来——不是将问题的解决方法而是将问题解决方法的程序写下来。要求的内容包括:(a)影响问题情况的事实与因素;(b)解释每一个因素——举例来说,此因素如何影响问题;(c)用将问题的主要因素连接在一起的图示来表示问题的情况(访问 http://deep. lsi. fsu. edu/DMVS/jsp/index. htm 可找到 DEEP 工具);(d)在图示上用文字解释每一链接和每一因素;(e)基于以上这些内容,提出问题解决方法的程序,包括可能需要的用于具体说明问题解决方法的其他信息;(f)指出其他可能的解决问题方法的程序(几乎没有人在答卷中提供有关这方面的信息)。

研究结果表明这一 DEEP 方法可以用来预言业绩以及在某些情形中的相对的专家水准(Spector & Koszalka,2004;Spector,Dennen & Koszalka,2005)。尽管专家跟专家之间的表述也存在着差异,但专家跟非专家之间的表述则有着更大的差异。再比较一下非专家之间的表述,发现差异也较大。所有的差异存在于三个分析层面上(表层,结构,语意)。总的来说,专家们多倾向于找出因素之间的关系,也就是说去发现因素和因素之间是如何联结起来的。多数情况下,专家们是以发现因素之间的因果关系来解决问题的。但是医学诊断专家们则不同,他们并不是靠发现因素之间的因果关系来解决问题的。这是因为医学诊断专家对于标准的诊断程序非常熟悉,他们用既有的标准诊断知识很快地就能设计出一套解决问题的程序方案。那些非专家的医学院实习生则因刚学了有关人体的知识,而用那些新知识来帮助推理,很快地也就设计出一套成功解决诊断问题的程序方案。换言之,医学诊断专家们用他们既成的知识架构对问题的情况作出反应,而非专家们则需要建构因素之间的因果关系来推断出解决问题的方案。在其他的领域里,跟新手们相比,专家们用比较多的因果推理方法来找到解决问题的方案。在不同的领域里所发现的不同结果表明我们的 DEEP 方法对这些不同是敏感的,而且可以被用来识别这种差异。

在这三种问题领域里,在识别主要的因素连接点方面,专家和非专家之间是存在差异的。专家们所识别的关键因素连接点是相仿的,他们识别的是那些最相关的连接点。而那些非专家们所识别的关键因素连接点则是不统一的。因此,那些由非专家们识别出来的关键因素连接点跟专家们识别出来的关键因素连接点迥然不同,而且,非专家跟非专家之间识别出来的关键因素连接点也不同。举例来说,在一个医学情景中,没有一个专家把压力(stress)作为一个因素找出来,而有些非专家则认为压力是一个因素。医学专家是由测试所提供的证据来找出关键因素的。专家们还提到他们重新考虑他们的解决方案,重做测试;但非专家们则没有提到这些事。简而言之,专家和非专家的回答非常明显地在表层和结构(关键连接点)以及语意(他们所说的有关某些专门连接点的看法)这三个层面上都存在着差异。

我们的 DEEP 研究没能对问题重述在经过一段时间后是否有变化进行观测,也没能让被测试者在接受教程后或经过扎实的实践后再进行一次测试。我们的目标是要发现(a)这种解析问题的方法是否可使用于多种学习范畴,(b)专家和非专家的处理问题的方法是否有差异,以及(c)这种方法可否被用作评估专家水准的基础。这些目标是达到了。接下来要做的是调查如何将 DEEP 应用于对个人或小组解析问题的变化的评估以及将这一方法用于对问题解决的个性化反馈(Spector 等,2005)。这也就是说要用这种方法对个人和小组进行测试,看其在指导和实践前、中、后解析问题的程序时是否有变化。我们希望 DEEP 方法可以被用来评估梯队解决问题的能力以及预见由梯队来解决复杂认知问题会有什么样的业绩,因为这方面的研究对社会会有极大贡献,但是至今却很少有人涉及。DEEP 有这方面的潜力,它可以被用作对个人或梯队的问题解析作个性化以及高层面反馈的基础,因而它可能会起到帮助提高人们的元认知技能和自我意识能力的作用。

DEEP 方法可能会被推广到教育和需要改进业绩的场合为很多人所用。人们也用传统的出声思维(think-aloud)原型来进行分析,而这种分析方法只限于以限定人数的分析来测定特定的有关学习和业绩的假设。DEEP 方法的其他优势是容易学和容易实施,这个优势使它能广泛地用于课堂和工作场所。在实施 DEEP 方法之前,还需要对这一方法和其他并用的相关方法继续改善精炼,包括对小组和解决问题的梯队进行测试。我们还需要对在不同技术与知识层面上的人们进行测试,来调查更多领域里的更多问题,以帮助相关人员设计出更精确、更可靠的用于 DEEP 方法的评估工具。DEEP 方法还能用于揭示不同型号的问题以及了解不同的问题解决者是如何分析问题的。这些知识可以帮助人们理解个人和梯队的问题解决技能是如何发展的。

先于 DEEP 的各种类似方法在其他领域里也被测试过,其结果也是有效的(见,例如,Dummer & Ifenthaler,2005;Herl 等,1999;Novak,1998;Schvaneveldt,1990)除了与 DEEP 相关的测试以及其他的一些评估工具之外,当然也可以收集相对来说可靠的数据,例如对专家们相似的回答作一定量分析(例如,有否提及一些重要特征以及这些特征标设在概念图的方位)。这些数据本身并不对专门技能的发展或高层推理提供证据,尤其在复杂的非良构问题领域里。但是它们可以预言很多复杂问题的业绩。我们也可以收集和分析定性数据,包括那些对问题情景的应答以及出声思维的原型记录。然而,这些方法费时且费成本,而且,这些方法在实施中从未得到推广。这些定性分析的方法在人数众多的情况下或在评估专业点时是无用的。可以保证的是 DEEP (Spector & Koszalka,2004)和其他基于电脑的工具(Dummer & Ifenthaler,2005)可以用来评估个人和梯队在实时中的和通过接受教程或一段时间的实践后所起的变化。

　　DEEP方法可以要求学习者或者学习小组建构一个解析性的问题表述来决定学习者或者学习小组是如何对一个特定问题形式进行思维的。在学习者或者学习小组画出了概念图以后,这一概念图被用来与专家的概念图进行对比,学习者即刻便可接到对于他所做的问题解析的反馈。随着问题解析经验的累积,便可决定学习者的思维是否逐渐靠近专家的思维方式而有所改进(诸如辨认因素,分析因素之间的复杂交互关系,以及对于这些关系进行解释)。总而言之,用DEEP方法来预言个人和小组如何在问题表述方面有所改进、有所变化是可能的。这一总结与其他研究人类思维发展模型的研究人员所做的总结是一致的(Dummer & Ifenthaler, 2005;Ifenthaler, 2007;Ifenthaler & Seel, 2005;Ifenthaler, Pirnay-Dummer & Seel, 2007;Pirnay-Dummer, 2007;Seel 2003)。

　　这一DEEP工具最近与由Dummer和Ifenthaler(2005)开拓的一些工具一起被用于HIMATT——基于模型的高度交互评估工具和技术(Highly Interactive Model-based Assessment Tools and Technology)。HIMATT的第二个工具可以用于以口述或者键入文本来回答关于关键因素和因素之间的关系的问题(Pirnay-Dummer, 2007)。随着第二个工具的问世,一个协会之间的关系网便自动建立起来了。HIMATT的第三个工具支持概念图之间的分析,我们又称之为问题概念化。这分析是多维的,包括表层分析(例如,连接点和链接的量,连接中最短的和最长的途径,等等),匹配分析(例如,辨认相同或相仿的连接点),还有深层分析(例如,辨认相仿结构和语意)。通过这些分析,我们产生了测定概念图相仿程度的工具,测定范围从零到一,零代表两图之间没有相仿之处,一代表两图完全相同。

涉足无人涉及的领域

　　教学的目的是为了启发学习——为了帮助人们。学习的目的,尤其是学校和正规的培训场合的学习目的是为了帮助人们改进业绩和理解力。改进人们的业绩和理解力的目的是为了使人们能将生活过得更好。如Suppes(1978)所提到的,这一连环上有地方是脱节的。的确,我们可以看到自1978年以来,这种脱节现象没有多大改变,或者说,打从盘古开天以来这种脱节现象就没有多大改变。我们在这新技术和学与教的旷野里彷徨了几十年,我们进行了一些有趣且令人兴奋的探索。然而,系统地改进学与教——如何用技术来有效地改进学与教——的切切实实的工作则刚刚开始。可能我们的学生们将会进入我们未能进入的地域——人们的心和脑,在那儿人们应该学一下如何分享有限的资源,接受不同的观点以及变成好邻居。可能我们的学生们能将大胆的探险转变成经得住考验的推进。

致谢

我竭诚向 Norbert Seel 和 Jan Visser 致谢。感谢他们阅读我的第一稿并提供宝贵意见。同时感谢他们与我一起在 EARLI-ID 和 2006 年的 AECT 研讨会上汇报研究成果。

(来凤琪 译)

参考文献

Anderson, J. R., Bothell, D., Byrne, M. M., Douglass, S., Leviere, C., & Qin, Y. (2004). An integrated theory of the mind. *Psychological Review*, 111(4), 1036—1060.

Andre, T. (1986). Problem-solving in education. In G. D. Phye & T. Andre (Eds.), *Cognitive classroom learning* (pp. 169—204). New York: Academic Press.

Bransford, J. D., Brown, A. L., & Cocking, R. R. (Eds.). (2000). How people learn: Brain mind experience and school. Washington, DC: National AcademyPress.

Christensen, D. L., Spector, J. M., Sioutine, A., & McCormack, D. (2000, August). *Evaluating the impact of system dynamics based learning environments: A preliminary study*. Paper presented at the International System Dynamics Society Conference, Bergen, Norway.

Clark, R. E. (1994). Media will never influence learning. *Educational Technology Research and Development*, 42, 21—30.

Collins, A., Brown, J. S., & Newman, S. E. (1989). Cognitive apprenticeship: Teaching the crafts of reading, writing, and mathematics. In L. B. Resnick(Ed.), *Knowing, learning, and instruction: Essays in honor of Robert Glaser* (pp. 453—494). Hillsdale, NJ: Lawrence Erlbaum.

Dijkstra, E. (1972). The humble programmer. *Communications of the ACM*, 15(10), 859—866.

Dörner, D. (1996). *The logic of failure: Why things go wrong and what we can do to make them right* (R. Kimber & R. Kimber, Trans.). New York: Metropolitan Books. (Original work published in 1989)

Dummer, P., & Ifenthaler, D. (2005, March). *Planning and assessing navigation in model-centered learning environments: Why learners often do not follow the path laid out for them*. Presentation at the International Conference for Methods and Technologies for Teaching, Palermo, Italy, March 10.

Ericsson, K. A. (2001). Attaining excellence through deliberate practice: Insights from the study of expert performance. In M. Ferrari(Ed.), *The pursuit of excellence in education*(pp. 21—55). Mahwah,NJ: Erlbaum.

Herl, H. E. , O'Neil, H. F. , Jr. , Chung, G. L. W. K. , Bianchi, C. , Wang, S. , Mayer, R. , &. Lee, C. Y. , et al. (1999). *Final report for validation of problem solving measures*. CSE Technical Report 501. Los Angeles: CRESST.

Gardner, H. (1999). Multiple approaches to understanding. In C. M. Reigeluth (Ed.), *Instructional design theories and models: A new paradigm of instructional theory*(Vol. 2, pp. 69—89). Mahwah,NJ: Lawrence Erlbaum Associates.

Ifenthaler, D. (2007, October). *Relational, structural, and semantic analysis of graphical representations and concept maps*. Paper presented at AECT, October, 2007, Anaheim,CA.

Ifenthaler,D. , Pirnay-Dummer, P. , &. Seel, N. M. (2007). The role of cognitive learning strategies and intellectual abilities in mental model building processes. *Technology, Instruction, Cognition and Learning*, 5,353—366.

Ifenthaler, D. , &. Seel, N. M. (2005). The measurement of change: Learning-dependent progression of mental models. *Technology, Instruction, Cognition and Learning*, 2 (4), 317—336.

Jonassen,D. (1999) Designing constructivist learning environments. In C. M. Reigeluth(Ed.), *Instructional design theories and models: A new paradigm of instructional theory*(Vol. 2, pp. 215—239). Mahwah,NJ: Lawrence Erlbaum Associates.

Jonassen, D. H. (2006). *Modeling with technology: Mindtools for conceptual change* (3rd ed.). Columbus, OH: Pearson/Prentice Hall.

Kintsch, E. (1993). Principles of instruction from research on human cognition. In J. M. Spector, M. C. Polson, &. D. J. Muraida, *Automating instructional design: Concepts and issues* (pp. 22—42). Englewood Cliffs, NJ: Educational Technology Publications.

Kozma, R. (1994). Will media influence learning? Reframing the debate. *Educational Technology Research and Development*, 42,1—19.

Lowyck, J. , &. Elen,J. (2004). Linking ICT, knowledge domains, and learning support for the design of learning environments. In N. M. Seel &. S. Dijkstra(Eds.),*Curriculum, plans and process in instructional design: International perspectives* (pp. 239—256). Mahwah, NJ: Erlbaum.

Lowyck,J. , Pöysä, J. , &. van Merriënboer, J. (2003). Conditions of ICT-based design for learning communities. *Technology,Instruction, Cognition,and Learning*, 1(2),153—182.

McCarthy, B. (1996). *About learning*. Barrington, IL: Excell Inc.

Merrill,M. D. (2002). First principles of instruction. *Educational Technology Research and Development*, 50(3),43—59.

Milrad, M. , Spector, J. M. , &. Davidsen, P. I. (2003). Model facilitated learning. In S. Naidu (Ed.),*Learning and teaching with technology: Principles and practices* (pp. 13—27). London: Kogan Page.

Miller, G. A. (1956). The magical number seven, plus or minus two: Some limits on our capacity for processing information. *Psychological Review*, 63,81—97.

Moreno, R. , Mayer, R. , Spires, H. , &. Lester, J. (2001). The case for social agency in computer-based teaching: Do students learn more deeply when they interact with animated pedagogical agents? *Cognition and Instruction*, 19(2),177—213.

Nelson, L. M. (1999). Collaborative problem solving. In C. M. Reigeluth (Ed.), *Instructional design theories and models: A new paradigm of instructional theory* (Vol. 2, pp. 241—

267). Mahwah, NJ: Erlbaum.

Novak, J. D. (1998). *Learning, creating and using knowledge: Concept maps*™ *as facilitative tools in schools and corporations*. Mahwah, NJ: Erlbaum.

Paivio, A. (1986). *Mental representations: A dual coding approach*. Oxford, England: Oxford University Press.

Paas, F., Renkl, A., & Sweller, J. (Eds.). (2003). Cognitive load theory. *Educational Psychologist*, *63*(1), Entire Issue.

Pirnay-Dummer, P. (2007, April). *Model inspection trace of concepts and relations. A heuristic approach to language-oriented model assessment*. Paper presented at AERA, April 2007, Chicago, IL.

Polson, M. C. (1993). Cognitive theory as a basis for instructional design. In J. M. Spector, M. C. Polson, & D. J. Muraida, *Automating instructional design: Concepts and issues* (pp. 5—22). Englewood Cliffs, NJ: Educational Technology Publications.

Salas, E., & Fiore, S. (Eds.). (2004). *Team cognition: Understanding the factors that drive process and performance*. Washington, DC: American Psychology Association.

Schank, R. C., Berman, T. R., & McPherson, K. A. (1999). Learning by doing. In C. M. Reigeluth(Ed.), *Instructional design theories and models: A new paradigm of instructional theory*(Vol. 2, pp. 161—181). Mahwah, NJ: Lawrence Erlbaum Associates.

Schvaneveldt, R. W. (Ed.). (1990). *Pathfinder associative networks: Studies in knowledge organization*. Norwood, NJ: Ablex.

Schwartz, D., Lin, X., Brophy, S., & Bransford, J. D. (1999). Toward the development of flexibly adaptive instructional designs. In C. M. Reigeluth (Ed.), *Instructional design theories and models: A new paradigm of instructional theory* (Vol. 2, pp. 183—213). Mahwah, NJ: Lawrence Erlbaum Associates.

Seel, N. M. (2003). Model-centered learning and instruction. *Technology, Instruction, Cognition, and Learning*, *1*(1),59—86.

Seel, N., Al-Diban, S., & Blumschein, P. (2000). Mental models and instructional planning. In J. M. Spector & T. M. Anderson(Eds.), *Integrated & Holistic Perspectives on Learning, Instruction & Technology*(pp. 129—158). Dordrecht, The Netherlands: Kluwer.

Spector, J. M. (2000, Fall). Trends and issues in educational technology: How far we have not come. *Update Semiannual Bulletin 21*(2).

Spector, J. M. (2001). A philosophy of instructional design for the 21st century? *Journal of Structural learning and Intelligent Systems 14*(4),307—318.

Spector, J. M. (2004). Problems with problem-based learning: Comments on model-centered learning and instruction in Seel (2003). *Technology, Instruction, Cognition and Learning*, 1 (4),359—374.

Spector, J. M., & Anderson, T. M. (2000). *Integrated and holistic perspectives on learning, instruction and technology: Understanding complexity*. Dordrecht: Kluwer.

Spector, J. M., & Koszalka, T. A. (2004). *The DEEP methodology for assessing learning in complex domains* (Final report the National Science Foundation Evaluative Research and Evaluation Capacity Building). Syracuse, NY: Syracuse University.

Spector, J. M., Dennen, V. P., & Koszalka, T. A. (2005, March). Individual and collaborative construction of causal concept maps: An online technique for learning and assessment. *Proceedings of the International Conference for Methods and Technologies for Learning*. Palermo: Institute for Educational Technology, Italian Research Council.

Spiro, R. J., Feltovich, P. J., Jacobson, M. J., & Coulson, R. L. (1991, May). Cognitive flexibility, constructivism, and hypertext: Random access instruction for advanced knowledge acquisition in ill-structured domains. *Educational Technology*, *31* (5), 24—33.

Stoyanova, N., & Kommers, P. (2002). Concept mapping as a medium of shared cognition in computer-supported collaborative problem solving. *Journal of Interactive Learning Research*, *13* (1/2), 111—133.

Suppes, P. (1978). *Impact of research on education: Some case studies*. Washington, DC: National Academy of Education.

Sweller, J. (2003). Evolution of human cognitive architecture. *The Psychology of Learning and Motivation*, *43*, 215—266.

Taricani, E. M., & Clariana, R. B. (2006). A technique for automatically scoring open-ended concept maps. *Educational Technology Research & Development*, *54* (1), 65—82.

van Merriënboer, J. J. G. (1997). *Training complex cognitive skills: A four-component instructional design model for technical training*. Englewood Cliffs, NJ: Educational Technology Publications.

2 从不同角度处理设计：功能性设计

Andrew S. Gibbons 和 P. Clint Rogers

摘　要：本章节定义了一个非传统的教学设计结构，这一定义对于教学设计具有实践性意义，我们将此非传统的教学设计观点称为设计分层理论。我们讨论不同领域的设计，对照这些设计来检定这一非传统教学设计的观点。最后，我们研究了设计分层方法对于日常设计实践的意义以及教学理论与教学设计的关系。

关键词：交流，设计分层，设计比喻，功能性设计，教学设计理论，教育技术

设计过程中所发生的一切都是诱人的和神秘的。哲学家(Polanyi,1958)和实用主义者(Jones,1992)被它所困扰，在这个问题的边缘上打转却发现很难到达它的中心。许多领域的文献对设计的概念描述使人想起盲人摸象的典故（"它很像一根绳子"，"它很像一棵树"）。本章节定义了一个对于教学设计具有实践性意义的、非传统的教学设计结构，一个研究大象的不同方法。正如我们在其他地方所提到的(Gibbons & Rogers,已递送审稿)：

这一教学理论架构实现了以下几点：它给设计师们提供了一个可以持续打造精品设计的工具；它可以促进理论设计的指导；它使设计师们在团队合作中更有效地工作，以及在更大程度上与团队相互理解；它提供功能性的建议来促成更先进、更高效的设计工具的产生，它可以让有经验的设计师更迅速地向新手传达设计知识和意见。

A. S. Gibbons
Brigham Young University, Provo, UT, USA
e-mail: andy_gibbons@byu.edu

在本章中,我们将专注于设计分层理论这一教学设计观点对于日常教学设计实践的影响。首先,我们讨论不同领域的设计,对照这些设计来检定这一教学设计观点。这可以让大家了解我们想法的起源。然后,我们将把我们的设计方法作为一套提案进行简要地介绍。最后,我们将探讨这一方法对于日常设计实践的意义。

多个领域中的设计隐喻

设计理论家们的观点来自于他们最常遇到的设计问题、他们各自所在领域的传统,以及他们所认为在设计中最重要的需要优先考虑的事项。由于缺乏直接的答案,他们经常引用如下隐喻来描述设计:

- 设计是与问题的思考性对话(Schön, 1987)。这包括了每一步骤后的思考,并决定你从中学到了什么。设计没有固定的步骤,但是一个决定可被当作一个定位("加上一个规定"),这之后设计师进一步发展它的意义。决定可以被取消("破除规定"),然后一个新的定位被选择为一个"如果……那么"的设计起点。

- 设计是渐进的摆脱限制的布局。这种观点表示:(1)设计涉及探索可行性解决方案的范围,(2)可行性来源于设计师选择的限制条件,(3)选择的限制条件反映了设计师对设计的认识。设计知识的每一种应用都可被理解为在可能的创造空间内对限制条件的选择,其目的是明确表达设计的认识和推理:"处理限制条件下的知识积累成为创新"(Gross, Ervin, Anderson & Fleisher, 1987)。在这一观点中,设计人员也可以在某些选定的限制条件下寻找创造性的解决方案,在这些条件的限制下进行设计。Stokes(2006)提出了这个被许多艺术和设计大师所使用的方法来激发通往设计思维新流派的突破。

- 设计是搜索。Simon(1999)将设计描述为寻找方法和目标之间的缺失关系的活动。就像一个已知输入条件和输出结果的黑盒子,其内容可以有很多形式。设计的部分任务是要搜寻这个黑盒子的内容。Tsourikov(Garfinkel,在线发表)把这一方法体现在"创新机"软件上。该软件在一个很大的方法库中根据具体问题对输入条件和输出结果的要求来搜索所有已知的、可能用来填充这个黑盒子的方法。

- 设计是模式的应用或组合(Alexander, 1979)。Alexander把建筑设计描述为抽象模式语言中的元素组合。使用这些语言的设计包含了与目标用户的活动相匹配的结构,并给设计带来了"活生生的"质量。Polanyi(1958)描述的"操作原则"的存在体现了技术制品的抽象机制。

- 设计作为一种社会过程,包括定义通用术语、形成目标,以及达成共识(Bucciarelli,1994)。"共同愿景是关键词:设计就是共同愿景,共同愿景就是设计——一种(暂时的)在客观世界中的不同参与者的工作的综合。有一些共同愿景被明确表述在文件、文本、和制品中,如组装图纸和详细图纸、操作和服务手册、合同免责条款、生产计划、营销文案、测试计划、零件清单、采购订单、实物模型和产品原型。但在设计的过程中,共同愿景更少地体现人工的痕迹。每个参与者在这个过程中都有个人收藏的草图、流程图、成本预算、电子表格、模型,最重要的还有故事——讲述了他们对对象的独到见解的故事……这个过程必然是社会化的,要求参与者通过直接的、最好是面对面的交流来进行分歧谈判并共建意义。"(第159页)。

- 设计是工程。Vincenti(1990)描述了一个需要运用几类技术知识的工程过程,它包括抽象概念、材料和机械行为的数据以及实用的设计诀窍。设计师只有在一定程度上掌握所有这些类型的知识,才可能进行设计。设计可以被看作是创造新的、可共享的公共知识的方法,以及对创造新设计的追求。

- 设计是原型和迭代。Schrage(1999)描述了通过建模和测试的不断迭代对产品和系统进行渐进式发明。在建模过程中问题变得明朗,问题对情境的适应性也在测试和修改的快速循环中被了解。电子表格是模拟商业解决方案最强大的计算机工具之一,因为它可以在极短的时间周期内根据原则生成并测试多个场景。情景生成能鼓励设计师探索可以形成解决方案的原则,以避免随意粗糙的组合。

- 设计是对问题解决方法的运用的改进。通过对广泛的设计技巧的了解,设计师可以朝着解决方案前进,随着解决问题过程中的需求在不同方案阶段的改变而随时改变设计技巧(Jones,1992)。

- 设计是对过程或分类系统的应用。通过把完善的设计原则转化成过程描述(Branson & Grow,1987)或通过使用分类体系来简化对复杂现象的理解(Gagné,1985)可以让更多的设计师进行设计。

上述的每一个隐喻都能为设计师提供一个看到设计的核心问题的窗口,但没有一个隐喻能捕捉到设计的整个体验。

近 40 年来,对大多数的设计师来说教学设计的主导隐喻一直是过程和分类系统的应用。然而,最近设计师则对替代方法的寻求越来越感兴趣。

功能性设计

我们的设计理论表述为下面的一组提案。Gibbons 和 Rogers(Gibbons & Rogers,已递送审稿)的一篇文章对这个设计方法以及它与教学和教学设计理论架构的关系进行了更完整详细的表述。

1. 解决设计问题涉及把设计问题分解成若干可解决的子问题。设计的绝大部分内容是对设计问题本身的理解和说明。一旦问题被确定,或解决问题的中间步骤被确定,设计的任务就成为了把完整问题分解成可解决的子问题。这一原则体现在 Simon (1999),Schön(1987),Alexander(1979)以及其他不同的设计领域的著作中,并隐含在几乎所有目前的教学设计模式中。

2. 我们可以从设计产品所需功能的角度来考虑设计问题的分解原则。Schön (1987)把建筑设计描述为"域",其代表了整个设计问题的主要功能区的子问题。Gibbons(2003)描述了一组在一般教学设计问题中要解决的功能性问题:

- 内容——设计师可以详细说明用作内容分类的元素的性质。教学设计理论涉及众多内容结构的理论,包括认知学徒理论(Collins, Brown, & Newman, 1989),Gagné(1985)和 Merrill (Merrill & Twitchell, 1994)的目标分类法,语义网的描述(Carbonell,1970),以及 John R. Anderson (1993)的知识结构理论。Jonassen,Tessmer 和 Hannum (1999)及 Gibbons (1977)对众多的设计前期的分析方法进行了识别和分类。每一种方法都可以被看作是一个关于可学习内容的结构的理论。

- 策略——设计师可以指定空间、时间、事件、社会和互动结构,它们定义了学习者体验内容结构的场合。上面提到的内容理论家们(他们只代表了所有理论家的一小部分)的共同点是他们制定了一套策略结构的理论,并通过它使他们理论中的内容结构可以被体验。

- 控制——设计师可以指定一组控制(事实上是一种有限的语言),使学习者可以和教学来源进行交流。这包括定义鼠标位置和点击的语言、菜单语言、一组有限的言语表述,或者手势和自然语言表达。诸如计算机模拟和虚拟世界这样的可直接操作的界面在这方面显示出了一个特别的挑战。除了在 Crawford (2003)的文章中提到了关于相互作用的主题以外,创建控制系统的设计语言相对而言只受到较少的关注,但是谷歌地球软件展示了具有多种可能的、值得向往的控制通信。若要更多地依赖在诸如教学模拟中使用的、非次序形式的教学策略,理论家则需要在未来更完整地解决控制系统这个问题。

- 信息——智能辅导系统(Intelligent tutoring systems)以及未来的基于网络的智能对象系统必须在使用中灵活编写部分教学信息,这必然地要处理信息生成和建构系统的结构问题。这些系统将面临定义信息生成算法的结构性质的问题。像至今为止所描述的所有结构一样,信息结构是一种抽象或象征,但这些抽象的结构都汇聚于表示域(层),这将在下面提到。涉及信息系统的设计语言的讨论可以在智能辅导(intelligent tutoring)的文献中找到(Clancey & Shortliffe, 1984)。

- 表示——设计师可以指定一组规则,把所有其他域(层)的抽象结构转化为拥有感知性质的表示。此外,这些规则必须使在不同媒体格式中传递的信息元素的协调和同步(Mayer, 2001)。撰写和创建表示的设计语言本身在教学设计的文献中是如此众多,在此不可能一一列举。关于一个特定类型的、信息丰富的图形描述的设计语言,可以参看 Tufte 创建的书籍和网络资源。关于表示的设计语言是迄今为止最多、最详细的,因为表示域(层)设计是第一个非抽象的域和最受到关注的域,即使是最没有经验的教学设计师也会关注表示域(层)设计。

- 媒介逻辑——设计师可以指定执行的结构,通过它可以给学习者制定表述。课堂教师的许多活动要求指令能用来进行交流,提出和管理问题解决的环境,提供指导、反馈,以及提供其他教学支持功能。自动化传递系统也要求指令和逻辑提供相同的功能。媒介逻辑的设计语言可以在部分软件开发手册中找到。课堂教师活动的设计语言目前融合了辅导、交互管理和基于问题的教学辅导等等理论,并涉及与教学相关的教师基本行为的执行方式和手段。

- 数据管理——设计师可以指定数据结构和数据处理来收集、存储、分析、解释和报告由学习者的互动而产生的数据。正是这些数据使得教学对个人的适应性成为可能。这种复杂域的设计语言也在智能辅导系统的文献中有描述。

3. 把设计问题分解为产品功能和子功能(域,层)使得设计师可以专注于寻找子问题的详细解决方案,同时把子问题解决方案与整体问题相联系。Schön(1987)说:

每一步骤(设计时的临时决定)都有后果,由来自一个或多个设计领域的术语对其进行描述和评估。每一步骤对后来的步骤都有影响。每一步骤都产生要描述和解决的新问题。Quist(一位设计师)的设计涉及到编织一个由步骤、后果、影响、理解和下一步骤所组成的网。(第57页)

4. 在每个子问题域内,进一步的分解都是可能的。这种问题局部化的方法促进了设计的模块化。Baldwin 和 Clark(2000)描述了功能性设计分解的应用及其对设计模块化的意义。他们对计算机设计历史的追踪是一个增加模块化的故事,Baldwin 和 Clark 声称这是现代计算机行业经济成功的基础,也是其爆炸性增长的关键因素。通过对比建筑设计的两种不同风格,Brand(1994)说明了设计模块化的实际益处:一种风格,其设计层是模块化的,且可随着时间的推移单独改变;另一种是不太理想的风格,其设计层是相互混合的,对设计的某个部分的改变可导致其他部分结构的破坏。目前,大部分的教学设计混合了设计域,以至于无法解决设计的各个单层的自然老化问题,因为对这些单层的独立取代是不可能的。因此,大部分教学设计都有一个半衰期,且对其修改是困难和昂贵的。

5. 对于每一个这样定义的设计域或层,许多设计语言已经存在,且新的设计语言可以被创建,提供适合在该域内的子问题的解决方案的术语。Schön(1987)这样描述:

不难看出这类设计过程与各建筑流派之间不同的语言和风格有相仿之处。例如,设计师可能对于不同阶段的设计域的优先分配有不同意见,比如 Quist 的方法,他们可能不关心建筑的全局构造,而是关注场地或材料的特性和潜力。他们可能让设计更多地依赖于建筑模块的正式含义。他们的主导形象可能会从建筑特点的角度来表达,他们可能允许特定先例让其更明显地影响他们现场实施的顺序,但是不管他们之间对于语言、优先权、形象、风格和先例有怎样的分歧,他们很可能会发现自己像 Quist 一样,陷于一个要求有秩序的、复杂的和不确定的局面。无论他们从什么来源得出这样最初的准则,他们会把其在现场的实施作为一个全局性的实验,其结果在过程的早期阶段只是隐隐显现而已。(第65页)

设计过程的益处

上述建筑设计的观点使人在设计方法上受益匪浅。Gibbsons 和 Rogers（Gibbons & Rogers,杂志接受,待发表）这样表述：

> 设计中的具体层根据设计者使用它们的方法而演化和改变,设计者的用法决定于设计限制、设计标准、资源、工具、新技术、新的施工方法、设计者技能,以及设计者意识。每一个设计在最详细设计层面上有它自己的独特的层的组合。在最详细设计层面上,根据给定项目的决策和动态,层被创建或删除。

在一般情况下,这一观点下的设计过程更多地是由连续的限制布局的设计组成的(Gross 等,1987；Stokes, 2006),而不是对过程的依附。尽管设计作为过程的观点代表了盛行的教条,但是连续的限制布局可能是对设计项目中实际发生的事的一个更准确的描述。一个例子可以说明为什么这一观点几乎是不可避免的。

通常,客户给设计师的设计问题是带有特定限制条件的。客户可能指定一个特定的传递媒介或要求使用特定的教学策略。这对应于我们上述的设计领域（层）内所做的某些特定的承诺。把设计看作过程的方法会以系统的方式指定设计步骤来完成该项目。

但是,在不违反过程方法的框架下,很容易发现按照问题的域或层来检视设计问题可以找到限制所处的层。利用前文 Schön 所描述的分层设计的相互作用可以追溯现有的限制在各层中对设计决策的影响。某些通常在过程中被执行的决定可能已经被限制了,而另外一些决定（某些涉及过程的步骤）则可能不再与设计相关。每个限制设置,不管是先前的决定还是设计师自己的决定,都会层叠地约束其他层内的必要或可能的决定。因此,选择一个视频媒介会立刻对一些限制产生影响,如策略、信息、控制、呈现方法、媒体逻辑和数据管理层的决定。如果由于限制,计算机媒介被预先选定,那么不同的限制会波及到其他层,其结果是呈现在设计师面前的是一组完全不同的决定。

这种层决策的相互影响是日常设计的一个重要因素,而这通常被过程方法所忽视。在层意义上的设计不但允许设计师在合适的情况下使用传统的过程,也能够重组设计过程以满足单个项目的要求。它允许设计师在层与子层之间及层的内部调整决策顺序,这与标准的流程模型有所不同。

分层设计方法的其他实际好处如下:

- 设计本身的模块化——Brand对设计的描述(Brand,1994)表明在层上设计创造的优点是它们相对独立,只在定义的接口间相互作用。不同的层以不同的速率老化,对一个层的改变或更新并不会破坏其他层的功能。

- 在设计团队的专家之间共享与层相关的设计任务——随着传递系统复杂性的增加,媒介的可能性设计以及设计开发一个产品所要求的技能的复杂性也在增加。在设计项目的早期注入不同技能是非常吸引人的,这可以利用涉及设计专业领域需要的判断和设计概念。把设计作为分层结构更清晰地定义了可以分配给专家的任务,使专家们能够更早参与,以便在详细的决策中与整个设计的融合之间达到平衡。

- 确认初始原型设计和测试周期所必要的最低限度的设计决策——Schrage(1999)描述了尽早用快速迭代原型法作为精化设计问题以及根据情境需要设立设计方案的价值。

理论运用于设计的益处

Gibbons和Rogers(Gibbons & Rogers,杂志接受,待发表)描述了另一个分层设计的益处以及与此类设计相关的语言。

> 在分层教学设计理论的环境下,我们提出把教学理论看作是一套专业的、相互一致的设计语言,它包含了分布在多个设计层的被定义的术语。这种洞察力结合了设计层的概念和教学理论,并且更重要的是,展示了教学设计理论和教学理论之间的关系。设计理论提供了一个结构框架,在这个框架下可以分析和比较具体的教学理论。教学理论位于一个层框架之内……

教学理论可以被看作是理论家选择或创造的备用术语集——即理论家针对设计问题的解决方案在不同的域(层)所用的元素的术语。例如,Collins等人(1989)对认知学徒制的主要类别描述为内容、方法、社会性和序列。他们把内容类别定义为四种类型的知识,设计师要考虑它们不同的结构以促进他们的设计。这清楚地对应于设计分层理论中所描述的内容层。其余类别指定设计师可以安排的结构,使得学习者通过互动、社会环境,以及互动事件的次序来学习内容并与之产生有益的体验。这三种类别因此而对应于策略层的三个不同子层。

同样地,Gagné 在 20 年的时间跨度内出版的《学习的条件》(*The Conditions of Learning*)的 4 个版本也就是学习目标分类的 4 个版本。这个分类中的每一类都对设计师提出了学习内容的一种类型。因此,Gagné 的分类以及同一时期许许多多的其他分类法,代表了内容层的设计语言,分类中的每一类代表了一个设计语言术语。此外,Gagné 的学习过程中的九个事件代表了教学过程的结构。它们是策略性的结构,这些事件代表了策略性设计语言术语。

这些例子说明设计分层理论提供了一个分析、研究、比较教学理论的共同框架。使用这个框架,很快可以看出,不同的理论家选择特定的层作为他们理论的关键点,而且尽量少用或不用与其他层相关联的术语。

此外,很明显地可以看出,理论家可以只集中在某一个特殊层:Mayer(2001)在表示层内建立了一套特殊术语。Crawford(2003)对控制层做了同样的工作,同时描述了与策略层相关的、有用的术语。Simon 和 Boyer(1974)编辑的课堂观察类别系统的文集从这一角度来看是分类系统的总集,它包含了与课堂教学描述相关的多个层的设计语言术语。如前文提到的,开发工具的软件手册包含了与该特定的工具相关的设计语言的术语。对这一类型的单一手册所包含的术语研究显示每一个工具都有与之相关的几个子语言,其中包括由描述发展环境本身的术语组成的语言(例如,"舞台"和"演员"),描述在该环境中组成产品的被操纵和布置的元素的语言(例如,"数据库对象"和"属性"),以及描述在工具的控制比喻范围内发挥作用的特殊脚本语言。这些术语必须与设计师术语相匹配,后者描述在工具语言范畴之外但却是创建设计师预期的互动所必需的行为和活动(示范实践的场合等)。

因为设计语言的术语可以与设计中的实际决策和理论结构都相关,设计语言的原则解释了理论进入设计的一种方式。为了给整个设计奠定充分的基础,我们应该运用众多的而不是单一的教学理论。事实上,如果设计师通常对某个设计的大部分或所有的层作决定的话,他们可以更详细地证明设计的合理性。这在以前是不可能做到的。有这种程度上的详细分析,就有可能清楚地看到某个特定的设计在哪些方面有着良好的理论基础,而哪些方面又做得不足。设计层也提供了一个框架,让设计人员能够选择和整合关于不同层的理论，把这些理论进行混合和匹配，从而意识到哪些理论是相兼容的，哪些又加强了其他理论的作用。研究人员应该进行对于层的探索和它们与现有理论的相关性，从而用于识别那些需要额外理论关注的设计领域。

结论

我们在这里概述了一个关于设计架构的理论，我们认为它提升了我们描述在设计时发生了什么，或者说，可以发生什么的能力。正如我们在本章开头提出的，我们相信这一方法可以提高设计的一致性和质量，促进理论对设计的指导，并且让设计师在设计团队中更有效地工作并在更大程度上与团队相互理解。它以提供功能建议来促成更先进、更高效的设计工具，也可以为新入门的设计师在使用设计语言的学习中提供一个有用的框架。

（黄晓霞　译）

参考文献

Alexander, C. (1979). *The timeless way of building*. New York: Oxford University Press.

Anderson, J. R. (1993). *Rules of the mind*. Hillsdale, NJ: Lawrence Erlbaum Associates.

Baldwin, C. Y., & Clark, K. B. (2000). *Design rules, vol. 1: The power of modularity*. Cambridge, MA: MIT Press.

Brand, S. (1994). *How buildings learn: What happens after they're built*. New York: Penguin Books.

Branson, R. K., & Grow, G. (1987). Instructional systems development. In R. M. Gagné (Ed.), *Instructional technology: Foundations*. Hillsdale, NJ: Lawrence Erlbaum Associates.

Bucciarelli, L. L. (1994). *Designing engineers*. Cambridge, MA: MIT Press.

Carbonell, J. R. (1970). AI in CAI: An artificial intelligence approach to computer-aided instruction. *IEEE Transactions on Man-Machine Systems*, 11: 190—202.

Clancey, W. J., & Shortliffe, E. H. (Eds.). (1984). *Readings in medical AI: The first decade*. Reading, MA: Addison-Wesley.

Collins, A., Brown, J. S., & Newman, S. E. (1989). Cognitive apprenticeship: Teaching the crafts of reading, writing, and mathematics. In L. Resnick (Ed.), *Knowing, learning, and instruction: Essays in honor of Robert Glaser*. Hillsdale, NJ: Lawrence Erlbaum Associates.

Crawford, C. (2003). *The art of interactive design*. San Francisco: No Starch Press.

Gagné, R. M. (1985). *The conditions of learning* (4th ed.). New York: Holt, Rinehart & Winston.

Garfinkel, S. (2006, April 15). Genius minus perspiration. *MIT Technology Review* (*online*). Retrieved from cache. boston. com/technology/tr/september/benchmark 1. shtml.

Gibbons, A. S. (1977). *A review of content and task analysis methodology* (Technology Report #2). San Diego, CA: Courseware, Inc.

Gibbons, A. S. (2003). What and how do designers design? A theory of design structure. *Tech Trends*, 47(5),22—27.

Gibbons, A. S. , & Rogers, P. C. (Submitted). The Architecture of Instructional Theory. In C. M. Reigeluth & A. Carr-Chellman (Eds.), *Instructional-design theories and models*, *volume III*. Mahwah, NJ: Lawrence Erlbaum Associates.

Google Earth. (2006, April 15). Retrieved from earth. google. com.

Gross, M. , Ervin, S. , Anderson, J. , & Fleisher, A. (1987). Designing with constraints. In Y. E. Kalay (Ed.), *Computability of design*. New York: John Wiley & Sons.

Jonassen, D. H. , Tessmer, M. , & Hannum, W. H. (1999). *Task analysis methods for instructional design*. Mahwah, NJ: Lawrence Erlbaum Associates.

Jones, J. C. (1992). *Design methods* (2nd ed.). New York: Van Nostrand Reinhold.

Mayer, R. E. (2001). *Multimedia learning*. Cambridge, UK: Cambridge University Press.

Merrill, M. D. , & Twitchell, D. G. (Eds.). (1994). *Instructional design theory*. Englewood Cliffs, NJ: Educational Technology Publications.

Polanyi, M. (1958). *Personal knowledge: Towards a post-critical philosophy*. New York: Harper Torchbooks.

Schön, D. A (1987). *Educating the reflective practitioner*. San Francisco: Jossey-Bass Publishers.

Schrage, M. (1999). *Serious play: How the world's best companies simulate to innovate*. Boston: Harvard Business School Press.

Simon, A. , & Boyer, E. G. (1974). *Mirrors for behavior III: An anthology of observation instruments*. Wyncote, PA: Communication Materials Center in Cooperation with Humanizing Learning Program, Research for Better Schools, Inc.

Simon, H. A. (1999). *The sciences of the artificial* (3rd ed.). Cambridge, MA: MIT Press.

Stokes, P. D. (2006). *Creativity from constraints: The psychology of breakthrough*. New York: Springer Publishing Company.

Tufte, E. (2006, April 15). Retrieved from www. edwardtufte. com/tufte/.

Vincenti, W. G. (1990). *What engineers know and how they know it: Analytical studies from aeronautical history*. Baltimore: Johns Hopkins University Press.

3　适用于多种教学环境的健全设计

Jody Clarke 和 Chris Dede

摘　要：一刀切的教学创新不会成功,因为它们忽略了在特定环境中决定教学手段有效性的环境因素。如果教学创新的潜在应用者能确定成功的教学手段中包含的重要因素,并能总结在教学手段中因为各种因素的变化而对教学有效性所产生的影响,那么他们就能得心应手地在他们的特定教学环境中成功地应用这些教学创新手段。本研究提供了一个研究框架以帮助读者在他们自己的特定教学环境中能够有效地分析这些因素以及设计适用于多种教学环境的教学创新手段。同时,笔者也会提供一个供中学科学教程所用的以提高学生学习兴趣的多用户虚拟环境,即河城(The River City),作为一个案例研究,以帮助读者进一步理解这一研究框架。

关键词：教育创新,适应能力,适用于多种教学环境,参与,学习,启发式,适用于多种教学环境维度,可持续性,健全设计,教学设计,教学技术,技术的基本要素,多用户虚拟环境(MUVE),强化,专业发展,中小学,教师所有权,合作,可持续发展

引言

"以点带面"是指将在某一特定情景中成功实施的创新手段有效地应用于多种类

J. Clarke

Graduate School of Education, Harvard University, 323 Longfellow Hall, 13 AppianWay, Cambridge, MA, USA

e-mail: jody_clarke@gse.harvard.edu

似环境。相比社会其他领域，教育中的项目推广难度比较大(Dede, Honan & Peters, 2005)。例如，当在教育中进行推广应用时，一刀切的模式就不适合，因为对某一特定课堂中特定小组的学生起作用的教育策略对其他不同课堂里的学生未必适用。研究结果发现情境变量(如：教师对教学内容的准备，学生的社会经济地位)往往对采用某些教育手段的愿望、实施与有效性等有着很大的影响。如果教学创新的潜在应用者能够找出那些促进教学手段成功实施的重要因素，并能归纳总结教学手段中因各种因素的变化而对教学有效性所产生的影响，那么他们就能得心应手地在自己特定的教学环境中成功地应用这些教学创新手段。根据这一思路，可以开发适应某些特定情境的各种优化的"混合"设计来帮助提高设计人员教学创新的健全性。

本章中我们要探讨的是适合多种教学环境设计的研究框架。作为案例研究，我们将提供《河城》这一多用户虚拟环境课程的相关研究。该案例是一项基于技术的教学创新，力求提高中学生对科学课程的参与度与学习成效。我们介绍这些想法的目的是希望提供一种分析框架——用于记录和比较各种情境因素对教学手段在各个项目中成功实施所产生的影响。由上述分析而获得的启发，或许就能帮助设计师开发出更有效、更适用于多种教学环境，尤其是针对那些不利情境的教学手段。我们的方案旨在帮助决策者、从业者和研究人员预测在某一特定情境中有效地应用教学创新所需的资源投入。

接下来的部分，我们首先阐明设计适用于多种教学环境的教育教学创新的重要性，以及正确判断某项教学创新是否适合特定教学环境的必要性。于是，我们会提出一个概念框架，用于描述适用于多种教学环境的各个重要维度。然后，我们再确定研究当中的关键情境变量，因为这些变量对基于技术的教育教学手段的有效性非常重要。接下来，通过局部改变达到成功所需的条件，我们用定量分析的方法来确定这一改变对教学手段的有效性产生的影响。有了适用于多种教学环境研究的总体模型，我们会展示该理论框架在此个案中的应用，即在《河城》课程中所取得的初步成效。接着，我们讨论健全设计，即在不利条件下仍能发挥效力的设计所带来的影响。最后，我们进行总结，并指出本研究对于开展后续研究的意义。

教学创新适用于多种教学环境的重要性

大量研究已经证实，有些教学创新是在肥沃的温室环境里孕育而生的，它们虽然应用前景光明,但若换成教学设施简陋、教师不堪重负和学生学习费力的恶劣环境,就会很难适应(Dede 等,2005)。我们面临的更具有挑战性的任务是:既能将局部获得成功的教学创新广泛应用于其他情境,又可以保持其有效性、可承受性和可持续性。

总之,一项教学创新越复杂,应用范围越广,新的实践就越无法逾越原有应用情境与新的应用情境之间的鸿沟,因为在新情境中,教学创新的实施可能会成效卓然(Moore,1999)。换句话说,为教育转型所做的适用于多种教学环境的设计一定要防止出现 Wiske 和 Perkins(2005)所说的"复制陷阱":一种只一味地重复那些局部有效的教学创新,而从不考虑因需求与环境的局部变化而造成的错误策略。如果不对适用于多种教学环境的设计进行改进,也不去评估教学创新是否适合某种特定情境,那么教育将继续浪费大量的资源来实施教学手段,最终将导致失败,即便这一做法在其他情境中可能会获得成功。

推广教学创新的维度

在教学/课程的创新中,Coburn(2003)认为是否适用于多种教学环境包含四个相互联系的维度:深度、持续度、传播度与转移度。"深度"是指课堂教学实践中出现的深层次的相应变化,如教师信念、社会互动规范和课程教学原则。"持续度"是指使相应的变化持续较长一段时间。"传播度"的含义是教学创新在许多教室和学校中的传播程度。"转移度"要求地方、学校和教师享有教学创新的所有权,并将其影响力进行深化、保持和传播。在此我们提出了第五个维度来丰富 Coburn 的理论框架——"进化度"。"进化度"是指当教学创新的采用者对创新进行修改和调整时,设计者的思路便会受到冲击。反过来,这一做法是在创新的采用者和设计者之间搭建了一个实践平台,由此而带来教学创新的不断演化。

从设计的角度审视推广应用的过程后,我们提出用各种不同的手段来满足每个维度上的需求以适用于多种教学环境:

- 深度:评估与研究,了解效果产生的原因并进一步提高
- 持续度:健全设计,运作于不利环境
- 传播度:调整方案,在减少所需资源和专业知识的同时保持有效性
- 转移度:摒弃"品牌",用户成为共同评估者、共同设计者和共同推广者
- 进化度:从用户的调整修改中汲取经验,反思教学创新的设计模型

需要特别指出的是,持续度的设计应关注情境的变化,从而使设计出的各种教育教学创新能在各种相对不利的情境中有效运作(Dede,2006)。这样的做法与教学创新与在其他特定学校或区域有效应用的模型形成了对比,因为前者旨在使设计满足情境变化的要求。如果要在那些没有参与教学创新的学校进行推广应用,那么我们就必须制定一些"抗震"教学措施,确保教学创新在较为不利的情境中仍能发挥强大的作用,因为不利情境中没有或缺少创新成功实施所需的条件。在这种情况下,教学创新设计的主要内容可能并未按照开发者的设想贯彻执行。虽然前面提到的各个维度都和适用于多种教学环境的设计有关,但本研究重点关注的是持续度和健全设计。

对于运用健全设计策略而制定的适用于多种情境的教学手段,我们不期望它们产生的效果会胜过那些为具体课堂教学(具备成功实施方案的必要条件)而设计的方案。就如同生物技术专家专门为干旱气候培育出的新植物,他们并不期望这些植物在正常环境下的生长情况会优于适应水分充足的环境的品种。那些稳固的教学手段优势很多,但其优势在更优越的环境下可能就变成了弱点。例如,对于那些准备不足、学习被动的学生,我们给予高度的关注会提高他们的学习参与度,但对准备充分、学习积极的学生来说,则可能会适得其反。目前,我们正在开展基于设计的研究课题——《河城》多用户虚拟环境课程(后面章节有介绍),来探索健全设计能否设计出一种教学创新,类似于在常规植物无法生存的恶劣环境中生长得很旺盛的植物。

然而,健全设计方法有其内在的局限性,因为影响教育教学创新成功实施的一些必要条件并不能通过强制措施而得以改善。举例来说,我们在某些城市试验点实施了《河城》多用户虚拟环境课程,学生在课题实施前的出勤率平均为50%左右。尽管在课题实施过程中学生科学课的出勤率提高了60%,我们也通过健全设计采取了激发学生学习动机的激励措施,但显然这样的课程对那些很少来学校的学生几乎毫无益处。学生出勤率低这个基本问题使得所有的设计策略都发挥不出它的功效。此外,受联邦政府强制推行的"不让孩子掉队(*No Child Left Behind*)"法规的高风险测试的影响,说服学校用几周的时间来完成这一试验课程的学习并非易事。我们受到了成功实施课程所需要的条件如学生出勤、学区意愿等的挑战,而这些挑战却是健全设计所无法跨越的。

尽管如此,基于设计的研究人员仍然能够去权衡这些重要因素。例如,我们后面也会提到,《河城》多用户虚拟环境课程可以吸引学生和教师,因为课程中那些涉及高风险考试的内容与技能均以标准为导向,且能够关注到所有不同类型的学生,使他们每年都能获得充分的发展，从而消除学校的后顾之忧(Dede，Clarke，Ketelhut，Nelson & Bowman，2005)。由于我们的教学措施更适合学生出勤率低和专注备考的教学环境，所以这些潜在的功能对解决学生参与学习和地方利益等问题很有帮助。

确定关键情境因素

我们要充分利用适用于多种教学环境的持续度，这包括确定影响设计成效的重要情境因素，并分析这些因素与教学手段的交互作用。如何确定方案成功实施所需的条件？应当收集什么类型的数据？依据相关的理论、研究与实践，我们正在开发一种关键情境变量分类方法，以便于以技术的教育教学创新为基础进行变量分类(Nelson，Ketelhut，Clarke，Dieterle，Dede & Erlandson，2007)。为了构建这一分类方法，我们正参阅技术整合实践者的专业文献(www. ncrel. org/engauge/intro/intro. htm)和研究文献(实证研究、纯理论、综合分析和评估)，从中找出一些专家公认的对基于技术的教学创新至关重要的因素。

例如，我们查阅了排名前三的教育技术期刊[《学习科学杂志》(*Journal of Learning Sciences*)，《教育计算研究杂志》(*Journal of Educational Computing Research*)和《科学、教育、与技术杂志》(*Journal of Science*，*Education*，*and Technology*)]在 2002 年至 2004 年间出版的所有关于教育教学手段的研究，以及该领域中其他前沿的研究(Waxman，Lin & Michko，2003；Russell，Bebell & O'Dwyer，2003；Means & Penuel，2005；Pearson，Ferdig，Blomeyer & Moran，2005)，编制了一份这些研究分析所包括的变量清单。我们从多方面对各种资料和研究方法进行分析，并制定了下面"尚需完善"的情境变量清单：

学生水平变量

● 发展阶段(即年龄)

● 社会经济地位(SES)

● 种族或民族

● 性别

● 普通教育水平(即在校年级)

● 先前的学业成绩(包括各科成绩、平均成绩和班级排名)

- 缺勤记录

- 教师对成绩的期望

- 专业（如果是高等教育的话）

- 情感测量（如学习参与度和自我效能水平）

- 对技术的熟悉和精通程度（包括舒适感或焦虑程度，对运用技术的自我信心）

- 协作能力（与团队合作有关的教学创新）

- 学生分类（普通学生，特殊教育学生）

- 学生家庭接触和利用技术的情况

教师水平变量

- 教龄

- 学术专长（如获得过教授科学课程的证书）

- 教学创新方面的专业发展

- 对教学创新的支持

- 对技术的熟悉和精通程度

- 教师的教育信念

- 教师对在课堂上运用技术的信念

- 教师的特征

- 教师对教学内容或学生的个人情况的掌控

- 教师对教学创新的适应程度

- 教师对教学活动是否符合规范和高风险测试要求的评价

技术类基础设施的状况

- 可获取的教学资料

- 技术设备场所（固定于实验室，固定于教室，根据课堂需要提供的流动设备，供学生在学校用的个人笔记本电脑）

- 技术设备的稳定性与质量（机器档次，网络/服务器连接的稳定性）

- 可获取的技术设备

- 使用的技术设备的类型（个人电脑，网络实验室，多媒体等）

学校/班级变量

- 学校性质(如公立/私立)
- 班级课程安排类型(轮班制,固定制)
- 用机时间长度:学生必须使用技术设备的时间
- 班级类型(重点班,辅导班,大学预科)
- 样本大小(学生/班级/教师的数量)

行政/学校文化变量

- 学校管理者对教师的支持。他们支持研究课题,帮忙收集资源,减少体制内部障碍(如确保提供去往研究地点的交通工具),并且提供展示教学活动的机会
- 其他教师的支持与指导

如果我们能够确定成功实施教学手段所包含的重要因素,并能总结出应用教学手段后所产生的效果受每一个因素的影响的程度(如每一个因素是如何与教学手段相互作用的),那么教学创新的潜在应用者就能更好地去应用。这样,政策制定者也将更清楚哪些教学创新最具有应用前景,研究人员可以将不同类型的适用于多种教学环境的教学创新进行对比,从而深入了解提高设计和实施效果的方法。为了能够概括出教学手段受情境变量影响的程度,我们提出可扩展性指数即适用于多种教学环境的指数,用该指数来判断课题之间的可比性,比如说,用效应量来测量该指数的值。

为教学创新制定"适用于多种教学环境"的指数

在创立了美国教育部教育科学研究院(IES)以后,于 2002 年,美国又制定了教育科学改革法案(Education Sciences Reform Act),这一方案奠定了教学创新效果的衡量标准的转变。实证政策联盟(Coalition for Evidence-Based Policy)于 2003 年为 IES 拟定的一份报告指出"实证"研究要求采用随机控制实验设计,并报告了实验中实施的教学技巧的效果(效应量 ES)。计算 ES 的统计方法有很多,最常见的是 Cohen's d (Cohen,1988),具体算法是两组间的平均值之差除以两组的合并标准差[①]:

---

① [此公式直接摘录于原文。根据文中解释,此公式应表示为 $d = (M_1 - M_2)/\sigma_{pooled}$ ——译者注]

$$d = M_1 - M_2 / \sigma_{pooled}$$

Cohen(1988)给出 ES 的传统定义来描述其作用大小(第 40 页):

小:$d = 0.20$

中:$d = 0.50$

大:$d = 0.80$

值得一提的是,在社会科学里,即使是最成功的教学手段,其 SE 也是很小的(Light,Singer & Willett,1990)。

然而,提供一个总体 ES 无法让决策者在具体情况中确定教学创新的潜在有效性,因为不同地方的学生、教师和资源对教学创新成功的影响有所不同,而所提供的 ES 是在理想情况下计算出来的。仅提供一个数据没什么意义,因为这并不能为决策者和设计者提供有关持续度的充分信息。因此,我们目前正在研究"适用于多种教学环境的指数",这个指数能够估算教学创新对代表其成功实施所需条件的不同维度的相对灵敏度。例如,如果教学创新的效果被证实与班级规模(课堂中的学生数量)有关,比如当班级人数超过 30 人时,教学创新的效果减弱了,那么一个能总结班级规模对教学创新的影响的指数将为决策者提供重要的参考信息。我们提出的这个指数将从每个成功条件的维度上总结设计的教育效果在该维度上能抵抗条件减弱的程度。

参照 Cohen(1988)的 f^2 标准化框架,我们正在研发一些分析策略来构建"适用于多种教学环境的指数",用以预测交互作用产生的效力。我们使用这一方法预测教学手段和成功必备条件之间的相互作用。计算 Cohen 的 f^2 的方法之一就是采用 R^2 数据统计,此数据统计用于测量预测变量所解释的,或在回归模型中所预测的结果变化的比例。f^2 也测量了包含情境变量以及它们与干预的相互作用的回归模型的变化比例:

$$f^2 = \frac{R^2_{full} - R^2_{reduced}}{1 - R^2_{full}}$$

正如前面讨论的,我们可以用 f^2 指数的平方根来与 Cohen 的 ES 常规定义进行比较以描述作用大小(Cohen,1988,第 40 页)。

采用这一方法时,成功所需的条件与教学创新手段相互作用而产生的较大的 f^2 值可以说明教学创新的效果对该条件非常敏感。我们准备在表格中列出这些适用于多种教学环境的指数,来展示教学手段与各种条件之间相互作用的效应值(f^2 统计值的平方根)。这样,在实施新的教学手段之前,决策者就可以慎重地考量某种条件带来的影响。另外,设计人员也能基于这些信息来开发教学创新的"混合"版,使设计足够灵活,能在各种条件下成功实施。

《河城》多用户虚拟环境案例研究

运用适用于多种教学环境的持续度包括确定设计有效性的主要情境因素来测试它们与教学手段间的交互作用。为了适用于多种教学环境,设计者应建立可变化的弹性模型,以适应更多的实施环境。我们提供的《河城》(一个基于技术的课程)研究作为适用于多种教学环境的研究案例,阐述了这一设计策略。

《河城》是一个多用户虚拟环境(MUVE),主要用于讲授初中科学课程(http://muve.gse.harvard.edu/rivercityproject/)。多用户虚拟环境允许多个用户同时访问虚拟情境,与数字化工具互动(例如在线显微镜和图片),用"虚拟化身"代表自己,与其他用户及计算机代理进行交流(见图1),并参与各种协作学习活动(Nelson,Ketelhut,Clarke,Bowman & Dede,2005)。当用户点击虚拟世界中的某个对象时,其内容就会在右侧界面上显示(见图2)。

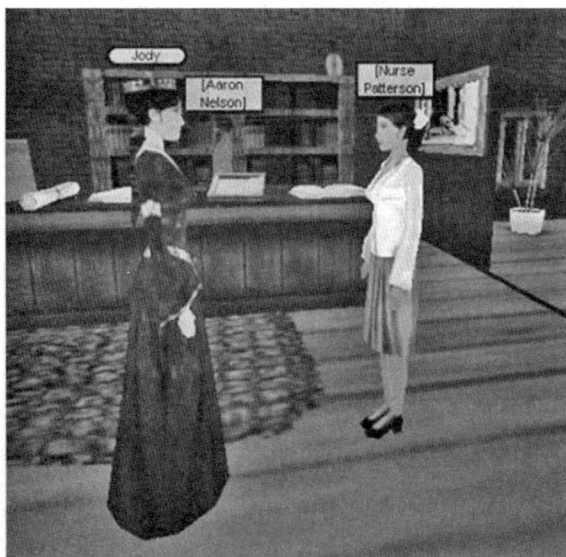

图1　图片显示,学生 Jody 的虚拟形象正在与《河城》的一位护士 Peterson 谈话

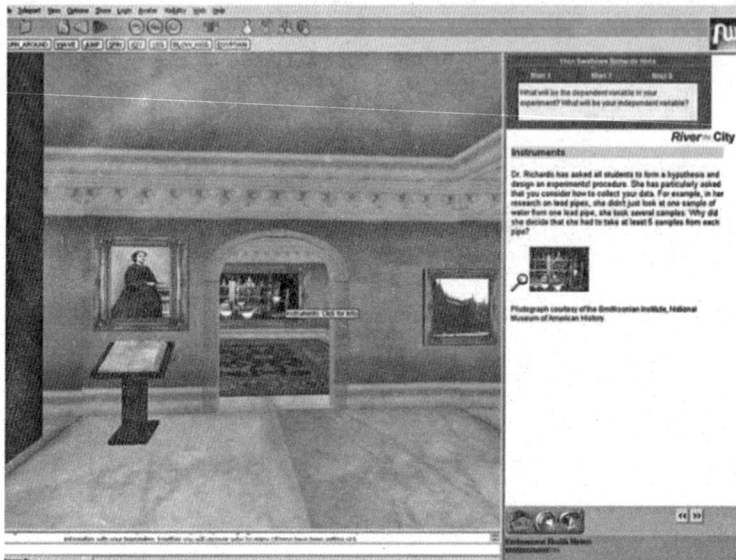

图2　该图屏幕左侧是《河城》的三维视图，右侧是网页显示

　　《河城》课程关注形成假设和实验设计的技巧，以及与生物学和生态学相关的国家标准与测试的内容。中学生们穿越到19世纪体验一番，并借助21世纪的知识和技能，帮助市长调查河城居民患病的原因。

　　案例中包含三种不同的疾病（原因是水污染、空气污染与昆虫传染），它们融合了学生要学的历史、社会和地理知识，可以让学生发展和练习在复杂的环境中对多因果问题的探究技巧（Ketelhut，Clarke，Dede，Nelson & Bowman，2005）。学生以三或四人为一组，提出并测试当地居民染上疾病的原因的假设。作为科学探索的一部分，学生需要了解并使用科学家手中的工具。例如，他们可以借助虚拟显微镜从本市的水样采样站采集水样（参见图3和图4）。

研究设计

　　我们运用基于设计的研究策略，进行大量研究，探索多用户虚拟环境可能支持的学习类型。这些研究的结果阐明了我们是如何确定情景因素的以及我们修改了哪些设计要素以克服障碍。我们在不同的时间段实施了不同的教学方法，这些教学方法基于与人们是如何学习相关的不同理论：引导性社会建构主义、专家指导、合法边缘参与（实践社区）及指导程度。想要了解这些研究和教学手段的详细情况，请参阅Nelson，

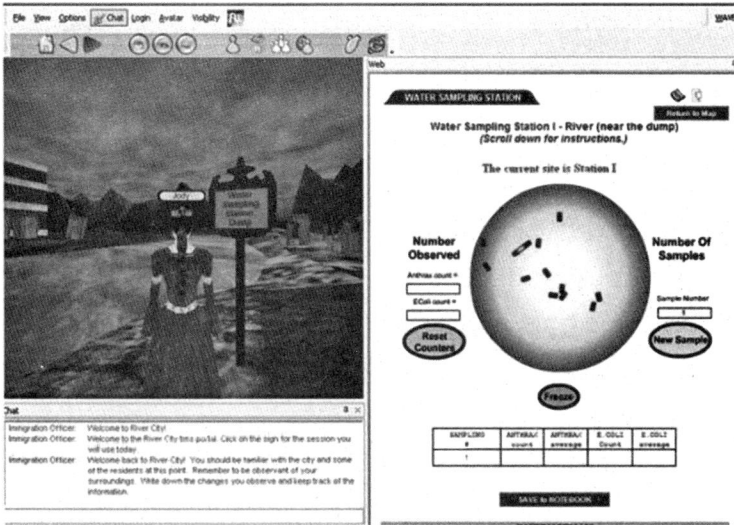

图 3 用来采集水样的虚拟显微镜。当学生在三维虚拟世界中点击"水样采样站"标志时,显微镜下的活动大肠杆菌就会在右侧界面显示

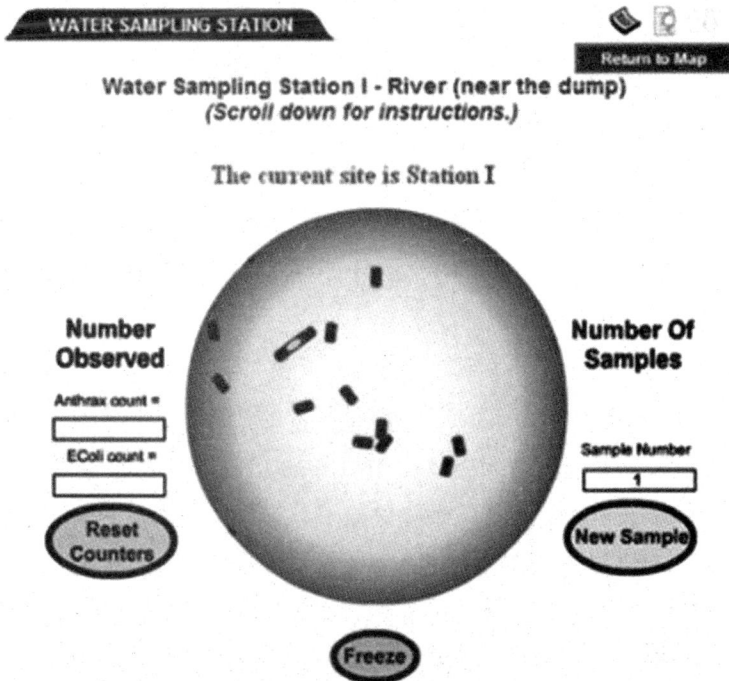

图 4 显微镜特写。学生点击"冻结",就可以统计水中大肠杆菌和炭疽病毒的数量。学生还可以重新采样和统计数据。

Ketelhut，Clarke 和 Bowman(2005)以及 Clarke，Dede，Ketelhut 和 Nelson(2006)的著作。到目前为止，我们已经与超过 70 名教师和 6000 名学生合作过，他们主要来自以英语为第二语言的学生比例较高而且社会经济地位较低的学生比例较高的市区公立中学。本章重点介绍一个子样本，即 7 名教师和 600 多名学生在 2004 年秋天实施《河城》课题的情况。

我们采用准实验设计方法，将学生以班级为单位分到实验组或控制组。对于实验组的班级，学生被随机分配，对应我们的一个学习变量。控制组班级课程采用类似于实验班的教学方法和内容，但通过基于纸张的课程教授。每个教师都被分配了基于计算机的实验班和控制班。

我们通过教师搜集了学生的基本资料，包括年龄、以往科学课的成绩、免费与减价午餐状况（衡量社会经济地位）、母语、种族、性别、阅读水平、考勤和教师对学生的五维期望：知识掌握、动机、行为、缺勤和技术掌握。（请注意：有的教师并没有提供这些信息，因此我们无法测试某些变量和教学手段之间的相互作用。后面我们会讨论如何修改实施方案才能防止这些数据的缺失。）

学生们接受了一项情感测试的前测和后测，此测试改编自三个不同的量表：科学技术上的自我效能感(Ketelhut，2004)，适应性学习模式调查(Midgley 等，2000)，科学态度测试(Fraser，1981)。修改后的方案就包含了评价学生的科学效能感、探究的全面性、对科学的兴趣和对科学的职业志趣等的量表。调查的最后，是关于学生在校外接触和使用技术的情况。为了评估学生的理解力和已有学科知识（科学探究能力、科学技能和生物学），我们进行了一项内容测试，包括前测和后测，测试的部分内容由 Dillashaw 和 Okey(1980)的测试修改而来。

教师们完成了一项包括前测和后测的问卷调查，内容涉及教龄、学术专长、技术上的专业发展、技术的熟练性和熟悉度、对科学技术的教学理念和实践、对技术的接受度、对本课题的接受度，以及对我们研究团队所提供的支持的意见。

我们的多用户虚拟环境后端体系架构是一个数据库，里面含有一个事件表，能够捕获每个学生的详细动态活动，如他们与哪些居民交谈，点击什么样的图片，在既定地点停留多久。这些丰富的数据文件记录了实验班中的所有学生的大量信息。除此之外，作为最后的成绩展示，所有的学生都要向河城市长做报告，阐述他们的实验过程和得到的结论。

对于得到的定量数据，我们借助了 SAS 统计软件，运用多元回归技术（multiple

regression)进行分析,并进行了线性(linearity)和同方差(homoscedasticity)检验。结果没检测到违规现象。统计采用的显著性水平为 $p < 0.10$。

评估教学手段对选定的情境条件的敏感性的核心问题是它们之间在统计学上的相互作用问题。在评估敏感性时,我们要提出以下问题:教学手段产生的效果取决于所选定的情境条件吗?教学手段对社会经济地位较低还是较高的儿童更有效?本研究中涉及到的这些问题,都可以利用教学手段和成功条件交互作用的统计模型得以解决。我们用研究结果来阐述如何确定情境因素以及调整哪些设计要素可以消除障碍。

研究结果

这次实验得到的结果与我们先前的研究结论一致,即《河城》实验班中的学生能够积极参与科学探究,并进行较高层次的思考(Nelson 等,2005;Clarke 等,2006)。我们发现学生对普通科学的初始自我效能感与他们的后测成绩之间存在正相关。这一关系在《河城》实验班的学生中表现得更明显。而在四个实验班中正相关并没有显著的差异,因此要着重分析《河城》实验班与控制班课程的区别。如图 5 所示,如果控制学生的社会经济地位这一变量,那么教学手段对学生后测得分的影响,会随着其性别及对科学的初始自我效能感的变化而有所不同。社会经济地位解释了结果方差,即后测总得分($t = -7.53^{***}$),但与教学手段却没有统计上的相互作用。所以,社会经济地位并不是成功所需的条件,但是我们却将它视为控制变量,因为它有助于解释方差。例如,就 SES 低的学生而言,控制班的女生对普通科学的初始自我效能感较低,但她们后测的平均成绩却比那些在《河城》实验班的具有同等自我效能感的女生高。不过,对于 SES 低的学生,那些开始就具有较高自我效能感(~4)的《河城》实验班的学生,其成绩优于后测时所有学生的平均成绩。不管在控制班还是实验班里,在 SES 低的学生中,女生的后测成绩在整体上优于男生。

具有较高社会经济地位的学生的结果是相似的,但实验组略高(在社会经济地位和教学手段之间的交互作用不显著)。一些情景变量和教学手段间的相互作用说明有些情景变量在实施河城项目时可被考虑为成功的条件。

我们才刚刚开始探索和识别这些情景因素。为了节省空间,本章我们重点介绍前面提到过的学生水平变量。为了弄清楚这些变量是不是成功的必备条件,我们进行了分析研究,检测它们与教学手段间有没有统计意义上的显著相互作用。表 1 是对测试

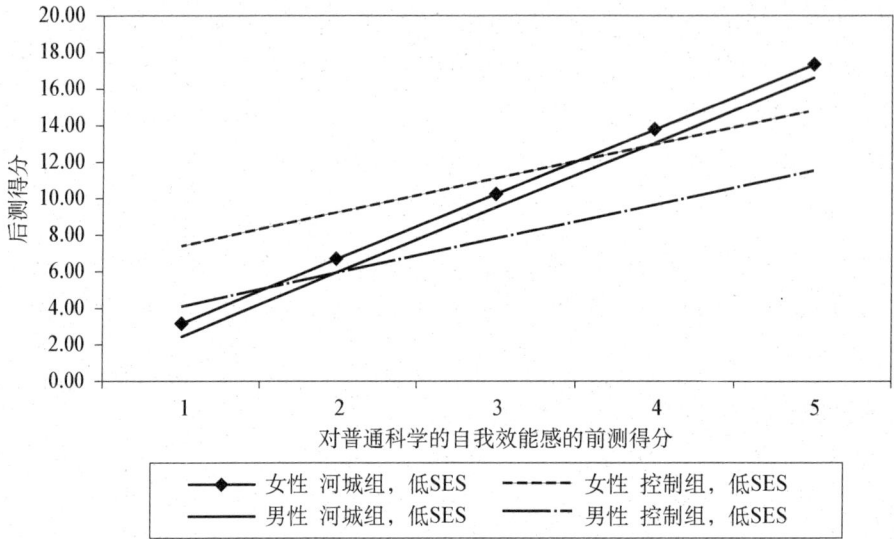

图中纵轴：后测得分，刻度 2.00 4.00 6.00 8.00 10.00 12.00 14.00 16.00 18.00 20.00

横轴：对普通科学的自我效能感的前测得分，刻度 1 2 3 4 5

图例：
◆ 女性 河城组，低SES   - - - 女性 控制组，低SES
—— 男性 河城组，低SES   —·— 男性 控制组，低SES

图 5　教学手段对后测得分的影响，控制男性、社会经济地位以及普通科学的自我效能的前测（n＝362）

结果的总结，揭示了教学手段产生的效果受每一个变量影响的程度。第 1 列为学生情境变量，第 2 列为是否有统计上的相互作用。统计上的相互作用是通过多元回归分析来计算的。第 3 列是相互作用参数估计的 t 值和 p 值。第 4 列是 f^2 指数的平方根，运用前面的公式从 R^2 统计中计算得出。

表 1　学生情境变量及其与教学手段的统计相互作用

学生层次情境变量	与教学手段的相互作用	参数估计（t 值，p 值）	$\sqrt{f^2}$
社会经济地位	无	$t = -0.06$	
种族	无	$t = 0.28$	
性别	有	$t = 1.69\sim$	0.13
母语是英语	无	$t = -0.81$	
普通教育水平（即在校年级）	无	$t = 0.70$	
对科学的兴趣	有	$t = 2.84^{**}$	0.24
对普通科学的自我效能感	有	$t = 2.11^{*}$	0.38
对科学的职业兴趣	有	$t = 3.89^{***}$	0.32
科学探索的周到性	无	$t = 0.92$	
科学探索	无	$t = 1.60$	

学生层次情境变量	与教学手段的相互作用	参数估计（t 值，p 值）	$\sqrt{f^2}$
家里有无因特网接入	无	t＝0.60	
使用聊天软件	无	t＝0.30	
玩电脑游戏	无	t＝0.53	
玩视频游戏	无	t＝0.12	

请注意：我们没有发现教学手段与年级水平之间存在相互作用，但由于篇幅限制，我们只介绍七年级的变量和教学手段间的相互作用。～P＜0.10；＊P＜0.05；＊＊P＜0.01；＊＊＊P＜0.001。

从第二列的第 4、8、9 和第 10 行可以看出，基于样本中统计上的相互作用，只有 4 个学生情境变量表示了成功所需的重要条件。按照 Cohen 的规定，该样本中所有变量与教学手段相互影响产生的效果都很"小"。这并不奇怪。如前面提到的，对于教育，即使是最佳的教学手段，其产生的效果量往往也会偏"小"(Light 等，1990)。

再看第 4 列，我们可以创建一个从最低到最高的敏感度指数，其中性别的敏感度最低(0.13)，而"对普通科学的自我效能感"的敏感度最高(0.38)。研究结果除了能提供有关学习的真知灼见，还有助于我们了解调整哪些要素可以改进适用于多种教学环境的设计。由于教师、学生、技术实施和学校环境方面存在的自然差异，我们有机会来评估与这些变量相关的因素是如何影响学习效果的。下一节，我们会讨论对成功所需条件的分析是如何促进健全设计的，这样就能把教学创新扩展应用到复杂多样的教育环境中。

设计适用于多种教学环境的稳定框架

一旦教学环境中那些"重要，但非必需"的成功条件减弱或缺失，那么开发设计适用于多种教学环境的方案就需要增加个性化的教学创新选项。如上所述，我们正在鉴别那些可能会减弱的成功条件，并不断改进课程设计，使其富有个性化，增强在那些条件下的有效性。

在先前的研究中(Clarke 等，2006)，我们确定了《河城》课程实施过程中的四大关键因素，并详述了如何不断改进课程的个性化设计，增强其有效性。我们的设计过程已逐渐形成，以下我们结合之前的新发现，重新审视这些成功条件。前两个成功条件涉及到的是教师，即他们对教学内容的所有权和运用教学创新的适应感。关于如何使设计适应这些情境，我们会重点介绍基础设施设计和后端架构设计。对于其他的成功条件，我们主要研究关于学生的成功因素和课程的设计特点。

方案成功的教师因素

专业发展

通过基于设计的研究，我们一直在尝试着为教师提供多样化的专业发展途径（Clarke 等，2006）。我们为教师提供了网上培训，但却发现大多数人并没有访问过。我们也清楚，由于课题的扩展应用，无法为教师提供及时咨询。因此，我们正在测试怎样去扩展"培训培训者"的专业发展模式。在这个模式中，我们的研究组成员会对培训者进行专业发展的培训。每位培训师与同一学区的 10 名教师合作，提供专业培训并监督他们的执行过程。培训师还要提供及时的帮助，并在项目实施的课堂中充当研究组的"眼睛和耳朵"。

教师所有权与舒适度

研究发现，对《河城》这个技术密集型项目的整合，提高了教师的舒适度。在后续调查和采访中，有些教师表示他们对对照组的课程觉得更舒服，因为他们觉得自己拥有更多的"控制"。我们一直都在努力使教师在《河城》项目中享有更多的自主权和权力，这样一来，项目的成功实施就有了保证。我们设计了一个"教师控制面板（Teacher Dashboard）"，里面包含成功实施《河城》项目所需的工具和机制。控制面板将大量的资料和操作说明放在同一地方（网页），这样教师只需要在互联网浏览器（网站有密码保护）上单独创建一个书签。

有了"教师控制面板"，教师就可以为《河城》课题创建学生账户和密码。过去，教师总是不能提供个人基本资料，而我们需要用这些资料来判断成功必需的条件。成功条件的确定基本上要依托于所收集的相关数据。前面的研究结果，由于缺少学生先前的学业成绩、阅读成绩及个人基本信息等数据，就导致样本容量比预计的小 25％。因此，有了"教师控制面板"，当教师为每个学生创建账户时，就必须输入他们的个人基本信息。创建完一个班的学生账户后，教师还要将他们指派到三人小组中。以前，我们创建学生账户，然后随机分配学生小组。这两个步骤就是为了在项目实施中赋予教师更多的控制权,同时,教师对研究团队的依赖越少,课题对多种教学环境的适应也就越容易。自此,我们再也没收到任何教师关于学生登录或抱怨小组分配的电子邮件。

在参与《河城》课题的过程中,学生们按时间顺序穿越代表不同季节的六个世界:1878年10月、1879年1月、1879年4月、1879年7月、对照世界(实验中被控制的部分)和实验世界(测试他们的实验)。这就让他们能收集关于河城随时间而发生变化的数据。当学生第一次来到《河城》项目时,他们就进入了一个"时间门户网站",然后点击他们希望回到的时代。尽管学生都应该穿越到过去,按时间顺序学习项目内容,但实际情况却不总是这样。在确保学生按照给定时间进入正确的世界方面,教师拥有的控制权微乎其微。因此,我们增加了一个"世界访问"功能,且在"教师控制面板"上也能看到。教师可以按照班级或学生层面设置世界访问。虽然这看起来微不足道,但前期的反馈表明教师感觉到了一些变化,他们觉得自己控制了课程和学生的学习步骤。最重要的是,这一功能支持自定义——教师甚至不一定要用它。

适用于多种教学环境的基础设施的相关设计最后迎来的是另一个可自定义的功能,目的是在项目中赋予教师更多的控制学生学习的权利。如前所述,河城环境的后端是一个数据库,我们利用这些数据材料追踪学生在每个世界中的学习轨迹。但是,直到现在教师都没有使用过这些数据。虽然我们鼓励教师检查学生的实验用书,并在项目中通过书面作业的形式跟上学生的学习进度,但实际上教师并不是很清楚每个学生当前所做的事情。在《河城》课题中,学生进行协作学习,并通过基于文本的聊天软件与小组成员交流。我们正在"教师控制面板"上增加一项新功能,使教师能报告学生、小组和班级的"小组聊天"内容。报告的内容包括访问的世界、虚拟名字和小组间的聊天内容。可选功能允许教师监控学生的学习进度(是否真的完成任务)和学习用语(是否在说脏话)。同样,这个功能可以为教师量身定制,让其自主选择。

除了设计架构中的这些修改,我们还为教师加入了一些资源,如"个性化专业发展"资料、教师用作资源的"每日"教案和"快速指南"。另外,还有短视频(一分钟以内),告诉学生每天应学的内容。例如,在学生进入"1879年1月"之前,教师可以向他们展示"1879年1月的视频内容"。这段视频提醒学生一直在学的内容,并将其与1月份将要做的事情联系起来——创设学习情境和保持学习连续性。每段视频都有着相似的形式和基调。所有的视频片段均取自《河城》,并且每个视频的开始都是河城市长(虚拟化身)与学生的谈话。这些视频就是为了向教师示范如何开始每天的课程,或者在学习活动开始前为学生介绍一天的学习内容。

成功必备的学生参与因素

我们要介绍的下一组健全设计策略是与成功有关的学生参与因素。研究表明,参与课题的学生在科学参与度、普通科学的自我效能感、背景知识及科学职业兴趣方面存在差异。设计课题的目的是让所有学生参与,我们希望参与课题的能包括那些没上过科学课、自认为科学能力一般、取得过低分的学生。通过基于设计的研究,我们一直在探索怎样才能做到不仅使目标学生参与,而且又能让那些成绩优异的学生持续参与。我们正在制定三种不同的策略来满足这些需求:权力、教学代理和角色。

权力

类似于视频游戏中玩家的经验和成就不断累积便会获得特殊权力的奖励,我们设计出了一套权力系统,奖励那些在《河城》情境中学习和探索的学生。这些权力能让学生获取更多的课程信息,便于其更深入地理解河城中疾病的传播。正如上面提到的,学生依照时间顺序游览河城。他们在四个不同的季节里来到河城,收集有关疾病在镇上蔓延的信息。接着,他们在上述研究基础上提出一种假设,并设计一个实验来验证其假设。然后,他们返回到河城(对照世界和实验世界)测试实验。每个世界都附有一张引导学生完成探究的课程目标列表。这些课程目标已经被修改为学习活动,学生完成后便会获取相应的权力。

例如,我们想让学生探索河城的不同地区,弄清楚三种疾病的传播在不同区域盛行的原因,因此,在春季世界里(4月),有些权力的获得要求学生访问某个地点,并与当地的居民交谈,或者点击那个地点的图片或对象。例如,学生在参观医院时就获取了很多重要信息。一旦进入医院,他们就可以跟护士 Patterson 或医生 Aaron Nelson 讲话,查看住院记录,点击介绍 19 世纪医院历史资料的图片。所以,作为在特定世界中获得进一步权力的条件,我们运用网络后台布尔(Boolean)语句进行数据库扫描,记录是否至少有一位小组成员参观过医院并与当地居民、对象或图片完成了互动。与视频游戏一样,学生既没有被告知获取权力的要求,也不知道它们的存在。不过,实验课本中列有课程目标,学生们可以使用课本来指导这趟探索之旅。小组成员一旦共同完成了指定的课程任务,他们就赢得了"权力",并被传送到市里的一座秘密豪宅中。

这座秘密豪宅里有课外活动,但只有完成课程目标而赢得"权力"的学生小组才能访问到。第一级权力允许学生进入大楼的一楼入口处。相继的每个世界中获得的权力可允许进入另一个楼层。例如，学生获取了1879年4月世界的权力后，将能够进入走廊、第二层和第三层。因此，如果学生在前一级未能获得相应的权力，那么他们可以通过在后面的不同层级获得的权力进行弥补。

1879年4月的"权力"要求学生学习的课程是：用历史的眼光审视19世纪至2005年间科学家所使用的研究工具。豪宅的第三层是博物馆，那里有一个欢迎同学点击各种工具的标志。例如，他们单击1880年版的显微镜，再点一下现代显微镜，就能看到该工具的发展演变，它能让我们检测到诸如微生物的东西。虽然河城世界有现代化显微镜，能让学生观察采集到水样本，但这个课外活动让学生明白为什么19世纪的科学家未能发现是这些细菌导致了疾病。

学生们发现，由于人类创造出了越来越好的显微镜，所以科学家才能更清晰地看到微生物。不过，即便是用现代显微镜，也不可能看到人体的内部。学生们了解到，现代工具的发明让医生和科学家能够研究人体的内部结构：CAT扫描。学生可以点击医院4月份住院记录中的患者名字，看一下他们的肺部CAT扫描图。当患者的名字被选中，如果此人患有结核病（河城三大疾病之一），其CAT扫描图像就会显示出一个病变的肺。如果没有结核，就会呈现出一个健康的肺。

这些权力不仅使学生感到有趣，还能进一步丰富他们所学的知识。权力也说明了课程调整有利于使那些学习动机弱的学生获得成功。目前，我们正在着手研究的问题是：在那些学生学习动机不足的情境中，权力所发挥的作用是否更有效。

教学代理

除了要保持学生的参与度，我们发现，在整个课题实施过程中，帮助某些学生提高开展科学研究的自我效能感尤为重要。因此，我们正在开发的教学代理"聪明的傻瓜"将和学生在课程学习过程中一起工作。它们会向学生提出鼓励他们进行学习反思的问题。每个小组会和一个"聪明的傻瓜"共同学习，教学代理知道小组成员与哪些居民交谈过，点击过什么构件和对象。通过运用文献中有关元认知（Brown，1987；Campione，1987；Schoenfeld，1992；White & Frederiksen，1998）和交互教学（Palincsar & Brown，1984，1985；Palincsar，1986；Palincsar，Ranson & Derber，1989）的策略，"聪明的傻瓜"会询问学生一些相关信息，并鼓励他们持续不断地学习。它们也会提供课题的相关资料（除了Nelson在2005编写的指导手册外）。我们觉得与"聪明的傻瓜"间的对话会有助于学生的学习,并不断增加他们的自我效能感。

角色和协作

协作对于学生在河城中的学习是一个至关重要的因素。然而,仔细查阅学生的日志文件和访谈记录会发现许多学生不太会协作(Clarke,2006)。因此,通过基于设计的研究,我们准备制定一些能够鼓励学生与自己的队友合作的课程策略。在这种情况下,每一位特定的队友都将获取不同的信息。为了充分了解引起这些问题的原因,整个团队需要共享各自获取的信息与研究结果。例如,一位队友可能会问某位居民感觉怎么样。而居民的回答会因提问者而异。对于队友 A 来说,居民可能会回答:"我有轻微的发烧和胃痛症状。我昨天感觉很好,我曾和朋友 Emily 一起在泥塘边玩耍。"但是,居民对队友 B 的回答可能会不一样:"我有轻微的发烧和胃痛症状。"或者跟队友 C 说:"我很伤心。我今天不能和朋友 Emily 一起去泥塘边玩耍,因为我生病了。我们已经在泥塘边玩了整整一周。"正如在现实世界中,你是谁就决定了你从一个人口中获得的回答是什么。我们假定,这些角色的存在能让学生积极努力地去了解队友们已经发现了的东西,进而通过拼图式教学方式增进他们的协作意识。

结论

将技术创新推广应用到教育领域,要求设计足够灵活以便适用于各种教学环境,也需要设计足够健全以便在缺乏成功条件的情境中仍保效力。这可能会涉及到确定变量,就像专门为恶劣环境培育的杂交植物一样。设计一种可持续发展和适用于多种教学环境的教学创新是一个多步骤的过程。首先,我们一定要确定那些可能有助于教学创新获得成功的情境变量。接着,我们需要收集与各种因素有关的数据。然后,我们必须测试这些因素和教学手段在统计上的相互作用情况。最后,我们就可以开发出在这些条件下仍然有效的设计模型变体。举例来说,通过基于设计的研究策略,我们确定了哪些情境变量构成了成功实施《河城》项目的要件,也在探索设计健全的设计变体,使其能适应上述变量影响被削弱或缺失的情况。

致谢

如果没有哈佛教育研究生院 John Willett 博士和 Liane Moody 女士的参与和指点,我们也就不可能制定出适用于多种教学环境的指数。

(朱喜梅、刘余良　译)

参考文献

Brown，A.（1987）．Metacognition，executive control，self-regulation，and other more mysterious mechanisms. In F. E. Weinert & R. H. Kluwe（Eds.），*Metacognition，motivation，and understanding*(pp. 60—108). Hillsdale, NJ：Erlbaum.

Campione，J.（1987）．Metacognitive components of instructional research with problem learners. In F. E. Weinert & R. H. Kluwe（Eds.），*Metacognition，motivation，and understanding*(pp. 117—140). Hillsdale, NJ：Erlbaum.

Clarke，J.（2006）．*Making learning meaningful：An exploratory study of using MUVEs to teach middle school science*. Unpublished Qualifying Paper presented to the Harvard Graduate School of Education，Cambridge，MA.

Clarke，J.，Dede，C.，Ketelhut，D.，& Nelson，B.（2006）．A design-based research strategy to promote scalability for educational innovations. *Educational Technology*，*46*(3)，27—36.

Coalition for Evidence-based Policy.（2003）．*Identifying and implementing educational practices supported by rigorous evidence：A user-friendly guide*. Washington，DC：Institute of Education Sciences，U. S. Department of Education.

Coburn，C.（2003）．Rethinking scale：Moving beyond numbers to deep and lasting change. *Educational Researcher*，*32*(6)，3—12.

Cohen，J.（1988）．*Statistical power analysis for the behavioral sciences*. Hillsdale，NJ：Lawrence Erlbaum Associates.

Dede，C.（2006）．Scaling up：Evolving innovations beyond ideal settings to challenging contexts of practice. In R. K. Sawyer（Ed.），*Cambridge handbook of the learning sciences*(pp. 551—566). Cambridge，England：Cambridge University Press.

Dede，C.，Clarke，J.，Ketelhut，D. J.，Nelson，B.，& Bowman，C.（2005）．*Fostering motivation，learning，and transfer in multi-user virtual environments*. Paper presented at the American Educational Research Association Conference，Montreal，Canada.

Dede，C.，Honan，J.，& Peters. L.，（Eds）.（2005）．*Scaling up success：Lessons learned from technology-based educational innovation*. New York：Jossey-Bass.

Dillashaw，F. G.，& Okey，J. R.（1980）．Test of integrated process skills for secondary science students. *Science Education*，*64*(5)，601—608.

Fraser，B.（1981）．*TOSRA：Test of science related attitudes*. Hawthorne：Australian Council for Educational Research.

Ketelhut, D. (2004). *Assessing science self-efficacy in a virtual environment: a measurement pilot.* Unpublished Qualifying Paper presented to the Harvard Graduate School of Education, Cambridge, MA.

Ketelhut, D. J. , Clarke, J. , Dede, C. , Nelson, B. , & Bowman, C. (2005). *Inquiry teaching for depth and coverage via multi-user virtual environments.* Paper presented at the National Association for Research in Science Teaching, Dallas, TX.

Light, R. J. , Singer, J. D. , & Willett, J. B. (1990). *By design: Planning research on higher education.* Cambridge, MA: Harvard University Press.

Means, B. , & Penuel, W. R. (2005). Scaling up technology-based educational innovations. In C. Dede, J. Honan, & L. Peters (Eds.), *Scaling up success: Lessons learned from technology-based educational innovation.* New York: Jossey-Bass.

Midgley, C. , Maehr, M. L. , Hruda, L. Z. , Anderman, E. , Anderman, L. , Freeman, K. E. , & Gheen, M. , et al. (2000). Manual *for the Patterns of Adaptive Learning Scales (PALS),* Ann Arbor, MI: University of Michigan.

Moore, G. A. (1999). *Crossing the chasm: Marketing and selling high-tech products to mainstream customers.* New York: HarperBusiness.

Nelson, B. (2005). *Investigating the impact of individualized, reflective guidance on student learning in an educational multi-user virtual environment.* Unpublished Dissertation, Harvard University.

Nelson, B. , Ketelhut, D. , Clarke, J. , Bowman, C. , & Dede, C. (2005). Design-based research strategies for developing a scientific inquiry curriculum in a multi-user virtual environment. *Educational Technology, 45*(1),21—27.

Nelson, B. , Ketelhut, D. J. , Clarke, J. , Dieterle, E. , Dede, C. , & Erlandson, B. (2007). Robust design strategies for scaling educational innovations: The River City case study. In B. E. Shelton & D. A. Wiley (Eds.), *The educational design and use of computer simulation games* (pp. 224—246). Rotterdam, The Netherlands: Sense Press.

Palincsar, A. S. (1986). Reciprocal teaching. In *Teaching reading as thinking.* Oak Brook, IL: North Central Regional Educational Laboratory.

Palincsar, A. S. , & Brown, A. L. (1984): Reciprocal teaching of comprehension-fostering and comprehension-monitoring activities. *Cognition and Instruction, 1*(2),117—175.

Palincsar, A. S. , & Brown, A. L. (1985). Reciprocal teaching: Activities to promote read (ing) with your mind. In T. L. Harris & E. J. Cooper (Eds.), *Reading, thinking and concept development: Strategies for the classroom.* New York: The College Board.

Palincsar, A. S. , Ranson, K. , & Derber, S. (1989): Collaborative research and development of reciprocal teaching. *Educational Leadership, 46*(4),37—40.

Pearson, P. D. , Ferdig, R. E. , Blomeyer Jr. , R. L. , & Moran, J. (2005). *The effects of technology on reading performance in the middle-school grades: A meta-analysis with recommendations for policy.* Naperville, IL: North Central Regional Educational Laboratory.

Russell，M．，Bebell，D．，& O'Dwyer，L．（2003）．*Use，support，and effect of instructional technology study：An overview of the USEIT study and the participating districts*．Boston，MA：Technology and Assessment Study Collaborative．Retrieved August 29，2004，from http：//www. bc. edu/research/intasc/studies/USEIT/description. shtml.

Schoenfeld，A. H．（1992），Learning to think mathematically：Problem solving，metacognition，and sense making in mathematics．In D. A．Grouws（Ed.），*Handbook of research on mathematics teaching and learning*，ed.，NY：Macmillan，pp. 334—370.

Waxman，H. C．，Lin，M. -F．，& Michko，G. M．（2003）．*A meta-analysis of the effectiveness of teaching and learning with technology on student outcomes*．Naperville，IL：North Central Regional Educational Laboratory.

White，B．，& Frederiksen，J．（1998）．Inquiry，modeling，and metacognition：Making science accessible to all students．*Cognition and Instruction*，*16*(1)，3—117.

Wiske，M. S．，& Perkins，D．（2005）．Dewey goes digital：Scaling up constructivist pedagogies and the promise of new technologies．In C. Dede，J．Honan，& L．Peters（Eds.），*Scaling up success：Lessons learned from technology-based educational innovation*．San Francisco：Jossey-Bass.

4　外部建模心智模式

David H. Jonassen

　　摘　要：主动的富有意义的学习与被动的复制性的学习相反，它能使学习者积极地、建设性地、有目的地与实际相结合，并且通过合作的方法进行学习。当学习者投入富有意义的学习时，他们就自然地建构心智模式。当学习者与他人合作时，他们就自然地建构群体心智模式。在当今时代，计算机辅助的建模工具可以用来鼓励学习者进行富有意义的学习，使学习者的心智模式具体化。使用诸如数据库、概念图、专家系统、电子数据表、系统建模工具、微观世界和模拟仿真工具、受教代理、电脑会议、超媒体等工具，学习者可以建构有关领域知识、问题、系统、语义结构和思维过程的模式。

　　关键词：建模，心智模式，富有意义的学习，真实情景，合作，认知保留，结构型知识，执行/程序性知识，基于活动的知识，交谈式、话语式知识，社会协商，基于计算机的建模，微观世界，建模系统，模拟仿真，教育技术

什么是富有意义的学习？

　　Jonassen、Howland、Moore 和 Marra 认为，学习者具有积极性、建设性和目的性，与他人合作完成真实任务时，富有意义的学习就会发生。学习过程不仅需要积极动脑，而且需要与他人互动。人类在自然情境学习时，他们与自己的环境互动并掌控这

D. H. Jonassen
Educational Psychology and Learning Technologies，University of Missouri，St. Louis，MO，USA
e-mail：jonassend@missouri. edu

个环境中的物体,观察自己所受的影响,建构自己对各种现象的诠释和处理,并与他人分享这些诠释。通过在娱乐和工作社区中的正式和非正式的观察学习,学习者发展技能和知识,然后再与社区的其他成员分享这些技能和知识,与他们互相学习、互相练习。在所有这些情况下,学习者主动使用物体和工具,并观察其影响。

在活动期间,学习者不断建构他们对自己的行为和行为结果的诠释。我这样做会产生什么样的结果?这是什么意思?那对我意味着什么?富有意义的学习重点在于现象对学习者具有什么意义,而不是对教师或课程设计者具有什么意义。这需要对思想和物体的积极掌控。人类自然地建构意义。为了生存,人类这些年来一直在建构意义、不断了解世界。

具有目的性的学习最富有意义。所有人类行为都以目标为导向(Schank,1994)。也就是说,我们所做的一切都是为了实现某种目标。当学习者乐意并积极地努力实现一个认知目标时,他们会多动脑,学更多,因为他们在履行自己的意愿。学习者最开始可能没有表达学习目标,但为了使学习者的学习富有意义,学习者必须接受和采纳学习目标。学习者针对自己的意愿来评估自己的学习时,他们会学到更多的知识和技能,能够更好地使用他们在新情景中学到的知识。

大多数当代学习理论都认为富有意义的学习需要一个富有意义的任务,最富有意义的任务来自真实的情境或至少模拟了某种真实的情境。学习者努力地解决真实问题时,他们不仅能更好地理解问题,而且会将问题更多地应用于新情境。我们不需要讲授记忆性的抽象知识,然后再应用于罐头式的固定问题,我们需要在现实生活中或在与相关有用的情景里讲授知识和技能,并为学习者提供新情境,让其在不同情境练习使用这些知识。我们需要让学生参与解决简单的问题和复杂的非良构问题(Jonassen,1997)。如果不要求学习者参与高层次思维的活动,他们将会形成对世界的过于简单化的看法。

最后,富有意义的学习往往具有合作性。人类自然地形成群体,互相学习,取长补短,建构知识。在日常环境下,人们自然会去寻找其他人来帮助自己解决问题和执行任务。学校普遍认为,学习是一个独立的过程,因此尽管学习者愿意与他人合作,但是他们很少有机会与他人一起合作"做些重要的事情"。然而,单纯依靠教学的单一方法,会错误地引导学习者脱离更加自然而有效的思维和学习模式。合作通常需要参与者之间的对话。学生在小组合作时必须彼此协商,对任务及其完成任务的方法达成共识。也就是说,给定一个问题或任务,人们自然会去寻求别人的意见和想法,所以应该鼓励学生进行交流。

富有意义的学习的特征非常重要,这些特征彼此相互关联、相互影响和相互依存。也就是说,学习和教学活动应该吸引学生,支持具有积极性、建设性、目的性,融于真实情景并与他人合作的学习,因为这些特征相互影响,构成一个系统。综合所有这些特征的学习活动会产生更富有意义的学习,这比孤立的个体特征更有效。

具有讽刺意味的是,富有意义的学习通常发生在自然情景下,而很少发生于正规的教育环境里。灌输思想、价值观以及社会公认的信仰往往会阻止自然的学习经验。然而,确实有一些正式的学习活动是能让学生参与到富有意义的学习中去的,有些老师多年来一直在这样做。在本章,我们认为技术可以而且应该成为建构意义的工具。技术可以作为工具来建构、测试、比较、评估现象、问题、思维结构以及学习者思维过程的模式,它们为学生提供了参与富有意义的学习的机会。

什么是富有意义的学习的认知留存(cognitive residue)?

富有意义地学习后留存了什么? 有什么证据表明某人参与了富有意义的学习呢? 也就是说,什么是认知留存(Salomon, Perkins & Globerson, 1991)? 富有意义的学习结果有一个探索和掌控现象的模式。学习者一开始建构自己的简单心智模式来解释世界,由于经验的积累、支持和反思的增加,他们以更复杂的方式与世界互动,他们的心智模式也因之变得更加复杂。更加复杂的模式使他们能够对自己正在观察的现象作出更一致更高效的推理。人类是天生的建模者。

心智模式这一概念,虽富有内涵,但实际运作时却常有问题。例如,你如何评估一个人的心智模式,即他们所学到的东西的认知留存? 这是一个特别棘手的问题,因为对于什么是心智模式,众说纷纭,难以达成共识。从 Johnson-Laird(1983)和 Gentner, Stevens(1983)开始,就有许多关于心智模式的概念。所有这些不同的概念被 Rips(1986)称为是"心智模式混乱"。心智模式是语义模式、模拟仿真,还是推理规则出现的程序性知识,还是其他什么? 我们认为心智模式具有所有这些特征,它们既丰富复杂,又相互联系、相互依存,多模式化地代表某人或某个群体的知识。这些模式以整体出现时可以更有效地发挥作用。

个体心智模式

个体内部心智模式包括某一系统或一组现象的多种相互依赖的关系和整体表述。

为了表述一个人的心智模式，需要多种形式的依据，包括结构型知识、程序性知识、反思性知识、空间或图像知识、隐喻知识、执行知识，以及许多关于世界的信念（Jonassen & Henning，1999）。

结构型知识

结构型知识是知识领域里关于概念结构的知识，它可以用各种不同的方法进行测试（Jonassen，Beissner & Yacci，1993）。工业心理学家和组织心理学家倾向于将结构型知识的测试看成心智模式的定义（Kraiger & Salas，1993）。在用结构型知识的方法描述心智模式时，我们假定这些模式可以用节点和链接构成的网络来表示。虽然我们认为彼此相关的概念构成的网络是心智模式的基础，但是它们不能作为表述的唯一方式而充分发挥作用。这种结构型知识只为心智模式提供语义结构。我们开发了一种有关流程的心智模式，其基本假设包括彼此关联的结构，而不只是实体的积累。

行为知识或程序性知识

为了评估一个人的心智模式，至关重要的是他或她要在建模的环境里使用这个模式。应用个人模式来测试模式的预测和诠释功能可能是模式最重要的组成部分。Jonassen 和 Henning（1999）评估了个人在解决故障、排除问题时的有声思维的程序。除了要求学习者提供需要解决的性能问题，我们还应该要求其清楚地表达自己解决问题的计划，观察他们如何坚持计划并使用什么策略处理不一致的数据和事件，以及最后他们从问题解决中总结出什么样的概括性结论。

评估心智模式越来越常见的方法是教回（teach-back）程序，这种教回程序要求学习者或用户教导别人（通常是新手）学习如何执行特定任务或如何使用某种系统。学生往往会创作各种各样的表述，如一系列指令、口头描述的任务组成部分、语义成分的流程图，以及对击键的描述（van der Veer，1989）。

系统图像

Wittgenstein（1922）将陈述解释为现实的图像化模式。大多数人听到口头陈述后会在大脑里产生图像。大脑图像模式肯定包括探索过程中的系统的大脑图像。因此，学习者建构系统原型的图像是非常重要的。要求学习者表述他们的图像模式或系统模式可以得到有关学习者理解力的丰富数据（Taylor & Tversky，1992）。

隐喻

除图像表示外，人们自然地趋向于将新系统与现有知识联系起来，这往往与其他物理对象相关联。隐喻是理解人们心智模式的重要方式，因为隐喻包含有关理解的图像信息、结构信息和类比信息。

执行知识

仅有一个领域或流程的可运行的模式是不够的，但为了解决结构不良的问题，必须知道什么时候运行哪种模式。知道什么时候使用心智模式可以让学习者在各种应用中分配和使用必要的认知资源。因此，有必要评估学习者用于解决问题的策略。

信念

关于世界的信念可能是心智模式最引人注目的组成部分。信念是反映于或隐藏于模式各个部分的假设。信念表述了模式与我们本人之间连接的空间（Durkheim，1915）。由于理论来源于人类，他们依赖于自己对世界物质的看法。这些表述现象的自然本体论提供对世界的一致但往往不正确的看法。让学习者放弃这些理论并接纳一种更具原则性的本体论信仰，这种大幅度的在概念上的转变是非常困难的（Chi, 1997）。因此，为了揭示误解或对世界的错误观念，有必要评估个人对自己表述的现象的信念。

合作式群体心智模式

群体或合作式心智模式指那些由个人组成的群体通过合作集中于同一个富有意义的任务来共同建构的模式。小组或团队心智模式还包括某种系统或现象的多种表述形式。为了表述小组的心智模式，需要评估几种形式的证据，其中包括基于活动的知识、社会或关系知识、交谈式或话语式知识，以及群体使用和制作的物件。

基于活动的知识

活动理论家认为，活动和意识是相同的。没有行为，我们就不能思考；没有思考，我们就没有行为（Engeström, 1987；Jonassen, 2000）。这个观念最简单的推论是，为了了解学习者知道什么，就要观察他们在做什么。这种观察可能包括在过程中不受干预时能够观察的行为，或在过程中必有干预时不能观察的行为，比如，说出自己的想法或教回程序是常用的干预方式。这些方法为学习者建构心智模式的属性提供了宝贵的证据。而且,由于这类活动通常是合作完成的,它们可以为团体学到的知识提供证据。群体心智模式通过合作而建构,需要大量的话语式知识(介绍如下)。

交谈式知识或话语式知识

有意义的社会协商是解决问题、建构个人知识、建立个人身份,以及团队进行其他大部分活动的主要手段。解决问题的最常见的第一步是联系同事,问"你怎么想?"话语的主要媒介是故事。这类故事提供背景信息,为解决问题提供方式,并且代表各种人物。故事使合作团队彼此谈话自然,交流融洽。故事通常包含关于经验的感情色彩,特别是关于初次参与的经验(Jonassen & Henning, 1999)。

社会知识或关系知识

个人在许多日常生活情景里对自己在较大团体机构内的地位搞不清楚(Barley & Bechty, 1994)。合作团队的成员往往会与其他定义良好的集体成员建立很强的社会关系。看看大多数机构,你会发现,工作组的成员不但一起工作而且经常社交应酬。这种社交促进了社会和关系知识,有助于建立集体身份,帮助解决自己在机构内部地位的模糊性。

人工知识

知识或认知留存体现于学习者创作的作品。也就是说,学习者创作作品时,特别是在建模环境下,会在作品中留下他们大量的思维证据。作品也可以作为话语标记。那些有意留下的作品可以作为重要功课让别人学习。

小结

所有教育工作者尤其是技术教育工作者的一个重要目标是帮助学生发展关于世界如何运作的理论,也就是要建构心智模式。在下面的章节中,我们将介绍在这方面如何使用技术。

心智模式建模

科学和数学教育工作者(Confrey & Doerr, 1994;Frederiksen & White, 1998;

Lehrer & Schauble, 2000; White, 1993)很早就认识到建模对理解科学和数学现象的重要性。在本章,我们试图扩展这种信念体系,论证建模是所有学科的基本技能,也就是说,它是所有领域一个重要的认知技能。我们还认为,除了建模领域知识(数学和科学教育工作至今的主要焦点),学习者可以用不同的方式运用建模技能,如建模领域知识、建模问题(建构问题空间)、建模系统、建模语义结构,以及建模思维过程(即认知模拟)。除了区分建模的内容,我们也区分各种建模系统及其支持建构心智模式的承受力。为什么建模如此重要?

大部分人建构的个人心智模式是对世界现象(科学的、社会的、文化的、政治的,甚至是现象学的)的一种社会讨论,这种模式通常很幼稚,常常与既定理论不一致。发展个人理论并将这些理论用于心智模式可能是一个自然的认知过程,但这并不意味着人们都非常擅长这样做。个人理论和心智模式充满了误解和概念的不完整性。我们应该支持学习者对他们正在学习的现象建构更加完整和可行的模式。常常使人的心智模式薄弱而过于简单化的原因是,他们无法确定相关的因素,而且将这些因素看成是非动态的,也就是说,这些因素是并不会随着时间而改变的。

建模作为一个过程也是很重要的,因为它是一个在概念上最能吸引人参与而且可行的认知过程。解决设计问题可能更吸引人,但是与设计活动相比,当今技术能更好地支持建模流程,而设计活动则较少受限制但比较复杂。

本章的基本假设是使用计算机用建模工具建构世界的计算模式可以使学习者正在学习的现象的心智模式具体化。一些研究人员已经证实了建模和心智模式之间的关系(Frederiksen & White, 1998; Mellar, Bliss, Boohan, Ogborn & Tompsett, 1994; White, 1993)。支持心智模式建构的最有效方法是吸引学习者使用各种工具建构各种现象的物理性、图像性、逻辑性或运算模式。这些工具大多以技术为中介。Jonassen(2000)认为,建构模式是使用技术的最有效和最吸引人的一种方法,通过技术建模能专门培养严谨的思维能力。在本章中,我们明确地专门讨论建模对心智模式建构的影响,也就是说,使用技术建构物理和计算模式为学习者提供机会将自己的心智模式具体化。这里重要的是区分使用或诠释模式的学习者与建构模式的学习者,前者在教室学习环境里最常见。

有两种基本方式可以用来促进心智模式的建构:1)掌控基于模式的环境;2)建构表述学习者理解力的模式。在本章中,我们将介绍一些如 ThinkerTools, EcoBeaker 和 Agent Sheets 之类的环境和其他微观世界,通过这些模拟环境和微观世界,学生可以输入数据和掌控系统的特性，并测试理论操作的影响。大多数模拟仿真和微观世界都属于这种类型。这种探索性环境为学习者提供机会测试掌控的因果效应，但定义系统参数的基本模式却不透露给学习者。学习者可以通过掌控环境推断模式的各个部分，这些模式被称为黑盒式系统。这种模式在一个黑盒子里，我们看不到里面是什么。

第二种建模系统是建模工具，用来促进建构心智模式。这些工具提供一个架构描述的内容，限制学习者观察和了解系统的方式。系统建模工具、专家系统和语义建模工具（后面详细叙述）是玻璃盒式的系统，这些系统让学习者不仅可以研究基础模式，而且还可以改变基础模式。事实上，学习者在建构模式。虽然在概念上区别使用模式和建构模式很重要，但没有现存研究比较使用模式和建构模式的认知效果。我们希望将来能够提供这方面的研究，相信建构模式产生的认知留存会显著高于使用基于模式的系统而产生的认知留存。

建模的内容

如果建模可以帮助人们表述心智模式，那么学习者应该学习建模的各种现象。在本节中，我们将简要描述使用不同的工具来建模的现象的范围。一个潜在的假设是，以各种现象建模（领域知识、问题、系统、语义结构和思维过程）对建构高级而完整的心智模式是必要的。

这些模式大多是 Lehrer 和 Schauble（2000）所称的句法模式。这些都是正式的模式，其中每个模式对学习者传达不同的句法，代表了模式与其代表的现象之间的关系。句法模式的目的是总结所代表的系统的基本功能。

建模领域知识

建模在数学和科学教育的应用的主要焦点一直是以数学和科学领域建模思维为目的。学习者可以使用各种工具来表述领域内的各种概念，并用它们做试验。有时，这些模式是身体部位的物理及功能模式，如肘弯，孩子可以是一年级的学生（Penner，Giles，Lhrer & Schauble，1997）。更常见的是，初中和高中学生使用基于计算机的建模工具建构科学系统的模式，这类建模工具有微观世界、系统建模工具或其他定性建模工具。例如，图1说明了如何使用微观世界如 ThinkerTools 建模并试验与物理轨迹相关的原理。这是一个使用模式环境的示例，其中的模式在环境中不很清楚。在 ThinkerTools，用户启动之前施加在点冲动。我们可以探讨脉冲与轨迹点之间的关系。

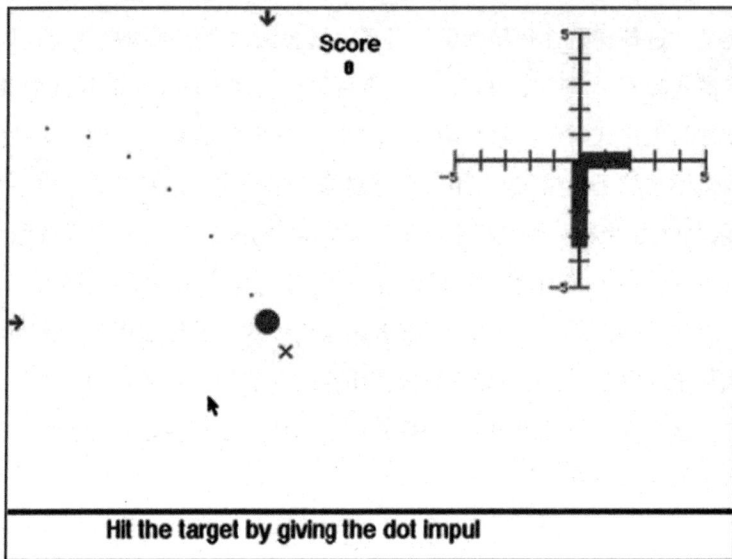

图 1 使用 ThinkerTools 物理轨迹的建模原则

学生可以使用多种工具来建构模式。图 2 显示了 Cabri 建模的几何原理。Cabri 是一种德州器械公司（Texas Instruments）生产的几何形象化工具，与 Mathematic、MatLab、Geometric Supposer 和许多其他工具类似。这些模式中的任何一种模式都让

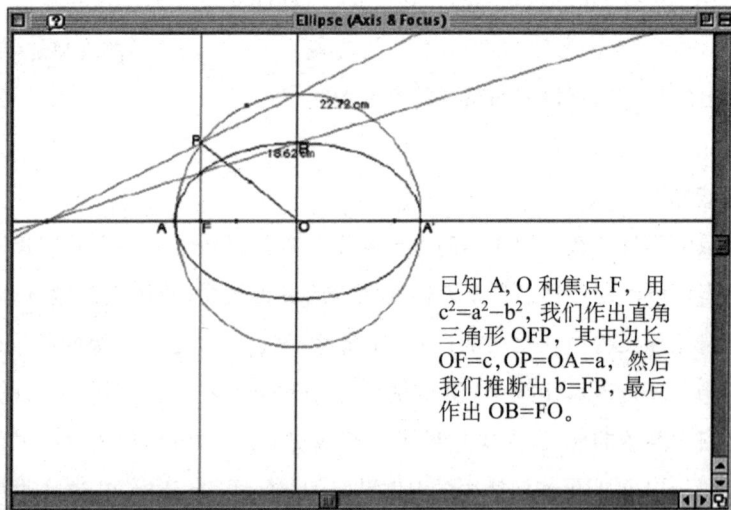

图 2 Cabri 几何模型

学生描述自己正在学习的领域的原理。学生可以用这些建模工具来测试自己在学习中的心智模式。然而，在这两个例子中，这些现象的主要模式是不言而喻的并能被评估的（Spector, Christensen, Sioutine & McCormack, 2001）。模式包含了原理，也就是说，明确说明了变量之间的关系。

建模问题

另一个重要但难以被研究的问题是使用建模工具开发学生正在试图解决的问题的明确模式。也就是说，我们建议不要以难题的领域知识建模，而要以每个难题的因素和实体建模。学生直接表述难题时，他们实际是在表述难题的空间（Jonassen, 2003）。人们普遍认为，难题解决者为了解决难题需要建构难题（难题空间）的内部描述（心智模式）。这些个人对难题的描述具有多种功能（Savelsbergh, de Jong & Ferguson-Hessler, 1998）：

- 指导人们进一步解释有关难题的信息；
- 基于有关系统属性的知识，模拟仿真系统的行为；
- 找到并提出特定的解决方案（程序）。

人们通过选择问题和描绘问题的具体关系在大脑里建构问题空间（McGuinness, 1986）。本章的基本假设是，使用建模工具创建自然的、图像的计算模式使学习者的心智模式具体化。与解决难题相关的建构难题的图像化和计算的模式使学习者内部的难题空间具体化。建构难题空间的模式对各种难题都十分重要。随着难题复杂性的增加，有效表述难题变得更为重要。表述的有效性体现于良好组织、适当运用以及前后的一致性（McGuinness, 1986）。

虽然许多基于计算机的建模工具支持建构难题的定量模式，建构难题的定性模式同样重要（如果不是更重要的话）。定性描述表现为许多不同的形式和组织。它们可以是空间形象化的或是言语化的，它们也可以用许多不同的方式来组织。定性表述多数有关于自然的属性而不是关于数字的属性。难题的自然属性表述包括特定领域（如物理学）的实体，而连接它们并赋予其意义的推理规则是定性的（Larkin, 1983）。

定性描述着眼于流程的设计（系统思维），将系统作为一个整体的连接或因果关系。定量描述着眼于系统内部个体的数量价值和过程中使用的公式。自然与非自然属性的表述将更多的自然（硬）科学与社会科学或人文科学区分开来。

这是上下文背景信息："本知识库的目的是模拟仿真计算摩尔转化的进程。"

定性表述功能如下：

● 阐明只是含蓄地描述问题的信息，但这些信息对解决问题非常重要。

● 提供应用有关定量知识的前提条件。

● 定性推理支持建构最初没有的定量知识，得出一套限制条件为定量推理提供指导（Ploetzner & Spada，1998）。

事实上，Ploetzner，Fehse，Kneser，Spada（1999）表明，解决物理难题时，对难题的定性表述是学习定量表述必要的先决条件。学生试图只用一个方法理解难题时，他们就不明白难题的底层系统。图 3 显示出了一个定性模式，即化学里使用专家系统的一个简单的化学计量（摩尔换算）问题。也就是说，学习者建构了一个生产式规则系统，它描述要解决的难题所需的逻辑。定性描述支持定量问题的解决。解决问题的最佳方法来源于定性和定量模式的综合运用。这种综合运用最受系统建模工具的支持，以Stella 为例，它能定量表述定性描述的问题成分之间的关系。图 4 表明 Stella 模式的化学计量问题，提供了该问题的定量和定性表述。如图 4 所示，模式中的主要部分包含于流量（N20 和 H20 的生产）和转换器（NH4N03，总质量等），学生通过提供数字值或公式来描述确定因素之间的关系。系统模式的基本假设随着时间的推移而变化。

背景：本知识库的目的是模拟计算摩尔转化的过程

D1："你知道一摩尔样品的数量。"

D2："你需要确定摩尔（公式）的数量。"

D3："由摩尔数量除以样品数量。"

D4："由摩尔数量乘以摩尔数。"

D5："你知道原子数量单位。"

D6："你知道摩尔数量。"

D7："样品的数量除以摩尔数量，与阿伏加德罗常数相乘。"

D8："颗粒数除以阿伏加德罗常数。"

D9:"将粒子数转换成摩尔,然后将摩尔转换成数量。"

D10:"使用摩尔质量转换数量,然后使用阿伏加德罗常数将摩尔转换成分子。"

D11:"从体积转换为摩尔(体积除以体积/摩尔),再与阿伏加德罗常数相乘转换成摩尔。"

Q1:"你知道分子的数目吗?"A 1"是"2"否"

Q2:"你知道样品的数量是多少克吗?"A 1"是"2"否"

Q3:"你知道元素或化合物的摩尔数量是多少吗?"A 1"是"2"否"

Q4:"你知道样品的摩尔数吗?"A 1"是"2"否"

Q5:"你想知道分子的数目吗?"A 1"是"2"否"

Q6:"你想知道样品的数量是多少克吗?"A 1"是"2"否"

Q7:"你想知道该化合物的摩尔数量吗?"A 1"是"2"否"

Q8:"你想知道样品的摩尔数吗?"A 1"是"2"否"

Q9:"你知道原子的数量单位吗?"A 1"是"2"否"

Q10:"你知道气体的体积吗?"A 1"是"2"否"

规则 1:如果 q2a1 和 q8a1,那么 D2

规则 2:如果(d1 或 q3a1)和 q2a1 和 q8a1,那么 D3

规则 3:如果 q4al 和 q3a1 和 q6a1,那么 D4

规则 4:如果 q3a1,那么 D1

规则 5:如果 q3a1,那么 D5

规则 6:如果 q9a1,那么 D6

规则 7:如果 qq3a1 和 q2a1 和 q5a1,那么 D7

规则 8:如果 q1a1 和 q8a1,那么 D8

规则 9:如果 q1a1 和 q6a1,那么 D9

规则 10:如果 q2a1 和 q5a1,那么 d10

规则 11:如果 q10a1 和 q1a1,那么 d11

图 3　化学计量学专家系统规则库摘录

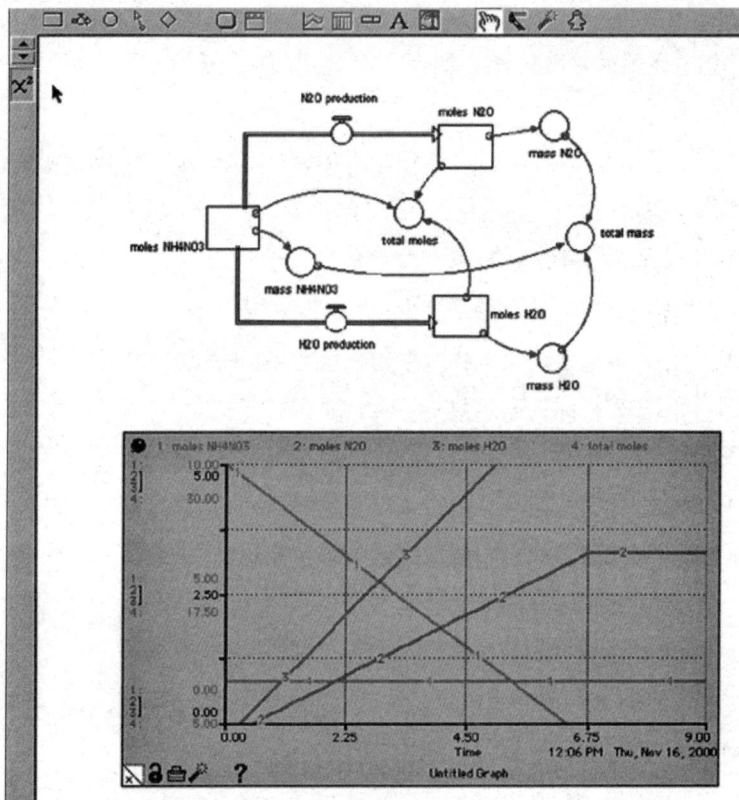

图 4 Stella 化学计量问题的系统动力学模型

建模系统

对待题材内容的另一种方法是将它作为系统看待。学习者将内容作为系统学习时，他们不是着眼于孤立的事实或现象特征，而是形成对世界的更具综合性的观点。几个相关的系统性概念是：开放系统思考、人类或社会制度的思想、流程系统、反馈系统思考、系统动力学、控制系统或控制论、活动理论和最常见的生物系统。所有这些概念有着相似的属性——包括因不可减少的整体、组件之间相互作用而决定的自我生产格局、相互依存的部分、目标驱动、反馈控制、自我维持、自我调节、彼此合作——并具有目的性。学习者被要求将自己的学习内容组织成相关互动的系统，这能使他们更全面、更完整地看世界。各种基于计算机的工具可用于支持系统性思考，如 Stella，

PowerSim 和 VenSim 等基于系统动力学的软件工具是建模系统的成熟的工具。这些工具使学习者能够使用假设—演绎的方法来推理建构各种现象的系统模式。学生测试模式之前必须先建构这些模式。图 5 说明了由 Model-It 建构的循环系统系统图，它是由密歇根大学的 HI-CE 组为初中学生开发的一个简化的系统建模工具。这个工具支持变量关系之间的识别。它不是靠公式来描述关系，学生必须确定关系的方向性以及一个变量对另一变量的潜在影响。

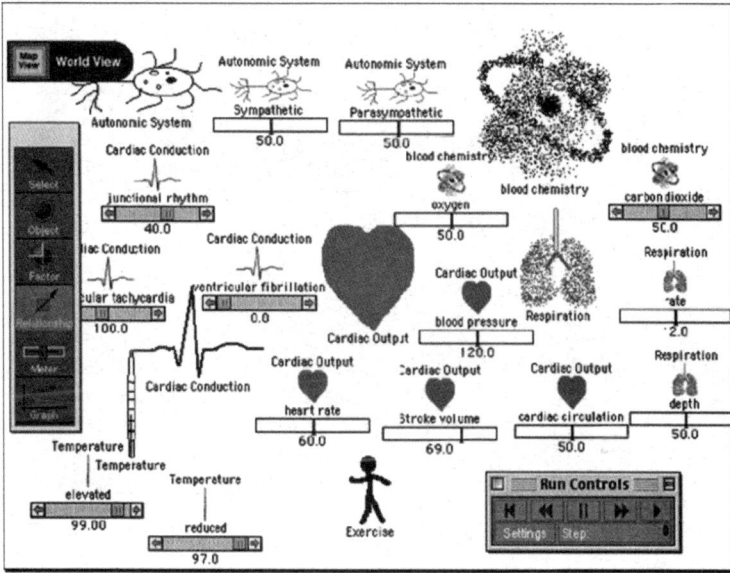

图 5　Model-It 建模循环系统

另一类工具使学习者能够用归纳推理的方法来建构系统模式。微观世界如 StarLogo，AgentSheets 和 EcoBeaker 使学习者能够建构系统里有关行为本质的规则，并立即测试这些规则的影响。图 6 构建的是微型生物在环境中的生长，扰乱它的生存环境，然后再复试它的生长模式。在这个例子里，该模式显示了飓风对苔藓植物的生长的影响。这些工具表述的不只是单一的系统，而是世界理论观的复杂性。也就是说，它们探索世界各种现象的自我组织属性。

建模语义结构

心理学家普遍认为，知识在长期记忆里被组织成各种结构，这种结构称为认知结

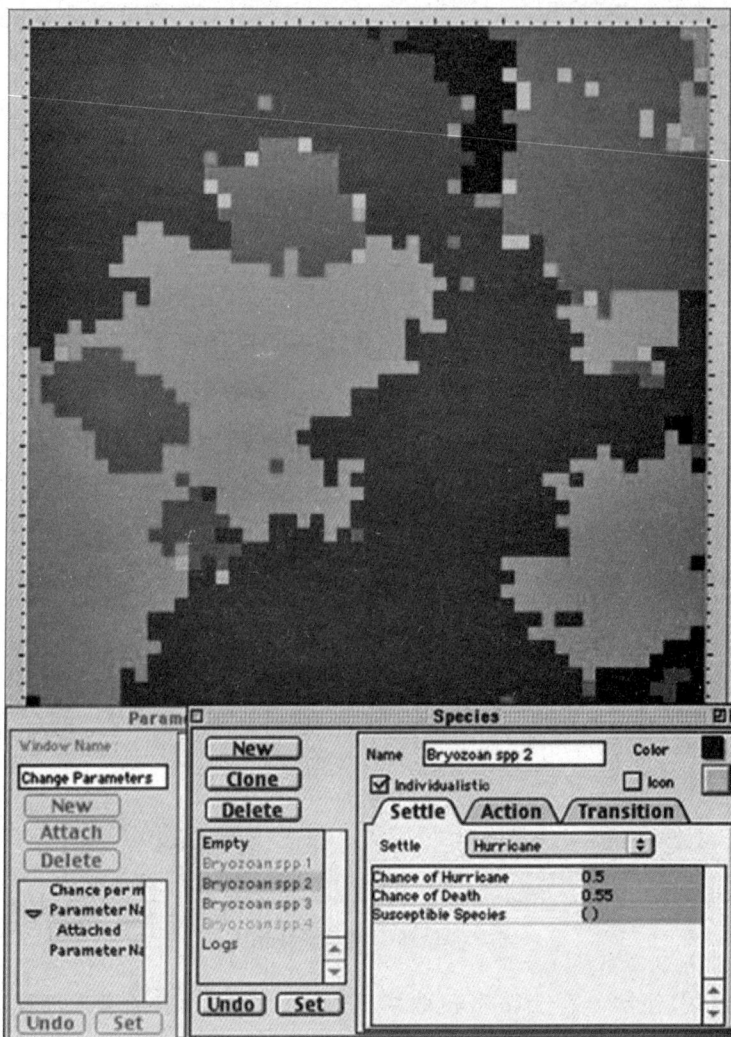

图 6　使用 EcoBeaker 建模飓风对 Bryzoan 的影响

构或语义网络。认知结构是"……一种假设的结构，指的是长期记忆里各种概念之间关系的组织"（Shavelson，1972，第 226—227 页）。这些结构描述概念如何相互关联。从图解理论观点来看，这些组织帮助人们理解概念的含义。也就是说，意义通过概念之间的关联来确定。虽然这只是一种对意义的理论诠释，但它是主流诠释，这种诠释被不少基于计算机的工具所支持。

语义组织工具中比较流行的形式是概念图和语义网络工具。记忆中的语义网络和代表它们的概念图工具由节点（概念、结构或想法）组成，节点由链接（结构之间关系的陈述)来连接。图7显示了一个概念图,它是一个更大的有关英国浪漫主义诗歌的图画的一部分。核心概念是诗歌的题目,这个核心概念与这首诗的重要特征相连接。点击任何其他概念就会显示所有与这个概念的关联,所有这些单个图像的聚合就构成了一个人与该领域相关的语义网络。

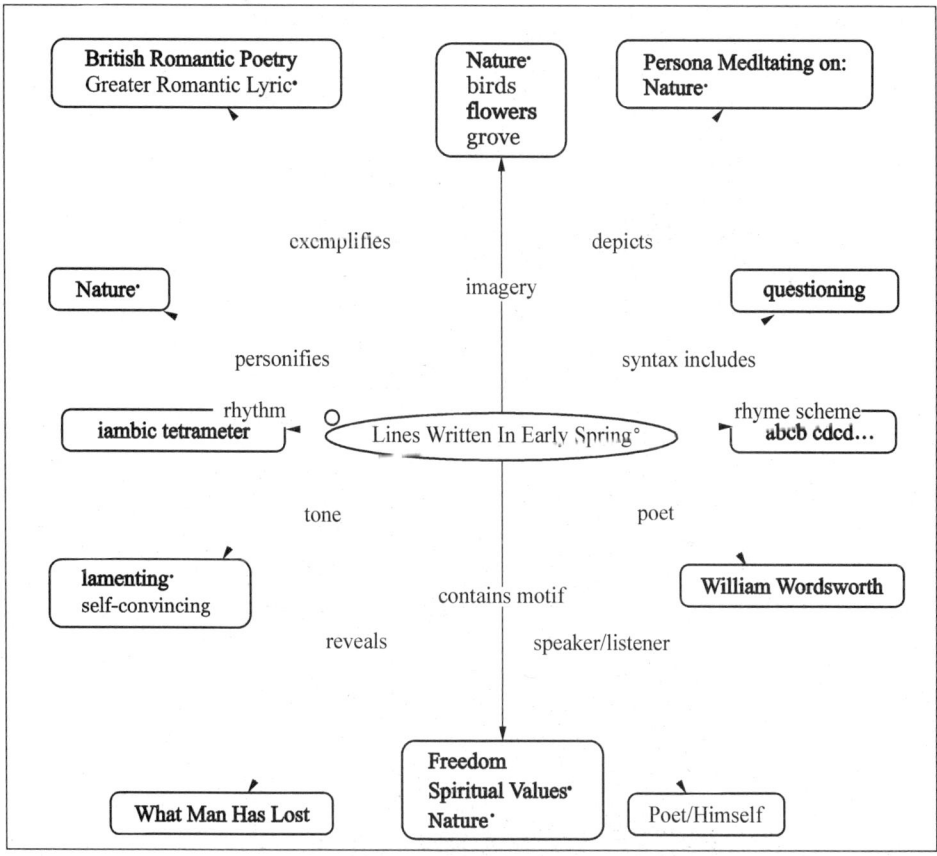

图7 一首诗的概念图或语义网络

另一个工具是常见的数据库,它可以帮助学习者明确表达某领域思想的语义结构。数据库无处不在,我们常常用来组织有关我们生活的各方面的信息。学习者也可用它们来组织自己正在学习的信息。图8显示了一个由生物学学生建立的有关细胞的数据库。这个数据库包括有关功能、形状、位置、组织系统以及细胞的其他属性的信息,它为人们提供了一个构架来学习这些属性之间的相互关联。学生可以通过搜索和排序数据库来对比细胞类型。

图8. 细胞资料库

cell type	location	function	shape	related cells	specialization	tissue system	associated pr	related disease	other	growth
Astocyte	CNS	Supply	Radiating	Neurons	Half of	Nervous			Neuroglia	No
Basal	Stratum	Produce New	Cube,	Epithelial	Mitotic	Epithelial		Cancer		Yes
Basophils	Blood	Bind ImmE	Lobed	Neutrophil	Basic,Pos	Connectiv	Histamine,			No?
Cardiac	Heat	Pump Blood	Branched	Endomysi	Intercalate	Muscle	Actin,	Athroscler		No
Chondrob	Cartilage	Produce	Round			Connectiv	Collagen		Chondroc	Yes
Eosinophil	Blood	Protazoans,	Two	Basophil,	Acid,	Connectiv				No
Ependyma	Line CNS	Form	Cube		Cilia	Nervous			Neuroglia	No
Erythrocyt	Blood	Transport O2,	Disc	Hemocyto	Transport	Connectiv	Hemoglob	Sickle Cell	Reticulocyt	No
Fibroblast	Connectiv	Fiber	Flat,		Mitotic	Connectiv	Collagen,	Cancer?	Fibrocyte	yes
Goblet	Columnar	Secretion	Columnar	Columnar	Mucus	Epithelial				No
Keratinocy	Stratum	Strengthen	Round	Melanocyt		Epithelial	Keratin			No
Melanocyt	Stratum	UV Protection	Branched	Keratinocy	Produce	Epithelial	Melanin	Skin		Yes
Microglia	CNS	Protect	Ovoid	Neurons,	Macropha	Nervous			Neuroglia	No
Motor	CNS/Cell	Impulse Away	Long, Thin	Sensory	Multipolar,	Nervous			Efferent	No
Neutrophil	Blood	Inflammation,	Lobed	Basophils	Phagocyto	Connectiv	Lysozyme			No
Oligodend	CNS	Insulate	Long	Neurons	Produce	Nervous		Multiple	Neuroglia	No
Osteoblast	Bone	Produce	Spider	Osteoclast	Bone	Connectiv	Collagen	Osteopor	Osteocyte	Yes
Osteoclast	Bone	Bone	Ruffled	Osteoblast	Destroy	Connectiv	Lysosomal	Osteopor	Osteopor	no
Pseudostr	Gland	Secretion	Varies	Goblet	Cilia	Epithelial				No
Satelite	PNS	Control	Cube	Schwann,	Chemical	Nervous			Neroglia	No
Schwann	PNS	Insulate	Cube	Neurons,	Form	Nervous		Multiple	Neuroglia	No
Sensory	PNS/Cell	Impulse to	Long, Thin	Motor	Unipolar,	Nervous	Neurotran		Afferent	No

什么使建模语义结构与建模领域知识有所不同？语义网是明确表述领域知识的一种形式，但这些工具迫使学生使用结构上的形式主义，不像那些他们通常使用的工具。这些形式主义明确表明这些想法之间的相互关系，它们构成了理解领域的语义基础。

建模思维

另一种建模是开发思维过程的模式。学习者不是建模内容或系统，而是建模一种思维，他们需要这种思维来解决问题、作出决定或完成一些其他任务。也就是说，学习者可以使用基于计算机的建模工具来建构认知模拟。"认知模拟是可运行的计算机程序，它们表述人类认知活动的模式"(Roth, Woods & People, 1992，第1163页)。它们试图模拟心智结构和人的认知过程。"计算机程序包含了对心智过程和知识结构的明确表述。"(Kieras, 1990，第51—52页)认知模拟的主要目的在于试图将心智过程具体化来进行分析和理论建构。知识工程师最常使用认知模拟来建构精心设计的辅导系统。Jonassen发现，为了建构这些模拟，即使是年轻学习者也可以反思自己的思维过程。Jonassen描述了使用专家系统建构元认知推理的认知模拟过程。图9显示了所选因素的知识基础。学生在讨论学习时，被要求回忆如何使用执行控制和理解监控活动。Lippert(1988)认为，让学生建构较小的知识基础是讲授问题解决和知识结构的一个宝贵方法，这种方法适用于六年级学生直至成人。这样的学习更富有积极意义，因为学习者不仅评估自己的思维过程，也评估思维过程的产物。

问：我为什么要研究这个材料？分配材料＝材料由教授分配；相关材料＝材料对相关研究或研究有用；个人材料＝材料出于个人的兴趣。

问：我需要更深入透彻地了解这个材料吗？要旨＝我只需要理解主要思想；讨论＝我们将讨论问题并使这些问题相互关联；评估＝我要判断这些想法的重要性和准确性；生成＝我不得不想出问题、新思路，并对有关材料作出假设。

问：我的阅读速度多快？慢；正常；快。

问：我必须学习多少小时？无＝不到一个小时；少＝1—3小时；几个＝4—8小时。

问：我怎么与班上的其他同学比较呢？更好＝我认为我比我的同学能够更好地理解材料；一样＝我与班里的其他同学能力相当；更差＝我不如班里的其他同学博学或聪明。

图 9 认知模拟中的元认知因素

我们也一直在试验系统动力学工具，用于建构认知模拟。图 10 显示了一个内存 Stella 模式（多谢 Ran-Young Hong）。Stella 是一个系统动力学工具，用于表述系统现象之间的动态关系。专家系统和系统动力学工具都使学习者能够建构和测试自己的模式的假设和功能。

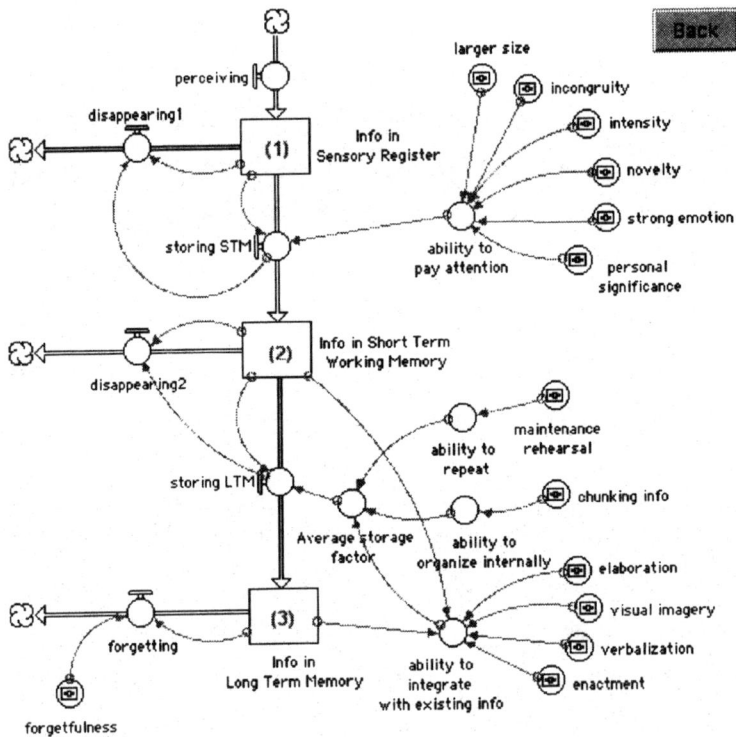

图 10 Stella 内存模型

基于模式的学习系统类型

从上述的可被建模的系统的各方面可以看出,有许多种工具可用于各式建模。这些工具在它们的特性、功能和应用范围方面有所不同。每种工具有着稍微不同的结构和句法建模。每种工具都可以被另一种工具所代替,尽管结果并不总尽如人意。每一种工具都能将严谨思维、创造性思维和复杂思维构成不同的组合(Jonassen,2000)。接下来我们将简要介绍不同类型的建模工具。

设置演绎式模拟

Stella,PowerSim,VenSim 和 Model-It 这一类的系统建模工具,使学习者能够设置并测试通过反馈控制的封闭式系统模式。基于系统动力学,学习者表述概念,使用一组简单的图标来绘制一个流程图:主干、流量、转换器和连接器(见图 10)。主干说明模拟某种东西的程度。在图 10 中,长期记忆的信息和短期记忆的信息是主干。流量控制原料向主干的流入或流出。存储和遗忘是流量。流量往往相互抵消,就如因果圈里正面和负面的影响一样。举例来说,遗忘是负数,控制信息在长期记忆中的影响。转换器将输入转成输出,它们是影响流量的因素或比率。遗忘是一个转换器。转换器用来增加模式的复杂性,以更好地表述真实世界的复杂性。最后,连接器是线条,通过使用箭头显示要素彼此之间的作用。这些模式是动态的,也就是说,其特点在状态上是不断活动或变化的。因此,动态模拟模式在概念上以类似实物的形式来表述系统现象不断变化的性质。这些模拟仿真用句法表述现实。这些模式与接下来即将介绍的模式的区别在于这些模式是在测试之前构想和实施的。这些模式是假设的或者具有逻辑推导性的。

这种模式也可以使用电子表格来设置。例如,图 11 的模式由学生来测试一连串电阻的影响。这个模式用来诠释输入每个单元的公式。如果这个模式是由老师专为学生的操作和测试而建的,它会更像一个微观世界,能让学生探索黑箱式模拟。

设置归纳式模拟模式

另一类建模工具使用更具归纳性的方式来模拟仿真。建模工具如 Agent Sheets,

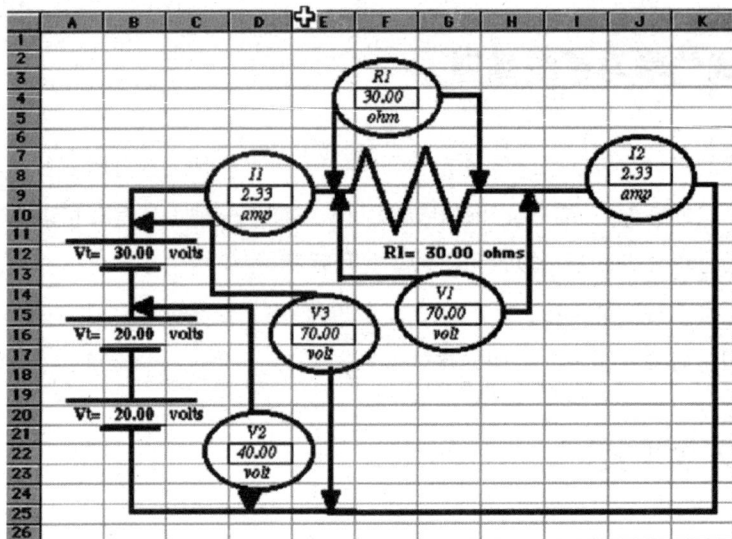

图 11　用电子表格建立的一个电阻系列模型

Star Logo，GenScope，使学习者能够建构更加开放的系统模式。学生不是在建模之前确定模式的所有组成部分，而是使用这些环境来建模。

探索黑箱式模式或模拟

　　大多数为学生的探索和试验而建构的模拟仿真不阐明它的基础模式，使学习者能够掌控变量并试验这些变化所产生的影响。学生生成有关变量关系的假设，然后再进一步测试这些假设。为了产生假设并对假设进行测试，ThinkerTools（图 1，White，1993），Boxer（DiSessa & Abeson，1986），Geometric Supposer（Schwartz & Yerulshalmy，1987)等微观世界，要求学习者设置一个系统的隐含模式。他们要求学习者至少设置一个心智模式，但不一定将自己的心智模式图像化。

定性的因果模式

　　专家系统是人工智能程序，其目的是模拟专家思维来决策和解决各种问题。专家系统是一个计算机程序，它试图模拟专家解决问题的方式，实际是人造决策者。利用事实和一系列条件从句规则时，设计者必须确定所有可能的决定或结果、所有一切可能涉及每一个决定的因素，然后设计规则，连接所有可能的系统条件和所有可能的结论或结果。建立专家系统是一个知识建模过程，使专家和知识工程师能够建构概念模式（Adams-Webber，1995）。虽然许多系统建模及其他工具依赖于要素之间关系的定量表述，专家系统却依赖于因果关系的定性描述。

语义建模工具

语义网络、概念图工具和数据库一类的工具用来表述领域内概念之间的语义关系，使学习者能够表述领域概念之间的语义关联。然而，这些工具无法建模动态及因果关系，只能建模领域内相关概念的有关信息。这些工具为概念及其相互关系提供模型和空间表述，其目的是表述人类在大脑中储存的知识结构（Jonassen 等，1993）。为什么要建构语义网络？因为富有意义的学习要求学生将新知识与他们已经学到的知识联系起来。概念图和数据库将信息与一个日渐复杂的概念构架联系在一起，帮助学习者组织自己的知识。

有关建模工具的重要告诫

我们在本章前面讲到富有意义的学习的认知留存是有意义地学习内容的模式。此外，我们认为使用该模式或建构模式可以支持心智模式的建构。果真如此的话，我们要问，学习者建构的模式或建构过程是否反映了他们的结构性、程序性、反思性、图像性、隐喻性、执行知识，以及有关这些知识的观念。这些模式通常没有依据，因为学习者使用的建模工具依赖于具体的表述。如果心智模式不发达是由于建模的原因，那就可能有必要使用多种建模工具来表述现象。也就是说，学习者使用多种工具来建模一个领域、问题、系统、语义结构或思维过程时，心智模式的建构程度很可能会提高。有多少工具以及哪些工具组合最能促进心智模式的建构将需要通过研究来确定。

建构模式的合理性

Schwarz 和 White（2005）认为建模对人类认知和科学探究至关重要。他们认为，建模有助于学习者表达自己的思维并将这种思维具体化、图像化，测试自己理论的组成成分，并使材料更加有趣。我们简要总结了下列建构模式的原因，希望能支持富有意义的学习和心智模式的建构。

- 建模是一种自然的认知现象。遇到不了解的现象时，人类自然地会开始发展有关这些现象的理论，这是认识过程中的一个重要组成部分。
- 建模支持假设试验、猜测、推理，以及一系列其他重要的认知技能。

- 建模需要学习者阐明因果推理，这是多数概念转变模式的基础。
- 建模提供很强的概念性的参与，这是概念转变（Dole & Sinatra，1998）的一个相当充分的标志。
- 建模通过建构具体实物而建构认知成分（心智模式）。
- 学生建构模式时，他们拥有相关的知识。学生的知识所有权对了解意义和知识建构十分重要。学生拥有自己的想法时，他们愿意加倍努力工作，答辩自己的观点，并更有效地推理。
- 建模支持认识论信念的发展。学习的根源是人们对什么是知识和真理以及我们如何来发展这些思想的认识观念。从生物学的角度来看，我们认为人类因为他们大脑的不同而用不同的方式学习。但是，是什么驱使人们学习呢？社会学家和心理学家对需求的讨论为学习提供了十分有力的促进作用。但是，从认识论的角度来看，是什么促使我们努力来认识世界呢？Wittgenstein 认为，我们的知识来源于我们对事物的怀疑和不确定。我们拥有很多知识，但我们绝对不能肯定我们真正明白这些知识。这种不确定只有通过努力去更多地了解世界才能得到补偿。建模工具使学习者具体体现并检验自己在认识论含义上的观念，如知识、真理以及这些随着时间而改变的观念。
- 建模提供共享的工作空间，提供有力的证据进行合作。

总结

在本章中，我们论证了心智模式为富有意义的学习提供了最好的依据。此外，我们也讨论了使用技术促进心智模式发展最有效的方法是使用和建构计算模式，这种计算模式使用以模式为本的软件。通过建模领域知识、建模需要解决的问题、建模系统、建模语义结构和思维过程，学习者可以更容易、更有效地建构自己的学习现象的内部心智模式。我们还需要更多的研究来阐明哪些工具以及哪些基于模式的学习方式（使用模式或建构模式）能更有效地促进心智模式的发展。

（王　红　译）

参考文献

Adams-Webber, J. (1995). Constructivist psychology and knowledge elicitation. *Journal of*

Constructivist Psychology, 8(3),237—249.

Barley, S. R. , & Bechty, B. A. (1994). In the backrooms of science: The work of technicians in science labs. *Work and Occupations*, 21(1),85—126.

Chi, M. T. H. (1997). Creativity: Shifting across ontological categories flexibly. In T. B. Ward, S. M. Smith, & J. Vaid (Eds.), *Conceptual Structures and processes: Emergence, Discovery and Change.* (pp. 209—234). Washington, D. C: American Psychological Association.

Confrey, J. , & Doerr, H. M. (1994). Student modelers. *Interactive Learning Environments*, 4(3),199—217.

DiSessa, A. , & Abeson, H. (1986). Boxer: A reconstructible computational medium. *Communications of the ACM*, 29,859—868.

Dole, J. A. , Sinatra, G. M. (1998). Reconceptualizing change in the cognitive construction of knowledge. *Educational Psychologist*, 33,109—128.

Durkheim, É. (1915) The elementary forms of the religious life (J. W. Swain, Trans.). New York and London: The Free press.

Engeström, Y. (1987). *Learning by expanding: An activity theoretical approach to developmental research.* Helsinki, Finland: Orienta-Konsultit Oy.

Frederiksen, J. R. , & White, B. Y. (1998). Teaching and learning generic modeling and easoning skills. *Journal of Interactive Learning Environments*, 55,33—51.

Gentner, D. , & Stevens, A. L. (1983). *Mental models.* Hillsdale, NJ: Lawrence Erlbaum Associates. Johnson-Laird, P. N. (1983). *Mental models: Towards a cognitive science of language, inference, and consciousness.* Cambridge, MA: Harvard University Press.

Jonassen, D. H. (1997). Instructional design models for well-structured and ill-structured problem-solving learning outcomes. *Educational Technology: Research and Development*, 45(1),65—95.

Jonassen, D. H. (2000). *Computers as Mindtools for schools: Engaging critical thinking.* Columbus, OH: Merrill/Prentice-Hall.

Jonassen, D. H. (2003). Using cognitive tools to represent problems. *Journal of Research on Technology in Education*, 35(3),362—381.

Jonassen, D. H. , Beissner, K. , & Yacci, M. A. (1993). *Structural knowledge: Techniques for representing, conveying, and acquiring structural knowledge.* Hillsdale, NJ: Lawrence Erlbaum.

Jonassen, D. H. , & Henning, P. (1999). Mental models: Knowledge in the head and knowledge in the world. *Educational Technology*, 39(3),37—42.

Kraiger, K. , & Salas, E. (1993, April). *Measuring mental models to assess learning during training.* Paper presented at the Annual Meeting of the Society for Industrial/Organizational Psychology, San Francisco, CA.

Larkin, J. H. (1983). The role of problem representation in physics. In D. Gentner & A. L. Stevens (Eds.). *Mental models* (pp. 75—98). Hillsdale, NJ: Lawrence Erlbaum Associates.

Lehrer, R. , & Schauble, L. (2000). Modeling in mathematics and science. In R. Glaser

(Ed.) *Advances in instructional psychology*: *volume 5*. *Educational design and cognitive science* (*pp*. 101—159). New Jersey: Lawrence Erlbaum.

Lippert, R. C. (1988). An expert system shell to teach problem solving. *Tech Trends*, *33*(2), 22—26.

McGuinness, C. (1986). Problem representation: The effects of spatial arrays. *Memory & Cognition*, *14*(3),270—280.

Mellar, H., Bliss, J., Boohan, R., Ogborn, J., & Tompsett, C. (1994). *Learning with artificial worlds*: *Computer-based modeling in the curriculum*. London: Falmer Press.

Penner, D. E., Giles, N. D., Lhrer, R., & Schauble, L. (1997). Building functional models: designing and elbow. *Journal of Research in Science Teaching*, *34*(2),125—143.

Ploetzner, R., Fehse, E., Kneser, C., & Spada, H. (1999). Learning to relate qualitative and quantitative problem representations in a model-based setting for collaborative problem solving. *Journal of the Learning Sciences*, *8*(2),177—214.

Ploetzner, R., & Spada, H. (1998). Constructing quantitative problem representations on the basis of qualitative reasoning. *Interactive Learning Environments*, *5*,95—107.

Rips, L. J. (1986). Mental muddles. In M. Brand & R. M. Harnish (Eds.), *The representation of knowledge and beliefs* (pp. 258—286). Tucson, AZ: University of Arizona Press.

Salomon, G., Perkins, D. N., & Globerson, T. (1991). Partners in cognition: Extending human intelligence with intelligent technologies. *Educational Researcher*, *20*(3),2—9.

Savelsbergh, E. R., De Jong, T., & Ferguson-Hessler, M. G. M. (1998). Competence related differences in problem representations. In M. van Someren, P. Reimann, T. de Jong, & H. Boshuizen (Eds.), *The role of multiple representations in learning and problem solving*. (pp. 263—282). Amsterdam: Elsevier Science.

Schank, R. C. (1994). Goal-based scenarios. In R. C. Schank & E. Langer (Eds.), *Beliefs*, *reasoning, and decision making*: *Psycho-logic in honor of Bob Abelson*. Hillsdale, NJ: Lawrence Erlbaum.

Schwarz, C., & White, B. (2005). Meta-modeling knowledge: Developing students' understanding of scientific modeling. *Cognition and Instruction*, *23*(2),165—205.

Schwartz, J. L., & Yerulshalmy, M. (1987). The geometric supposer: Using microcomputers to restore invention to the learning of mathematics. In D. Perkins, J. Lockhead, & J. C. Bishop (Eds.), *Thinking*: *The second international conference* (pp. 525—536). Hillsdale, NJ: Lawrence Erlbaum Associates.

Shavelson, R. J. (1972). Some aspects of the correspondence between content structure and cognitive structure in physics instruction. *Journal of Educational Psychology*, *63*, 225—234.

Spector, J. M., Christensen, D. L, Sioutine, A. V, & McCormack, D. (2001, September-November) Models and simulations for learning in complex domains: Using causal loop diagrams for assessment and evaluation. *Computers in Human Behavior*, *17*(5—6), 517—545.

Taylor, H. A. , & Tversky, B. (1992). Spatial mental models derived from survey and route descriptions. *Journal of Memory and Language*, *31*, 261—292.

van der Veer, G. C. (1989). Individual differences and the user interface. *Ergonomics*, *32* (11), 1431—1449.

White, B. (1993). ThinkerTools: Causal models, conceptual change, and science education. *Cognition and Instruction*, *10*(1), 1—100.

Wittgenstein, L. (1922). *Tractatus logico-philosophicus*. London: Routledge.

5 将教学技术中至关重要的人文框架应用于教育实践

Johannes Strobel 和 Heather Tillberg-Webb

不管有意识或是无意识，不管有目的或是无目的，社会选择用技术的结构来影响人们如何工作、交流、旅行、花费……已有很长一段时间了。

(Winner，1980)

摘　要：在传统的教学设计和教学技术领域，教育工作者和研究人员都注重技术工具，而忽略了技术应用在社会文化方面的含义。因此，技术运用往往被直接纳入教育实践，至于为何要选择这些技术工具以及系统用户的需求是什么则被忽略了。分析影响教育技术的思想观点是探究我们与技术的关系的起点，这些思想观点包括技术决定学说、社会决定学说、技术乌托邦主义和技术反乌托邦主义。通过呼吁教育工作者们重审自己关于技术用于教学的观点与信念，我们得出这一人文框架，以帮助人们对在教育技术实践中的人际交流进行反思。此人文框架强调提高开拓严谨思维、鼓励学生参与和交流，以及开拓社区发展的策略和技能。

关键词：人文化框架，教育，实践，教育技术，技术决定学说，社会决定学说，技术乌托邦主义，技术反乌托邦主义，历史性，学习思维，共享掌控，参与式设计，互动，合作，沟通，简化论，社会人际交流，以学习者为中心的教学，学习过程的掌控

J. Strobel（✉）
Purdue University, Neil Armstrong Hall of Engineering, Rm. 1231, 701 W. Stadium Avenue, West Lafayette, IN 47907, USA
e-mail：jstrobel@purdue.edu

导论

今天在教育领域,我们的技术工具形成和创建了所有教育过程中利益相关者之间的互动、合作和沟通,包括学生、教师、教学设计师和行政管理人员。在教育政策和教育实践中,我们通常把"技术"一词减缩为我们的技术设备,因为它们是"现代技术明确可及的案例……"(Borgmann,1984)通常情况下,我们没能反思技术实践的大局——不仅仅是强调技术设备,还研究包括技能、知识、设备和过程的整体技术领域。在教育方面,我们经常使用"技术"一词来代替"计算机",却忘记了在教育中一些最有效的"技术"是过程以及与机构和文化因素深深地交织在一起的教学方法。我们在本章将技术放在社会文化和交流实践中来探讨,但我们仍然会常常提到技术工具的影响。

虽然教育技术领域传统上侧重于技术技能和技术整合的组织因素,但是有这样一种新的认识:技术工具具有文化上的相关性和一致性(Pacey,2000),将教育技术和多元文化的目标和计划联系起来,这些技术工具就可以用来增强教育系统的个人和团队力量(Damarin,1998)。然而,为了更有效地整合,主张将这二者联系起来的研究人员需要强调增强研究议程和设计的基本思想以及学习经验设计。虽然实施新技术肯定有正面效应,但也必须考虑这种技术的负面效应。为了在更大范围里讨论技术改革的原因和价值,本章的第一部分将综述常见的有关技术的思想倾向。

此外,有许多教育技术的焦点是我们的技术设备,很少探究新技术工具在组织、教学和文化方面的意义,所以我们很容易忽视那些因技术的使用而受到影响的人们。然而,我们实施教育技术时的文化因素对个人的学习经验产生的影响最大,这种影响可体现于通过多媒体、虚拟学习空间或分布式社区学习让学习者参与投入学习。正如掌握文化依赖于使用顺畅的语言系统,如果一个人希望在信息社会实现自我能力和自主权,他必须掌握技术工具和有关系统(Taylor,2007)。

例如,我们在教育领域中以计算机为媒介的学习空间里,在讨论区、在线聊天室或虚拟世界,实质上是在塑造个人的具体经历以及与他人互动的经验。这种交流与面对面的互动在本质上不一样(Spagnolli,Varotto & Mantovani,2003;Watts,Nugroho & Lea,2003),而且在教育环境里我们也没有使用这种媒体的模式或先前的经验。在教育工作者努力引导学生使用新通信技术"重视"人性的同时,我们有责任认真考虑一个人文框架,用于我们使用新媒体技术的学习过程。因此,在研究意识形态后,我们提出应用教育技术人文框架的特征,并为所有教育工作者提供指导大纲,以供在教学实践中使用技术时参考。

技术的意识形态

在我们探讨教学中的技术整合之前,当务之急是要研究自己对技术及其对人类用户的影响的假设和信念。因为意识形态渗透在我们的思想及与他人的互动之中,它们难以被发现,尤其难以被质疑(Smart,1958),所以我们必须走出思想的特定框架,这种框架影响我们审查自己的思维方式是如何影响我们的行动的。这种审查有益于分析用于政策和研究的语言,更好地了解我们在教育中整合技术的动机。

虽然我们同时面对多种相互冲突的意识形态,但我们对什么是技术以及技术在教育中起什么样的作用的看法是一个意识形态突出的例子。例如,我们将技术看成促进教育改革的动力,技术要么积极地促进社会变革和提高认知能力,要么促进培养工作场所必需的技能。例如,在某些文献中,支持技术乌托邦主义的多元文化教育工作者,认为技术是一种解决社会不平等的方式(Marshall & McCarthy,2002)。与此同时,有将近同样数量的文献探讨技术没有实现的潜力。例如,有关"技术代沟"的文献表明,获得工具以及如何有效地使用各种技术面临着挑战(Attewell,2001;Cullen,2003;DiMaggio,Hargittai,Neuman & Robinson,2001;Norris,2001;Servon,2002;Servon & Nelson,2001)。

在下面的章节中,我们将研究以下意识形态:技术决定学说或社会决定学说,技术乌托邦主义或技术反乌托邦主义。正如我们将在本节结束时所讲,这些思想是简化论,妨碍了我们以综合的视角来看待手头的问题。

技术决定学说或社会决定学说

技术决定学说将技术看作社会变革的根本动力,技术的发展和进步因其自身的内在逻辑而进行(参见 Mody,2004 关于纳米领域的运用)。从技术决定学说的观点来看,人类在技术操纵的世界中作用很小(Smith & Marx,1994)。突出的是这种说法:"计算机在各个层面改变社会"(Evans,1979;Robins & Webster,1989,第 24 页),技术工具是实现变革的真正推动力。在日常工作中与技术打交道的人们常常听到这样的说法,如"技术是未来之路"以及"我有一个工具会解决这个问题"。这些观点将技术与社会分离,认为技术的效应是孤立和独立的(Grint & Woolgar,1997;Ovortrup,1984)。在教育领域,技术决定学说可以表现为这样的理念:学生和教育工作者必须"跟上"技术,不然就会"落后",仿佛技术在推动教学过程的变化方面起决定作用。

我们可以将技术决定学说分为两种形式:强硬派和温和派(关于两者的区别可参见 McGinn,1991)。强硬派技术决定学说的支持者持极端观点,认为技术占主导地位而永不后退,技术导致社会变革;而温和派技术决定学说的支持者则认为技术只是多种影响因素的一种,而不是社会变革的绝对决定因素。

社会决定学说从与技术决定学说相反的角度来看技术,认为技术是社会变革的附带部分。如果技术工具是焦点的话,那么重要的不是技术本身,而是包容技术的社会、政治、文化和经济体系(MacKenzie & Wajcman,1985)。技术决定学说认为自主性是技术创新的一个属性,社会必须"追求"下一个技术创新,而社会决定学说则认为社会和社会里的每个成员具有自主性,人类推动技术的发展来满足社会的需要和目标。

技术乌托邦主义或技术反乌托邦主义

技术决定学说和社会决定学说都试图回答是什么原因导致变革的问题,而技术乌托邦主义或技术反乌托邦主义则试图评估变革所产生的影响。

技术乌托邦主义认为技术带来希望(参见 Segal,1985 关于其综述),描绘计算机技术使社会的乌托邦远景"成为可能"。一些作者用新计算机技术来吸引我们或试图改变我们的观念,他们宣称这些技术能够提供前所未有的经验,使我们用少量精力处理大量信息,如提供见解、搜索信息,并促进合作以及人与人之间的社交互动。乌托邦主义者勾画未来,强调:技术的平等和民主的力量为人们提供均等机会获得信息,再加上技术对效率和生产率所产生的积极作用,从而产生一种解放的效应,即人们有更多的自由时间来创新发明,休闲玩乐(Mainzer,2005)。从消费的观点来看,技术乌托邦主义强调使用技术工具带来的社会效益(West,1996)。这一理念涵盖了这样的远景:技术革新创造一种新文明,老问题因之得到解决。技术乌托邦主义的观点十分诱人,因为它提供了一个简单的解决方案——通过技术来解决问题。这种工具将我们从自己所造成的社会问题中解救出来,这刚好与通过人力来实行社会变革的复杂过程相反(Weinberg,2003)。

评估广告及其所宣传的技术"进步",我们对此并不陌生。从本质上讲,技术创新常常被吹捧为能使人们从劳动的污垢和汗水里解放出来(如洗衣机、洗碗机、机动除草机),为人们提供一种休闲的生活(如电视)。Borgmann(1984)在他的题为"技术带来的希望"一章里引用了20世纪80年代早期的三个广告来预告技术的功效:一个电子小工具翻译外国语言,美食在家做而"无需等待或烹调",以及产生"更大耐力"而减少疲劳的慢跑电脑(1984)。这三个广告显示,教育、食品和健康的责任在于技术设备,而不在于人的努力、天赋或能力。

技术反乌托邦主义在理念上与乌托邦主义持相反的观点。技术反乌托邦主义的观点认为,技术已经控制了人类的存在,将生存条件变得更糟。换句话说,这是一个技术创造地狱的景象。例如,Postman的作品"技术垄断"描述了技术社会里文化的所有功能,如宗教、艺术、私密性和真实性都因被技术过度操纵而被重新定义(1993)。反乌托邦主义者认为,采用任何形式的技术,如近期计算机的广泛使用,将扩大现有社会的弊端,创造一个新的社会、企业和政府机构(如部门技术)将使人们失去自由或使人们更加依赖他们并不明白的复杂技术工具。这种观点认为,技术起着催化作用,将继续造成贫富之间更大的分化(Powell,2002;Schement,2002)。更多的人将失业,而人类将会被机器人取代,没有计算机,工作就不能正常运作。对技术导致的尖锐问题的补救措施将引入新的长期存在的问题,由于人与技术的互动多于人与人之间的互动,人们彼此之间的隔离会更加严重。

意识形态小结

这些技术意识形态上的任何形式,如决定学说、乌托邦主义或反乌托邦主义,都是简化论。简化论减少了某类现象,使其成为更简化的另类现象(Gellner,1974)。就技术决定学说和社会决定学说而言,技术与社会之间错综复杂的关系要么简化成社会力量,要么简化成技术力量。只认为技术没有正面或负面的影响的观点过于简单。无论是技术还是社会都能完全独立地推动改革,或让人期待技术的结果具有正面或负面的影响,这些都是假设,这些假设需要在相应的环境里进行认真研究及解答。

与此相似,乌托邦主义和反乌托邦主义持对立的极端立场,其中包含许多较温和的观点。技术决定学说或社会决定学说以及乌托邦主义或反乌托邦主义可以用一个整体或系统的视图来进行对比(V. Bertalanffy,1968),其中整体不能用线性因果关系模式来解释,也不能用系统中可识别的单个因素来分析。在本章中,我们只能初步探讨这些问题。(对于这个讨论更广泛的概述,请参见 Reigeluth 主编的《技术发展趋势》关于系统性变化的特刊,Tech Trends Special Issue on Systemic Change,2006 年版,第

1卷。)

人文框架

人文框架的合理性

技术决定学说和技术乌托邦主义的结合,使一掷千金购买学校技术工具的现象更加严重,尽管对技术开发与增进学习成比例的说法的评价褒贬不一(Clark,1983;Ross & Lowther,2003;Schacter,1999;Wenglinsky,1998)。教育领导需要提出这些创新将如何全面影响学习的问题,而不是同意决定论或乌托邦主义者为技术整合所作出的争论。此外,教育工作者需要评估资源分配,确保技术工具的应用具有益处,并使其目的在文化上相匹配。与此同时,我们不能假设技术工具无关紧要或不值得大范围讨论,因为我们使用它们时不可避免地与社会和文化现实交织在一起(Mesthene,2003)。因此,通过测评和分析技术工具对每个学习者所产生的影响,教育工作者减少了陷入决定论和乌托邦主义、而不考虑参与教育过程的人文因素的谬误的危险。

虽然增强个人能力并不一定总是教育的历史性目标,但对许多教育工作者来讲,用教育改变个人生活的观念是十分有力的动机。社会迅速采用新技术具有复杂的含意,尤其在个人对技术功能是否给自己的生活和社区带来变化的看法方面。假设新技术与简化论的功能相等,那么这未必对学习者有利。增强学生实力需要引导他们培养严谨思维和分析能力(Davis,2003)。因此,整个框架的重点在于培养严谨思维和独立思考的能力,这包括但不限于"利用逻辑性、批判性精神、对话式推理、标准考核、内容之间的关系,以及对批评的关心和联系。"(Hemming,2000)

教育技术人文框架来源于技术理念、教学设计、学习理论、传播理论、多元文化教育以及社会学的文献。研究涉及的范围很广,旨在结合多种学科,在教育过程中呼吁重视人本主义。

探究技术

在教育技术人文框架里,最重要的是在实践中探究教育背景和技术工具之间的关系。评判性质疑这个概念的出现,正值严谨思维和高级思维能力成为教育议程的前沿议项。美国国家教育技术标准要求高中学生能够"分析工作场所和整个社会广泛使用和依赖的技术的优点和缺陷",并确定当代新兴技术资源的潜能和局限性("ISTE

National Educational Technology Standards（NETS），" 2004）。若不强调提问,就不可能达到这些标准,但同时,对新技术工具积极使用的思想观念如此根深蒂固,教育工作者仅仅是为了提问而常常不能客观地分析技术工具的弱势。最近对教师如何将技术用于课堂的分析研究证实,美国国家教育技术标准最容易被忽略的部分是那些旨在客观评估技术对社会所产生的影响以及使用计算机的伦理因素,例如,严格评估网站搜索的信息（Niederhauser，Lindstrom & Strobel，2007）。

通常情况下,人们把技术看成一种工具或交易方式,换句话说,纯粹看技术如何对我们有利,也就是 Habermas 所说的一种公共领域生活中的副产品（1984）。当务之急在于教育工作者或学习设计师要不断对使用技术进行提问和挑战,并采取额外步骤确保与学习者的关系,不能存在把学生纯粹当成知识的被动接受者这种交易性和工具性的观点。因此,我们可以明白,仅仅思考技术整合及其如何影响团体互动的问题,我们自然会思考教育工作者如何与学生互动的问题。

质疑技术并不意味着废除使用技术工具,但确实要求严谨地反思技术对人际沟通的影响。对使用技术的严谨反思不必与"技术保守派（luddite）"或"落后者（laggard）"（Rogers，1995）对技术的态度相提并论。这些有关技术保守派或落后者的术语对那些选择不接纳新技术的人是暗含贬义的。它们揭示了我们的文化对那些公开表明不愿意或拒绝使用新技术的人们的偏见（Davis，2003）。如果我们不能认识和思考技术如何影响我们文化的方方面面,例如我们与朋友、家人、同事和陌生人的交往互动,以及我们的休闲娱乐,我们不仅不能质疑技术,而且会对技术如何影响我们的生活视而不见。

摒弃"技术修复"的虚幻

正如 Bartolome（1994）要求教育工作者停止在语言课堂寻找教学改进措施一样,教育技术专家和行政管理人员需要停止在技术课堂寻求"技术修复"。Bartolome 的书是她对那些向她寻求教授语言的最佳方法的教师所做的回应。她的回应提出了"以人为本的教学法":教育工作者重视学生的个人背景和独特经验,使用多种方法教授具有不同学习方式的学生,包括合作式学习、过程写作及互惠教学（Bartolome，1994）。除了这些教学策略,我们想补充一些方法鼓励学生独立思考,换句话说,根据 Bloom 分类法（1984）培养学生综合、分析和评价的能力,这包括但不限于体验式学习、使用结构不良并基于现实世界的问题的学习、模拟仿真（Chung，Harmon & Baker，2001）,以及合作式的小组项目。

从一个纯粹"技术"的观点来看,"技术修复"的想法有很多诱惑力。前面对技术乌托邦主义的讨论指明了为什么教育工作者寻求这种灵丹妙药,这种制胜法宝实际上助长了许多早期教育技术的研究,对许多教育工作者灌输不信任感,使他们担心计算机或类似的技术会在实践中取代他们的工作(Clare,2002;Zophy,1998)。Weinberg 在他的"技术可以取代社会工程吗?"一文中认为"技术修复"比试图计划大型的社会变革容易得多。然而,他列举的以大规模生产作为解决贫困的办法(现在有足够的"东西"给大家)和以氢弹作为解决战争的办法(这是一个更高的赌注)充其量是过于简单化的方法。相比之下,Pacey(2000)警告说,如果没有"社会和文化措施",技术修复是不会成功的。Mesthene 提出一个相对平衡的观点,即"技术为社会不断创造新的可能性,也产生必须解决的新问题"(Mesthene,2003)。因此,再看看 Weinberg 的例子会发现它们揭示了比他所暗示的更多的复杂性。由于大规模生产,世界上许多人生活的物质标准提高了,但我们现在必须处理堆积的垃圾场、更加严重的污染,以及生活在不具"优势"的世界各地的受剥削的劳动力。虽然,如 Weinberg 所述,氢弹可能扼杀战争,但它并没有实现和平。在实现和平的进程中如果没有人类的参与,技术"修复"在本质上毫无用处(Pacey,2000)。

从更广的社会问题的角度来看,我们可以理解,任何技术更新都会解决老问题,产生新问题。教育中的技术整合同样如此。采用新的教学策略和使用新技术工具时,应将教学目的放在首位,技术应该用来支持教育目的。没有一种技术会向所有学生更简单明了地传递知识,或对所有学生将复杂的概念讲得明确透彻。此外,每一种技术工具均带有学习者与这种工具互动的文化寓意(见 McLoughlin,1999 年,第 233 页:对社会技术的影响进行详细分析造成文化期望)。我们不应该只寻求一种方法或工具来教授所有学生,而需要提供各种技术和方法来帮助学生成功。与此同时,我们需要认识到,我们要求任何年龄段的学生使用新技术时,特别是在将技术作为"桥梁"为弱势学生提供机会时,我们犹如打开潘多拉的盒子,在提供机会的同时,也产生了与现有文化的潜在冲突。

教育工作者和学生将理论应用于实践

实践(praxis)是理论知识和严谨反思在实际中的应用,它是专业实践中的一个重要方面,因为它需要一个人将外部知识、现有理论、很强的上下文情景作为实践的根基,从而将自己的知识和实践与人类社会关联在一起。实践是行动的一种毫无休止的循环,它对行动作出反思并对行动作出相应的修改。在讨论这个框架的理由时提到,人类有必要认识自己的能动性,"对实践……的理论化……需要广泛全面地看待人的能动性,强调实践中人的能动性、世界和活动的整体性(Lave & Wenger, 1991)"。换句话说,一个人必须相信自己的能动性,通过严谨反思和参与社区实践来驱动行动,实现变革。

前面的章节对技术整合的思想影响做了严谨的反思。实践是理论与行动的结合,是教育技术领域工作人员必需的工具。教育工作者和教学设计师可能会考虑新技术在组织和文化方面影响社会关系的理论观点,研究提出的学习成果和目的,这些学习成果和目的往往强调市场需要的技能,而不是更复杂更持久的阅读、写作和严谨分析的技能。最后,根据反思性阅读,如果教育工作者知道学习者对教育过程的需要,他们可能会考虑技术解决方案和课程设计方法的有效性。

实践不仅是针对教育工作者而言的。通过为学生提供机会应用现实生活中获得的技能和知识,并要求学生对这些经验进行反思,教育工作者可以为学生提供工具,让他们终身受益。教育工作者需要指导学生对用于课堂的课本和自己的经验进行严谨的思考。Bell Hooks 写道,"学生们常常认为……大学不是真正的世界,书本学习……与大学围墙外的世界……没有关系"(2003)。现今,读写技能的培养面临着挑战,电视和多媒体提供的被动性娱乐具有很强的诱惑力,学生需要通过学习来认识书籍的价值。此外,这些经验将与真正的"真实世界"的场景链接,与"真实世界"的观众互动或讨论"真实世界"的事件,而所有这些活动可以通过仔细选择新技术而得到协调,促进学生与他人的想法相联系,使他们能够参与具有挑战性而又有益的任务。通过鼓励学生寓学于行并对自己的实践进行反思,我们可以增强学生的能力,使他们严谨地思考自己的行动以及对世界产生的影响。

研究活动系统及其历史性

为了使教育技术整合与社会和文化背景相结合,我们从事技术实践时需要考察技术使用的周边活动系统及其所涉及的固有的历史性。分析活动系统时弄懂两件事非常重要:(一)中介因素,即谁是活动社区的成员、他们所扮演的角色和社区规则;(二)提出的目标和实际结果。正如 Engeström 对活动理论的概念和应用所做的描述,"活动系统"具有历史性(1999, 2001),这意味着它们"初具规模,并在一段漫长的时期里逐渐转化"(1999,第136—137页)。从 Heidegger 的哲学观(1962)来看,历史性指目的和发展与时间的结合。历史性之所以在这个人文化框架里十分重要,是因为它将应用教育技术放在先前的创新及其将产生的影响这样的大背景下。这就意味着,教育工作者不能假定学习者进入一种教育环境时,没有以前的经验,也没有他们接触的工具和过程的文化相关性。当引入新形式的互动时,例如一种特定模式的团队工作或一种新计算机技术如讨论板,学习者很有可能已在这方面有所经验,对学习的合作方式或以计算机为媒介的不同形式的交流已有自己的偏好。

历史性不是我们所熟悉的单维的线性时间表,它包括几个方面:(一)影响活动(系统)的理论思想和工具的历史。(二)活动系统包括学生和教师自己的历史,如Freire 所言:"通过自己的不断实践,男人和女人同时创造历史,并成为人类历史。"(1999 年)(三)活动和相关的物体在当地环境里有其自身的历史。(四)历史性的不同层次之间的相互作用。这不仅与一个社区或社区里个人的历史不同,而且包括这些不同层面之间自然发生的矛盾和冲突(Yrjö Engeström, 1999)。

将我们的研究放入系统性的框架来探讨过去成功和不成功的事例时,教育工作者可以探讨目前应用新技术会如何反映这些纵向模式。活动理论结合实践可以为教育工作者提供一个有用的方法来研究作品、社区、角色和目标,并提供一个框架,使教育工作者可以通过对这些模式和理论知识的反思来实现改革。

设计"心到脑动"的学习

技术工具通常用于教育环境,是因为技术工具会激发学生的学习兴趣(Garrison & Bromley, 2004,第601页)。随着多媒体的日益成熟,"寓教于乐"的形式司空见惯(Buckingham & Scanlon, 2004;Okan, 2003;Perrone, Clark & Repenning, 1996),学生可能期望老师被他们所"乐"(Conlon, 2000)。应用新技术工具纯粹是为了娱乐,这对教学有损无益。教育工作者应该考虑学生的参与,让学生在学习过程中使用"心到脑动"的方法,要求他们严谨思维、解决难题、创作内容,以及开发合作性项目。

与其用来同"寓教于乐"的形式相竞争,技术工具应该用来帮助学生积极参与到学习中去,并与其他学习者进行互动。要使学生积极参与学习,就必须将学习内容实践化。这种实践化的活动可包括精心设计(即结构良好)的案例研究(Riedel, Fitzgerald & Leven, 2003),或提供非良构问题解决的情景(Chen & Ge, 2006;Jonassen, 2000,2004)。这些方法会培养学习者的严谨思维能力和分析能力(Chambers, Angus &

Carter-Wells，2000；Frederiksen，1984）。

谈及与其他学习者互动时，我们知道，与学习有关的社会情境（Vygotsky，1978）是学习必不可少的一个要素。"根据定义，高层次的智力活动受文化影响，它们不涉及对世界'直接'的行动……世界本身受人类以前的实践（例如，一个样品）所影响，当前行动受益于脑力劳动，产生世界的某种特定形式"（Cole & Wertsch，1996）。设计这些与实践相关的活动时应该要求学习者彼此互动，例如，通过有组织地与同伴互动（Ge & Land，2003）以及采用积极提问和讨论的方式让学生积极参与（Picciano，2002）。

使用工具建构社区

学习涉及一个融入文化的过程以及对具体内容的学习过程，这种活动总会在某种社会环境里进行。从认知理论我们知道，学习与其相关的环境密不可分，学习者通过直接参与或适当地边缘参与（Lave & Wenger，1991）社区具有目的性的活动来体验社会层面。出于这个原因，教育工作者应该把自己的活动从设计内容环境扩展到设计社会空间，以支持和积极影响教学中的人际互动，为不同形式的参与创设渠道。在这个框架里，"社会人际交流"（Garrison，Anderson & Archer，1999；Gunawardena，1995）应该是设计学习，特别是分布式学习环境的一个必要因素。

社区建设面临挑战，这特别体现在采用新通信技术的情况下，因为不同的媒介需要不同的会话规则和互动。一项关于以文字为基础的在线会议所作的各种分析表明，在线不同步讨论时小组成员的行为表现有所不同，例如，需要更长的时间来达成共识（Bordia，1997）。此外，小组成员不仅由于社交压力的降低而影响到互动行为，而且人与人之间的了解也减少了（Bordia，1997）。使用文字通过计算机进行交流时，人际交往中的文化差异会导致更多的困难，因为没有社会语境作为线索会妨碍有效的沟通并造成误解（Leh，2001；Tu，2001）。我们已经知道使用文字通过计算机进行交流所面对的挑战，我们应该进一步研究以计算机为媒介进行交流的视频聊天、虚拟世界和其他领域，发现这些交流模式的具体挑战。

将技术应用于教育的重点应集中于将持有不同观念的人聚集在一起。"很多时候我们认为社区是一群跟我们一样的人：同一类、同一族、同一种族及同一社会地位"（Hooks，2003）。一个经常被引用的因特网技术的"优势"是帮助课堂教学"获得"国际性的资源（Belz，2005；Solem 等，2003；Songer，1996）。然而，如果没有人与人之间的联系和人际关系网使这些互动成为可能，即使有联系全球的技术也无济于事。随着更多以计算机为媒介的交流被用来建立这些社会关系,具有这种技能的教育工作者和学习者将必须重视以计算机为媒介的跨文化的有效沟通。

虽然有人说建立社区不难,但建立社区并不简单,需要支持沟通、发展信任、发现和支持共同的目标、研究共享的历史、尊重社区内的各种成员。

为了保障沟通,会话规则应该在第一个社区会议上提出。Engeström 的活动理论阐述的"规则"是一个关键因素,它指导活动中参与者彼此之间的互动(1999)。会话规则最好由社区的所有成员公开讨论,并通过教师或教育工作者的愿望来加以补充。以远程教育环境为例,大多数沟通(如果不是全部的话)没有面对面交流的语境,在远程课程讨论时,我们应该提供示例和公开讨论如何保障沟通(如"网络礼仪")的规则。由于媒体的创新形成了我们对合理样式和适当使用的观点(参见 Baron,2002 年:《媒体对语言风格的影响的历史回顾》),反思电子邮件、短信、博客、微博,以及还没有命名的沟通方式如何影响信息的解释,是课堂培训的重要组成部分。最好安排一个协调人(最好是一个学生)来综合每次讨论的内容,这既方便沟通,又能培养学生的领导才能。

我们对如何建立信任没有一个准确的配方,但提倡透明的"会话规则"可以帮助学生反思自己的交流方式,而逐步得到社区的认可。有关在线学习建立彼此信任的一项研究发现"快速信任"(swift trust)是脱离语境交流的一种互动现象(Mcyerson,Weick & Kramer,1996),发展"快速信任"的一个重要方面是教师与学生的沟通,特别体现于教师以何种方式交流、如何采用快速介绍并身体力行的沟通方式以及在书面陈述里如何传达社会情感语言和热情(Coppola,2004)。

最后,一个社区的所有参与者都带有从前的经验和"历史"来构建他们的课程内容,要引导他们在教授和同伴之间进行互动。Ladson-Billings(1995)对"与文化相关的教育学"的分析表明,言语和语言实践是发展共同理解的必要组成部分。她在对任课教师的研究中发现"'相互对话'是一个重要的研究工具,它确保教师的历史和兴趣决定不同领域的时间分配。"与此相似,在教室里也适合开展与学生的对话,确保他们的经历和兴趣也在课堂学习材料和讨论里得到体现。这需要我们对建立每个学生的信念和态度加以重视,学生的信念和态度将影响他或她与课堂其他成员的互动。

分享控制

在学校应用的计算机技术不一定会从根本上影响其他现有的教育技术,比如教学法。虽然技术整合有时用来作为重新分配用户对教室的控制权的理由,但与学员分享控制的最好理由是确保学习者的智力发育，培养他们的自主性和对学习过程的自我控制。

有关计算机如何在课堂使用的研究表明，不太富裕的学校里的学生使用计算机是用于基本功练习、基本技能作业，或一步一步地操作基本程序（Garrison & Bromley，2004；Warshauer，2000；Wenglinsky，1998）。与此相反，以学习者为中心的教学认为，计算机应该让学生用来实现一个终极目标并"边做边学"，而不是学习软件本身（Soloway 等，1996）。除了提供一种增强学习者潜在能力的环境，以学习者为中心的教学要求学习者作出决定、解决问题，并构建自己对给定问题或任务的理解（McLoughlin & Luca，2002）。

研究表明，在学校实施以学习者为中心的教学可能有明显的文化障碍，无论使用计算机技术与否。Garrison 和 Bromley 最近关于一个学校的研究（2004）表明，学生活动和教师活动同时造成了老师不愿放弃控制权的这样一种文化。确认的学生活动包括"假装"，即有能力却假装无法完成任务，以及"破坏"，即破坏技术，例如，踢电源板关闭使用中的电脑。由于这些学生活动所带来的结果，研究人员发现教师会从事他们所称的"防御性教学"，给学生一步一步的指令，以尽量减少潜在的纪律问题。

因此，只讲教师需要放弃学习过程的控制权，学生需要掌握控制权，还不够完全。教育工作者需要很强的技能去训练和指导学生。文化和历史先例表明，鼓励个人走出传统角色去思考具有挑战性。教育工作者和学习者需要有效的以学习者为中心的教学模式，也需要行政部门和学校的支持，这样才可能使这种教学获得成功。然而，若不考虑教学过程的社会和文化因素而应用技术，帮助学习者发展严谨思维技能时就会面对失败的危险。

参与式设计：使用"学习者为设计师"

参与式设计是软件开发的一种设计与开发的方法，它可以为我们提供人文框架应用技术的实践模式。正如 Bettina Törpel(2005)指出，"计算机应用的参与式设计关系到用户在决策、设计和/或开发过程的直接参与"。（第 177 页）

因此，有益于重新分配教学控制权的策略或许可以考虑采用"学习者为设计师"的设计策略。植根于建构主义和计算机是"智力工具"的概念，我们常常将计算机当作学习者智力和社会活动的合作伙伴来使用(Jonassen & Reeves，1996；Jonassen，2006)。学习者和计算机之间的关系的这种重新定义突出了"设计师即学习者"和"学习者即设计师"的概念。Jonassen，Wilson，Wang 和 Grabinger(1993)的研究表明，教学设计师通过设计以计算机为辅助的教学能学到很多东西，远远超过目标用户可能从设计的课程中学到的东西。丰富的教回方法(teach-back)文献(Johnson & Johnson，1987)和群体师资培训研究(Forsyth & Schaverien，2004)显示，学习者在设计项目时，和教授、同学同时进行能更成功地掌握所定目标。因此，要求学生从事设计和实施学习活动可能是一个吸引学习者参与的极其有效的模式。

面对越来越多的打包式学习工具，如学习内容管理系统或计算机辅助系统，我们没有作出太多努力让学生参与技术设计。学生被要求测试可用性或分享对界面设计问题的想法(Tselios，Avouris，Dimitracopoulou & Daskalaki，2001)，但技术功能及其所支持的活动则是由以理论为基础的设计模式、实证研究或教师或设计师的想法所定的。尽管学生的反馈信息非常宝贵和必要，但我们通常没有征求和采纳学生关于使用模式的反馈信息。这可能是一个值得考虑的区域。将学习者作为可能的目标用户，他们会直接受到设计决策的影响。

结论

研究思想意识与技术的关系对所有教育工作者、教学设计师、行政管理人员和学习者都非常重要。如果我们不回顾、分析教育技术应用的观念，我们就会失去教育技术人文框架的精髓。开发教育技术人文框架的重要性在于，它使每一个教育工作者严谨地评价自己对技术的看法，并与其他教育工作者和学习者就这些看法进行评判性对话。这个框架的核心原则以教育文献为基础，培养独立思考能力、融现实和问题为主的学习任务于教学、进行以学习者为中心的教学，并鼓励学生参与互动。此外，这个框架考虑到了更大范围的社会文化问题、技术使用的历史，以及往往被教育技术文献所忽视的社区使用技术的情形。从这个人文框架来看，学习者和教育目标是所有技术整合的焦点，而技术工具在人决定使用适当工具实现社区目标时只居次要地位。

（王 红 译）

参考文献

Attewell，P. (2001). Comment：the first and second digital divides. *Sociology of Education*，74 (3)，252—259.

Baroff, N. S. (2002). Who sets e-mail style? Prescriptivism, coping strategies, and democratizing communication access. *The Information Society*, *18*,403—413.

Bartolome, L. I. (1994). Beyond the methods fetish: Toward a humanizing pedagogy. *Howard Educational Review*, *64*(2),173—194.

Belz, J. A. (2005). Intercultural questioning, discovery and tension in internet-mediated language learning partnerships. *Language and Intercultural Communication*, *5*(1),3—39.

Bloom, B. (1984). *Taxonomy of educational objectives*. Boston: Allyn and Bacon.

Bordia, P. (1997). Face-to-face versus computer-mediated communication: a synthesis of the experimental literature. *The Journal of Business Communication*, *34*(1),99—121.

Borgmann, A. (1984). *Technology and the character of contemporary life*. Chicago: The University of Chicago Press.

Buckingham, D., & Scanlon, M. (2004). Connecting the family? 'edutainment' web sites and learning in the home. *Education, Communication and Information*, *4*(2—3),271—291.

Chambers, A., Angus, K. B., & Charter-Wells, J. (2000). Creative and active strategies to promote critical thinking. *Yearbook*, 58—69.

Chen, C.-H., & Ge, X. (2006). The design of a web-based cognitive modeling system to support ill-structured problem solving. *British Journal of Educational Technology*, *37*(2), 299—302.

Chung, G., Harmon, T. C., & Baker, E. L. (2001). The impact of a simulation-based learning design project on student learning, *44*(4),390—398.

Clare, J. (2002, October). Computers 'to replace teachers'. *Telegraph*.

Clark, R. E. (1983). Reconsidering research on learning from media. *Review of Educational Research*, *53*(4).

Cole, M., & Wertsch, J. V. (1996). Beyond the individual-social antimony in discussions of Piaget and Vygotsky. *Human Development*, *39*,250—56.

Conlon, T. (2000). Visions of change: Information technology, education and postmodernism. *British Journal of Educational Technology*, *31*(2),109—116.

Coppola, N. (2004). Building trust in virtual teams. *IEEE Transactions on Professional Communication*, *47*(2),95—104.

Cullen, R. (2003). The digital divide: A global and national call to action. *The Electronic Library*, *21*(3),247—257.

Damarin, S. K. (1998). Technology and multicultural education: The question of convergence. *Theory into Practice*, *37*(1, Technology and the Culture of Classrooms),11—19.

Davis, W. (2003). *Interpreting a meaning of technology*. Unpublished Dissertation, University of Virginia, Charlottesville, VA.

DiMaggio, P., Hargittai, E., Neuman, W. R., & Robinson, J. P. (2001). Social implications of the internet. *Annual Review of Sociology Annual*, *27*, 307—336.

Engeström, Y. (1999). Expansive visibilization of work: An activity-theoretical perspective. *Computer Supported Cooperative Work*, *8*,63—93.

Forsyth, L., & Schaverien, L. (2004). Re-presenting collective learning: A generative way forward. In R. Klamma, M. , Rohde & G. Stahl (Eds.), *ACM SIGGROUP Bulletin Special Issue on Community-Based Learning: Explorations into Theoretical Groundings, Empirical Findings and Computer Support* (Vol. 24, pp. 24—30).

Frederiksen, N. (1984). Implications of cognitive theory for instruction in problem solving. *Review of Educational Research*, *54*(3), 363—407.

Freire, P. (1999). *Pedagogy of the oppressed*. New York: The Continuum Publishing Company.

Garrison, D. , Anderson, T. , & Archer, W. (1999). Critical Inquiry in a text-based environment: Computer conferencing in higher education. *The Internet and Higher Education*, *2*(2—3), 87—105.

Garrison, M. J. , & Bromley, H. (2004). Social contexts, defensive pedagogies, and the (mis) uses of educational technology. *Educational Policy*, *18*(4).

Ge, X. , & Land, S. M. (2003). Scaffolding students' problem-solving processes in an ill-structured task using question prompts and peer interactions. *Educational Technology Research and Development*, *51*(1),21—38.

Gellner, E. (Ed.). (1974). *Legitimation of belief*. Cambridge, UK: Cambridge University Press.

Grint, K. , & Woolgar, S. (1997). *The machine at work*. Cambridge, MA: Policy Press.

Gunawardena, C. N. (1995). Social presence theory and implications for interaction and collaborative learning in computer conferences. *International Journal of Educational Telecommunications*, *1*(2), 147—166.

Habermas, J. (1984). *The theory of communicative action* (Vol. 1). Boston: Beacon Press.

Heidegger, M. (1962). *Being and time*. Oxford: Blackwell.

Hemming, H. E. (2000). Encouraging critical thinking: "but - what does that mean?" *McGill Journal of Education*, *35*(2),173—186.

hooks, b. (2003). *Teaching community: A pedagogy of hope*. New York: Routledge.

ISTE National Educational Technology Standards (NETS). (2004). Retrieved November 1, from http://cnets. iste. org.

Johnson, L. , & Johnson, N. E. (1987). Knowledge elicitation involving teachback interviewing. In A. Kidd (Ed.), *Knowledge elicitation for expert systems: A practical handbook*. (pp. 91—108). New York: Plenum Press.

Jonassen, D. (2000). Toward a design theory of problem solving. *Educational Technology: Research & Development*, *48*(4), 63—85.

Jonassen, D. (2004). *Learning to solve problems: An instructional design guide*. San Francisco: Jossey-Bass.

Jonassen, D. H. (2006). *Modelling with technology: Mindtools for conceptual change*. Columbus, OH: Merrill/Prentice-Hall.

Jonassen, D. H. , Wilson, B. G. , Wang, S. , & Grabinger, R. S. (1993). Constructivistic uses of expert systems to support learning. *Journal of Computer Based Instruction*, *20*(3), 86—94.

Jonassen, D. , & Reeves, T. C. (1996). Learning *with* technology: Using computers as cognitive tools. In D. H. Jonassen (Ed.), *Handbook of research for educational communications and technology* (pp. 693—719). London: Macmillan Library Reference USA.

Ladson-Billings, G. (1995). Toward a theory of culturally relevant pedagogy. *American Educational Research Journal*, *32*(3), 465—491.

Lave, J. , & Wenger, E. (1991). *Situated learning: Legitimate peripheral participation.* Cambridge, UK: Cambridge University Press.

Leh, A. S. C. (2001). Computer-mediated communication and social presence in a distance learning environment. *International Journal of Educational Telecommunications*, *7*(2), 109—128.

MacKenzie, D. , & Wajcman, J. (Eds.). (1985). *The social shaping of technology: How there frigerator got its hum.* Milton Keynes: Open University Press.

Mainzer, K. (2005). Science, technology, and utopia: Perspectives of a computer-assisted evolution of humankind. In M. F. Jorn Rusen & Thomas Rieger (Ed.), *Thinking utopia: Steps into other worlds.* Oxford: Berghahn Books.

Marshall, C. , & McCarthy, M. (2002). School leadership reforms: Filtering social justice through dominant discourses. *Journal of School Leadership*, *12*,480—502.

McGinn, R. E. (1991). *Science, technology and society.* Upper Saddle River, NJ: Prentice Hall.

McLoughlin, C. (1999). Culturally responsive technology use: Developing an on-line community of learners. *British Journal of Educational Technology*, *30*(3),231—243.

McLoughlin, C. , & Luca, J. (2002). A learner-centered approach to developing team skills through web-based learning and assessment. *British Journal of Educational Technology*, *33* (5),571—582.

Mesthene, E. G. (2003). The role of technology in society. In A. H. Teich (Ed.), *Technology and the future* (pp.49—58). Canada: Wadsworth.

Meyerson, D. , Weick, K. E. , & Kramer, R. M. (1996). Swift trust and temporary groups. In R. Kramer & T. R. Tyler (Ed.), *Trust in organizations: Frontiers of theory and research.* Thousand Oaks, CA: Sage Publications.

Mody, C. C. M. (2004). Small but determined: Technological determinism in nanoscience. *HYLE: International Journal for Philosophy of Chemistry*, *10*(2), 99—128.

Niederhauser, D. , Lindstrom, D. , & Strobel, J. (2007). Addressing the NETS* S in K – 12 classrooms: Implication for teacher education. *Journal of the Technology and Teacher Education*, *15*(4), 483—512.

Norris, P. (2001). *Digital divide: Civic engagement, information poverty and the internet worldwise.* New York: Cambridge University Press.

Okan, Z. (2003). Edutainment: Is learning at risk? *British Journal of Educational Technology*, *34*(3),255—264.

Ovortrup, L. (1984). *The social significance of telematics: An essay on the information society*. Philadelphia, PA: John Benjamin's.

Pacey, A. (2000). *The culture of technology*. Cambridge, MA: The MIT Press.

Perrone, C., Clark, D., & Repenning, A. (1996). *Webquest: Substantiating education in edutainment through interactive learning games*. Paper presented at the Fifth International World Wide Web Conference.

Picciano, A. G. (2002). Beyond student perceptions: Issues of interaction, presence and performance in an online course. *Journal of Asynchronous Learning Networks*. 6(1).

Postman, N. (1993). *Technology: The surrender of culture to technology*. New York: Vintage Books.

Powell, A. (2002). *Falling through the gap: Whatever happened to the digital divide*. Cambridge, MA: MIT Press.

Reigeluth, C. (Ed.). (2006). *Special Issue on Systemic Change* (Vol. 2006).

Riedel, J., Figzgerald, G., & Leven, F. (2003). The design of computerized practice fields for problem solving and contextualized transfer. *Journal of Educational Multimedia and Hypermedia*, *12*(4), 377—398.

Robins, K., & Webster, F. (1989). *The technical fix: Education, computers, and industry*. London: Macmillan.

Rogers, E. (1995). *The diffusion of innovation*. New York, NY: The Free Press.

Ross, S. M., & Lowther, D. L. (2003). Impacts of the Co-nect school reform design on classroom instruction, school climate, and student achievement in inner-city schools. *Journal of Education for Students Placed at Risk*, *8*(2),215—246.

Schacter, J. (1999). *The impact of educational technology on student achievement: What the most current research has to say*: Milken Exchange on Educational Technology.

Schement, J. (2002). *Of gaps by which democracy we measure*. Cambridge, MA: MIT Press.

Segal, H. (1985). *Technological utopianism in American culture*. Chicago: University of Chicago Press.

Servon, J. L. (2002). *Bridging the digital divide: Technology, community and public policy*. Melbourne: Blackwell Publishers.

Servon, L. J., & Nelson, M. K. (2001). Community technology centers: Narrowing the digital divide in low-income, urban communities. *Journal of Urban Affairs*, *23* (3), 279—290.

Smart, N. (1958). *Reasons and faiths*. London, GB: Routledge & Paul Kegan.

Smith, M. R., & Marx, L. (1994). *Does technology drive history? The dilemma of technological determinism*. Cambridge, MA: MIT Press.

Solem, M. N., Bell, S., Fournier, E., Gillespie, C., Lewistsky, M., & Lockton, H. (2003). Using the internet to support international collaborations for global geography education. *Journal of Geography in Higher Education*, *27*(3).

Soloway, E., Jackson, S. L., Klein, J., Quintana, C., Reed, J., Spitulnik, J., et al. (1996, April 13—18). *Learning theory in practice: Case studies of learner-centered design*. Paper presented at the CHI 96 Conference on Human Factors in Computing Systems, Vancouver, BC Canada.

Songer, N. B. (1996). Exploring learning opportunities in coordinated network-enhanced classrooms: A case of kids as global scientists. *Journal of the Learning Sciences*, *5*(4), 297—327.

Spagnolli, A., Varotto, D., & Mantovani, G. (2003). An ethnographic, action-based approach to human experience in virtual environments. *International Journal of Human-Computer Students*, *59*(6).

Taylor, R. (2007). *Learning after the end of knowledge: Instructional technology in the age of interpretive meaning*. Unpublished Masters Thesis. Concordia University.

Törpel, B. (2005). *Participatory design: A multi-voiced effort*. Paper presented at the Critical Computing. 4th decennial conference on critical computing: Between sense and sensibility, Aarhus, Denmark.

Tselios, N., Avouris, N., Dimitracopoulou, A., & Daskalaki, S. (2001). Evaluation of distance-learning environments: Impact of usability on student performance. *International Journal of Educational Telecommunications*, *7*(4), 355—378.

Tu, C.-H. (2001). How Chinese perceive social presence: An examination of interaction in online learning environment. *Education Media International*, *38*(1), 45—60.

v. Bertalanffy, L. (1968). *General system theory: Foundations, development, applications*. New York: George Braziller.

Vygotsky, L. S. (1978). *Mind in society: The development of higher psychological processes*. Cambridge, MA: Harvard University Press.

Warshauer, M. (2000, January 7). Technology and school reform: A view from both sides of the tracks. *Educational policy analysis archives* [*Electronic Version*], *8*, 1068—2341 Retrieved November, 15, from http://epaa.asu.edu/epaa/v8n4.html.

Watts, L., Nugroho, Y., & Lea, M. (2003, 559—556). *Engaging in email discussion: Conversational context and social identity in computer-mediated communication*. Paper presented at the Human Computer Interaction - Interact' 03.

Weinberg, A. M. (2003). Can technology replace social engineering? In A. H. Teich (Ed.), *Technology and the future*. Australia: Thomson.

Wenglinsky, H. (1998). *Does it compute? The relationship between educational technology and student achievement in mathematics*. Princeton, NJ: Educational Testing Service.

West, J. (1996). Utopianism and national competitiveness in technology rhetoric: The case of Japan's information infrastructure. *The Information Society*, *12*(3), 251—272.

Winner, L. (1980). Do artifacts have politics? *Journal of the American Academy of Arts and Sciences*, *109*(1).

Zophy, J. W. (1998). Lost in cyberspace: Some concerns about televised instruction. *The History Teacher*, *31*(2), 265—275.

6 何时不需要学习小组：用个别辅导模型进行有效在线学习

Alyssa Friend Wise，Chandra Hawley Orrill，Thomas M. Duffy，Rodrigo del Valle 和 Jamie R. Kirkley

  摘　要：在本章节中，我们针对一个在线专业发展平台的设计和改进展开了讨论，这个学习平台被命名为技术用于教学的工作室学习平台(Learning to Teach with Technology Studio)。此平台适用于那些对如何使用技术来支持探询式教与学感兴趣的教师。我们设计的核心是灵活性和相关性，以及这些灵活性和相关性是如何在该系统中体现的。我们对系统进行反复测试，再分析研究，进而根据分析结果对系统进行改进。我们还探究了这项研究对在线学习环境中合作学习的理念所带来的影响。

  关键词：合作，学习小组/互动，小组式学习，在线专业发展，探询式学习法，在线学习，导师辅导，在线合作，技术应用，课程内容标准，引导式问题解决，以学习者为中心的教学，技术普及，自定进度的学习，反馈，导师辅导[1]，论坛

引言

  技术用于教学的工作室学习平台(LTTS)是一套基于探询式学习模式的在线专业发展培训课程(Duffy 等，2006)。在 LTTS 中有一位导师会协助教师们按照自己的进

A. F. Wise
Simon Fraser University，250 - 13450 102nd Avenue，Surrey，BC V3T 0A3，Canada
e-mail：alyssa_wise@sfu.ca
①［原文重复。——译者注］

度单独完成这些课程。课程的目的是为了让教师们能通过最贴近他们自身教学的方法来研究和考察一些特定的教学工具和技巧（比如 Webquests 和 Geometer Sketchpad）。每门课程以一个探询式的教学问题为中心（比如，如何帮助学生发现课堂数学和现实生活的关联）。这些课程能让教师研究与教学实践相关的具体问题，并设计一个可以在他们自己的教学中使用的作品（一个教学计划或教学单元），并以此作为课程驱动问题的解决方案。从课程的高完成率，对满意度和学习结果的好评，以及教师在实际教学中的效果报告来看，此套课程已经达到相当好的培训效果（Duffy 等，2006；del Valle & Duffy，2007；Osman & Duffy，2006）。

尽管我们的目标学习者给予了绝对的好评，但是我们的同行们则提出了系统中缺乏合作学习和学习者互动的质疑（比如，他们问我们这是否是我们想在教师中推广的培训模式）。虽然我们也有类似的相关问题，但在过去九年对 LTTS 的研究和开发中，我们曾多次尝试在系统中引入学习者互动，却只发现这些尝试被教师们排斥或忽视。从结果看，我们未能突破那种妨碍教师参与相互交流的闭门文化（closed-door culture），教师们甚至都没能看到互动的价值。

在本章中，我们探讨了在 LTTS 的学习环境中来设计教师间在线合作活动时所面对的设计问题和取舍，并提炼了我们对最终设计原则的理解。我们采用了基于设计的研究方法，这种方法以理论驱动研究设计，然后进而以研究改进理论（Brown，1992；Design Based Research Collaborative，2003）。我们先展示现行的 LTTS 系统并总结评估结果，然后一步步讨论这个最终平台的整个设计的周期：我们的设计初衷及实施、根据小规模测试结果所进行的修改，以及我们多次引入的学习者互动的尝试。最后，我们总结讨论了对教师间的合作和在线合作的思考以及其更广泛的意义。

现行的 LTTS 系统

LTTS（http：//ltts. indiana. edu）约有 60 门涉及多种内容和技术领域的、针对教师专业发展的探询式在线课程。每门课程旨在支持教师设计探询式课程，将技术设计成学生探询式学习中的工具，同时满足课程内容标准。所有的课程都允许教师进行自定进度的学习，并能单独完成。这样能为教师提供一个选择和他们自己目前的教学需求相关的专业发展机会。由于 LTTS 课程教学不基于学期或班级，因此教师们可以按照自己的情况在任何时间开始一门课程的学习。教师有 12 周的时间来完成课程所要求的预计 30 小时的工作量①。教师可以自由地选择何时来参与课程的活动并安排他们的进度。课程中唯一的限制是必须在 12 周内完成课程。

课程采用以引导式问题解决为基础的设计架构。在这个架构中，教师从一个课程问题开始，通过一系列的任务，为他们自己的课堂定制一个教案。这个定制的教案要求以学习者为中心(McCombs & Whisler, 1997)、符合教学法规律、并且能针对相关的课程标准。比如，有一门课程的标准是通过展示数学与其他学科和现实生活的关系，使数学学习对学生更有意义。课程所提出的策略是开发一个能动手操作的学习单元让学生去调查研究股票市场的情况，并学习如何使用电子表格分析数据来作出有关股票的金融投资。完成这个课程的教师将要为自己的课堂开发一个单元计划。这个计划要让学生通过模拟投资股票市场的体验来理解数学在现实生活中的应用。

为了从问题转移到解决方案，教师们要完成 4 到 7 个核心任务，这些任务将为教师提供大致的学习目标并能鼓励教师们确定课程中探询问题的具体细节以帮助他们开发最终作品。他们会通过提出问题、研究问题、作出与他们自己教案相关的决策、反思和修改这样一个循环的过程来工作。在线课程的材料给每个任务提供任务的描述和必须上传的内容、完成的任务指南，以及学习资源的链接(主要是与目标任务相关的其他外部网站)。每个任务的结果都会作为课程最后上传的作品的组成部分，所以，这里有一个创造积累的过程。每个任务还要求教师提供在开发教案各部分时所做的设计决策的理论依据。最终课程成果是一个完整的能解决他们所探询的核心问题的教案(比如，我如何能帮助我的学生使用技术进行研究和分析金融信息?)。教师还要完成一份对过程和课程教案的反思并解释教案设计的理论依据来说明其所设计的教案如何应用了探询式学习理论、具体的课程标准和此课程的学习概念或原理(比如，如何使用电子表格跟踪股票市场趋向)。

受培训的教师在课程学习的过程中会有一位 LTTS 团队中经验丰富的教师作为导师以支持学习。导师会欢迎教师们加入课程，并在课程的每次活动中围绕要提交的作品提供引导和互动。导师将对每个上传的作品提供反馈，并问一些提示性的问题以促使教师更深入地考虑他们可能还没考虑到的问题。导师可能还会要求一些说明和细化、提供优化教案的意见，或推荐可能对教师有用的特殊资源。导师还会鼓励教师，并在必要时提醒任务的截止时间。我们认为导师辅导是这套课程学习体验中极为重

---

① 我们注意到很多教师都反馈他们使用了远多于 30 小时的时间来完成一门课程的学习。

要的一个方面。参加课程的教师所提交的内容中约有 50％是经过导师反馈后修改的。有趣的是，这些修改大部分都是教师自己的意愿，而不是因为导师的要求。和处理每个中间任务一样，导师会针对最终教案提供反馈，教师依然能够有机会进行进一步的修改。完成课程后，导师会给教师颁发一份完成课程的证书。

LTTS 的整体评估与影响

在另一个研究中（Duffy 等，2006），我们对 107 位在当前的 LTTS 系统环境中注册课程的教师实施了一个评估研究，并讨论了这次评估的细节。基于对自我报告的数据和教师工作质量的分析，整体的评估呈现出非常好的结果。在所有的参与教师中，共有 84％的教师完成了他们的课程。此完成率高于一般在线课程 40％—70％的完成率（Hezel Associates，2003）。完成课程的教师满意度也很高。一个使用 Likert-scale 方法的调查结果分析，有 87.8％的教师同意或非常同意他们在课程中"学到了很多"。这一点与他们过去在技术或以学习者为中心的教学方面的经验无关。另外，90％的教师表示他们期待学为所用，在他们的真实的课堂中使用新学的教案。综合数据表明教师认为 LTTS 课程与他们的课堂实践相关并有利于课堂实践。

正如 Bitan-Friedlander，Dreyfus 和 Milgrom（2004）所指出的，专业发展的最终目标是改变教师的实践，而不仅仅是提供教师学习的体验。为了研究 LTTS 课程是否真正影响课堂教学，我们在 6—18 个月前完成了一门 LTTS 课程的教师中选取了 20 位教师，并对其实施了一次跟踪的问卷调查。半数的受调查者表示他们已经实施了在 LTTS 中开发的教案，另外有两位表示他们计划在教学中遇到相关课程时使用该教案进行教学。所有 10 位已使用教案的教师都表示他们的教学很顺利，部分教师特别提到明显提高的学生参与度。调查中唯一提到的是探询式课程在实施中的耗时性问题。

接着，我们还较笼统地问这组教师，他们在 LTTS 的经历是否影响了他们的教学实践。20 位教师中的 15 位表示有影响。具体来分析，有 8 位教师表示他们更趋向于应用基于探询式教学的策略，有 5 位表示他们在教学中更加以学习者为中心，有 5 位表示他们已准备好在自己的课中运用技术，有 3 位表示学习 LTTS 课程对他们如何计划其他课程有帮助。例如，一位受调查者说："LTTS 课程让我着眼于整体课程，并鼓励我用一种吸引学生的方法来教代数。"另一位教师评论道："在 LTTS 的经历影响到我如何设计教案。我更注意我的学生和他们的需求。"我们承认自我报告的数据不能为证实教师在实践中的变化提供强有力的证据,但是教师对一个开放式问题所作出的如此具体的回答表明了在某种程度上 LTTS 课程影响了教师如何思考教与学。此外,在另一个对 59 位 LTTS 参与者的研究(del Valle & Duffy, 2007)中,研究者使用三个项目来评估教师的自我报告,以衡量教师在其他课程中应用在 LTTS 中所学的知识的程度。这三个项目的内部一致性(Cronbach's alpha)的 alpha 值为 0.90。在 5 分制的 Likert 测量中,所有教师"预期在自己的课堂中应用所学到的新知识"的平均得分为4.67。

总之,此次评估研究表明 LTTS 成功地让教师积极地投入到创建他们认为与自己的课堂实践相关的作品中去。这些结论与各种鼓励使用个人有意义的活动与教师参与的方法达到高质量专业发展的培训标准一致(Elmore, 2002;Hill, 2004)。LTTS提供了一个成功的教师专业发展模型,这个模型能满足教师个人需求,并可能影响他们的课堂实践,使其更接近以学习者为中心的方法。

在这个部分,我们描述了最终的 LTTS 系统并提供了体现它是一个成功的专业发展培训系统的调查数据。本章的剩余部分会叙述我们的基本设计承诺,并提供我们的研究细节,以便帮助读者更好地从各方面理解这些承诺,以及这次研究如何改变了我们对在这种环境下的学习的理解。具体地说,我们将把注意力集中在 LTTS 中互动和合作的作用上。关于合作,我们已知道其在学习过程中的重要性。合作给予学习者一个检验他们理解的机会,让他们接受他人的挑战,并通过互动来扩展和加深他们的思考(Savery & Duffy, 1995;Duffy & Cunningham, 1996;Duffy, Dueber & Hawley, 1998;Wise & Duffy, 2008;Robinson, Wise & Duffy,出版中)。因此,在保证我们设计承诺的同时,我们在 LTTS 中为实现学习者互动和合作探索了多种策略。让我们先从我们的设计承诺及其理论依据的描述来开始我们的下一步讨论。

最初设计:承诺和结果

LTTS 的开发基于一套解决与使用探询式学习的设计承诺,此设计结合了相关的理论、教学法和实践问题(Duffy 等,2006)。我们在本章中所关心的是两个与教学传递相关的承诺。第一个承诺是课程的材料和学习体验必须要与教师自己的课堂实践和教学需求相关联。第二个承诺是 LTTS 所提供的学习机会必须为教师提供易访问性和灵活性。下面我们逐一讨论每个承诺,它们实现的原则,以及它们如何一起引导我们为 LTTS 作出一种个性化学习的设计。

教师教学相关性

如前文所述,教师教学实践中的变化是专业发展成功与否的最终判断标准(Bitan-Friedlander 等,2004)。尽管有此目标,很多专业发展课程仍专注于通用原理和策略而脱离了参与教师的现实课堂,让教师自己去琢磨如何在教学实践中运用这些理论(Consortium for Policy Research in Education,1997)。很多教师都发现从理论到实践的这个鸿沟难以逾越。专业发展和教师目标及课堂需求的相关性已被广泛地包含在专业培训发展标准中(Elmore,2002;National Partnership for Excellence and Accountability in Teaching,2000)。实际上,Garet,Porter,Desimone,Birman 和 Yoon(2001)认为这个方面是专业发展培训的三大关键因素之一。另外,研究者们已经开始注意到那些注重使用与课堂活动直接相关的材料和知识的培训对教师专业发展的益处(Banilower,Boyd,Pasley & Weiss,2006;Corallo & McDonald,2002)。

因为有效的专业发展需要相关性,而相关性的一个重要方面是帮助教师在学习材料和他们自己的课堂之间建立联系(California Comprehensive Center and American Institute of Research,2006;Hill,2004),设计与教师及他们的课堂相关的专业发展课程是我们的主要目标之一。我们提出了三条原则以支撑我们对此目标的承诺。

首先,学习必须置于一个教学问题中。在 LTTS 中,我们以教师们在课堂中教授核心课程时通常会遇到的具体问题来解决教师对相关性的需求。我们推断如果我们的课程能帮助教师设计和开发教学策略以满足他们的教学需求,他们将更有可能在课堂中应用这些在培训中习得的知识和技能。为了确保相关课程主题的选择,我们在开发第一组 LTTS 课程时组织了一组教师参与开发,并根据他们在课堂中的研究领域来帮助我们确定课程主题。

第二条与相关性有关的原则是系统需要提供多种选择以便教师能够找到与具体教学需求相关的问题来参与。在教师发展培训中,一种方法并不适合所有人,而且课程问题也不总是与所有的教师有关。但是,传统的面对面的专业发展培训课程的内容通常比较宽泛,而且还要配合主讲教师的时间安排。网络所具有的任意时间/任意地点的特性缓和了这些时间和协调上的限制并且允许课程专家们在有时间的时候开发课程。用这种方法,我们能建立一个庞大的专注于教学问题的课程库。我们相信这个课程库能够吸引各个方面的教师参与。因此,拥有一个 60 多门课程的课程目录,且很多都是交叉学科的课程,是 LTTS 设计的一个重要方面。

最后一个与相关性有关的原则是学习活动需要关注能够直接应用到课堂的学习结果。这个原则认为专业发展不仅要达到短期内的简单变化,而且要帮助教师迈出第一步(且可能是最难的一步)去更广泛地改变他们传统的课堂实践。通过实施一个在专业发展培训课程中开发的教案或单元计划,教师们将在理论和实践之间构架起一座桥梁,并且开始建立运用新技术和技巧的自信——这是判断教师变化的一个重要因素(Bitan-Friedlander 等,2004)。

这三个原则的结合使得我们在为教师设计专业发展的学习体验时,对相关性的承诺得以实现。在 LTTS 平台上采用的个性化在线学习的方法为我们提供了一个独特的机会来实现相关性的设计,这在基于小组的面对面的传统专业培训环境中是做不到的。

易访问性

我们的第二个与教学传递相关的设计是要创造一个灵活的、易访问的专业发展环境。在专业发展中,常见的访问性问题是教师必须在指定的时间和日程参加培训。教师通常已经满负荷工作,而专业培训需要教师们在非常繁忙的日程中挤出时间(Scribner, 2003)。虽然有强有力的证据表明持续的专业发展对教师学习和改进教学实践是必需的(Banilower 等,2006;Richardson & Placier, 2001),但是由于很难统一众多教师的培训日程,加上支持教师专业发展的资金的问题,大部分的教师培训只能是一次性的讲习班(Parsad, Lewis & Farris, 2001)。

为了内化知识和技巧,教师需要时间来处理、实验和反思他们所学的内容(Blumenfeld 等,1991)。当然,如果体验持续太长时间,他们的注意力可能会被分散。因此专业发展培训体验应当发生在有一定长度却又有限的一段时间内。Banilower(2006)等人在一个课程设计指南中建议一般课程长度为 30—80 小时。尽管 LTTS 课程的时间处于这个范围中的下限,但是我们相信每门课程的关注范围以及教师学习多门课程的便捷性能让 LTTS 为支持教师学习提供足够深刻和持久的学习体验。

我们制定了设计 LTTS 的三个原则,以为教师创建一个专业发展机会,提供一种易访问的、灵活的和持久的体验环境。第一个原则是在课程实践的范围内针对具体的课堂问题提供焦点课程。我们在整学期的课程(那种教师可能会犹豫是否要参加的课程)和一次性的讲习班(通常不能有效影响实践的课程)之间寻求平衡点。因此,LTTS

课程被设计为让教师在有范围限制的某个课程问题上持续地进行学习的模式。

第二个关于易访问性的原则关注的是创建一个即时（just-in-time）模型。教师需要能够在他们有需要或有时间的时候选择参加专业发展的培训课程，而不是有人提供了一门课程（或者仅当有一批教师准备选择这门课程）的时候才能参加。因此，LTTS课程被设计为可以在任何时候开始，并且教师一旦完成课程后，就可以将课程的成果在课堂内实施。

最后，我们的第三个关于易访问性和灵活性的原则是教师需要能够按照他们自己的进度进行学习。虽然在线学习常常意味着"任意时间，任意地点"的学习的可能性，但对教师来说最重要的是进行"任意进度"的学习。教师需要灵活地选择什么时候学习（比如，早上或晚上）以及选择自己学习进度（比如，如果学校工作需要的话，他们需要暂停一周，或者可能在一段时间内集中学习）。自定进度学习是我们在LTTS中使用的基于网络途径的特点之一。

个人化

很明显，我们对于学习机会的灵活性和相关性的承诺让我们在设计LTTS时作出了很多设计决定。从我们为教师创建的具体课程和在线系统本身的设计上来说都是这样的。具体来看，为了最大化LTTS的相关性和灵活性，LTTS的最初设计是一个供个人自学的系统（注意，其中并未包含一个导师）。教师能在任何时候登录系统，在60多门课程的目录中搜索以寻找一门与自己相关的，能解决实际教学问题的，能按照自定进度进行学习的课程，并能开发一个为他们的需求和情况定制的，能直接在他们的课堂中应用的教案。

不过，提供这样的灵活性和相关性也要付出一定的代价。为了坚持设计原则，我们碰到了在教师的实践需求和我们对同伴合作学习环境的重要性的理论信念之间的困难抉择。我们认为传统的课堂环境有潜力提供一个学习社区。此学习社区将为发展学习者的理解和激发学习者的学习动机提供相互间的支持。最重要的是，我们看到了学习小组在验证或质疑小组成员关于教学想法方面的作用，比如，帮助每个成员发展作为教师的特质。但是，我们对相关性和易访问性的设计承诺使得小组式学习不太可能实现。而且，基于课堂或班级的教学环境不太适合创建灵活的、个人化的学习机会。

尽管我们以任意时间、任意地点和任意进度学习的承诺为中心，我们还是很重视在专业发展过程中的学习者互动和合作。我们知道教师只有有限的时间和机会来分享他们的问题或教案。因此在我们第一次尝试将学习者互动引入个人化 LTTS 系统中时，我们让教师参与一个关于他们教案的异步论坛。这个想法是指，当教师完成他们的每个任务后能在一个"点子分享"（idea sharing）的空间内发布他们已解决的或所产生的问题。每门课程和任务的讨论空间是独立的。这个做法让学习相同课程的教师们即使在没有形成小组学习的情况下也可以分享自己的想法、关心的问题、碰到的困难，以及他们认为重要的点子来相互支持。此外，他们还可以分享他们的教案或者教案的一部分。

在 LTTS 的个人化自定进度学习的设计中，我们问了这样的问题：当教师在一个专业发展培训系统中有机会（和责任）去控制自己的学习和互动时会做什么？我们的学习任务的介绍和资源是否为教师的学习提供了足够的支持？他们会不会充分利用我们所提供的扩展资源或是仅仅采用一种最省力的策略？教师们是否会乐意自己独立工作或者感觉需要和系统中的其他人互动？如果需要交互，那么使用论坛和同一课程中的其他教师进行讨论是否能满足这个需求？

评估原始设计

在 2001 年，我们对原来设计为没有导师的自学式设计进行了一次形成性评估（formative evaluation），有 13 位使用 LTTS 系统的教师参加了这次评估（Orrill, Calhoun & Sikes，2002）。评估中，我们要求教师从最初开发的一组课程中选择一门，并告知他们预计需要花 10—20 个小时来工作。（注意，由于课程结构的变化，这个推荐的时间和当前系统中所推荐的时间不一样。）评估过程中，有两位参与者表示需要更多的反馈，他们只接收到来自 LTTS 工作人员的有限的反馈，而且大部分是学习动机方面的反馈。

这个早期的 LTTS 设计有很多特点被证实是成功的。教师们反映他们的整体体验是有价值的。在课程结束时的一份 Likert-scale 形式的问卷调查中，完成问卷的 11 位教师中的 9 位教师认为他们在 LTTS 中的经历会帮助他们成为更好的教师；所有 11 位教师都认为他们对在课堂中应用技术的能力方面的信心提高了；所有的教师都认为他们愿意推荐 LTTS 给同事；10 位教师认为他们愿意在自己的课堂上使用他们新开发的教案。

作为形成性评估的一部分，教师们被问及他们认为 LTTS 中什么是有价值的部分和什么是没有价值的部分。即使在这个早期版本中并没有提供导师的支持，参与的教师也认为他们喜欢自我导向式的学习（13 位中的 8 位），并提到系统提供的灵活性和便捷性很有意义。另外，7 位教师说到他们喜欢开发能应用在课堂中的作品。不过，有 4 位教师说到缺少学习日程或保持完成课程的责任心对他们来说是一种挑战。

　　我们也考察了教师是如何在 LTTS 系统中组织他们的工作的。整体上教师们在自定进度的、以活动为导向的环境中做得很好，并且几乎所有人都设定了在 4—6 周内完成课程的日程安排。但是，他们没有利用系统的灵活性在任务间切换，比如观察接下去是什么活动，或者回顾一下前面的步骤。实际上，部分教师还是采用一种完成一系列课程作业的方法在完成任务，即每周完成一个任务。这种情况发生的部分原因有可能是受到评估小组每周访谈的影响，使得教师认为他们需要完成课程任务以保持学习的进程。虽然评估小组从没有说需要每周都有进展，但是教师可能对访谈感觉有压力，觉得要为每次安排的访谈准备他们正在学习课程的证据。

　　在这次评估中，我们在教师完成课程时所采用的途径中看到了一个典型的用户模式。基于我们的访谈数据、每个活动的自我报告时间和我们查看的每次活动上传的内容，所有教师（除了 2 位外）采用了一种很侧重任务的方法，简单地完成每次活动的要求并上传成果。他们似乎没有把这个课程看作是一次加深和丰富经验的学习机会，他们的工作是由产品驱动的。因此，他们并没有像我们预期地那样投入探索和发展他们的理解，而只是关注到课程中要完成任务所需要的基本信息。实际上，教师平均只花了 8.5 小时就完成了课程，而不是之前期望的 10—20 小时。

　　相反，一位充分利用了各方面学习机会的老师在课程上花了约 33 小时。不像其他的参与者，她利用这次学习机会阅读了所有课程提供的信息，把在自己课堂上做研究当作她专业发展过程的一部分，而且还与她的同事讨论课程中的工作。当这位老师在课程以外寻找对她的学习的反馈时，其他大部分老师都没有收到这种外在指导。正如之前所说，只有两个教师收到了导师的反馈——这些反馈都是为了保持较高的学习动机而不是让教师投入到严谨的反思或更深层次的学习。

　　由于缺乏在质量上的指导和反馈，大部分的教师都靠自己来判定学习过程和作业的质量。这使得一些教师以课程所提供的资源中的例子为基准来判断自己工作的质量，而另外一些教师则简单地通过他们自己是否喜欢自己的作品或是在课程上花了多少时间来判断。教师没有使用课程目标或是自测工具来决定他们的学习方向是否正确,也没有使用所提供的论坛来提问或与课程中其他教师进行交流。

在系统的第一次迭代中,论坛使用的缺乏也归因于一些实践问题。比如,当尝试使用论坛时,一些教师有技术上的困难。其他情况还有,在一门课程中,教师可能是第一个(并且是仅有的一个)注册用户。这就意味着当他们进入论坛时,里面是没有内容的,也没有人会回复他们发的帖子。虽然论坛很少被教师运用,但他们评论道,如果在他们进入论坛时已经有帖子或能收到回复的话,论坛可能会有用些。总之,LTTS的原始设计没有能有效地支持教师的互动。

在系统中缺乏互动和反馈可能可以解释在评估过程中浮现的一个问题。参与的教师通常表示他们对课程的作品满意;但是,LTTS小组却感觉很多作品都不满足LTTS的预期要求。一种可能是在此次评估中完成课程的大部分人侧重于如何在他们的课堂中运用技术,而不是改变他们的实践。实际上让教师在教学实践中产生变化才是LTTS的主要目标之一。这点在他们的最终教案中反映出来,即融入技术是为了有趣或是使用技术的功能,而不是作为课程的主要教学工具。

课程作品的第二个问题是教案阐述的深度不够,并且缺乏教案中所做决策的理论依据。似乎如果没有一个真正的读者或反馈,就没有足够的框架来支撑教师去推动自己把想法清晰地表达出来。关于这个问题的一个主要挑战是教师需要在今后的课堂中实施这个教案。如果没有足够的信息,他们将只有一个框架,这可能会降低其教学中的探询式学习和技术运用方面的质量。

第三个有关缺乏反馈的问题是教师对在每门课程中累积活动作品感到有些多余。一旦教师已经完成了所有的任务,他们不认为这最后一步,即把这些任务合并成一个教案,有什么意义。在没有其他读者的情况下,这次评估中的教师表示他们不觉得把每次任务中的作品合并成一个最终的作业形式是有价值的。然而,LTTS希望通过这个任务能让教师在改善他们之前的作品的同时也对他们的学习和作品进行反思。

综合这三个问题,让教师在LTTS中自己学习似乎是一种"做完便接受(make and take)"的体验。"做完便接受"学习班关注于简单地制作一个可以立即在课堂上使用的作品,而LTTS的设计是帮助教师提高概念认识,这些概念要能体现在将LTTS中所做的作品应用到其他课堂的教案中。这次形成性评估中的教师没有理解或意识到这个差别。这是一个很重要的差别。"做完便接受"学习班没有遵循专业发展培训的基本标准,因为它们不是持久的,没有扎根于与课堂相关的活动,且没有注重对教师课堂教学需求的支持。它们的目标是简单地给教师一些能在课堂上试用的东西。第一次评估的结果告诫我们要避免让教师把完成专业发展培训当作一种形式上的体验,而是要把它作为一次深度学习的活动,这需要更多实时性的个性化指导。

教师自己也提出了需要更多支持的需求,并对系统中自定进度学习的设计表示了肯定,6位老师提到他们喜欢独自工作并提到他们希望能有些反馈和(或)合作。13位教师中的10位,包括前面的6位,说他们不喜欢没有反馈和(或)合作的经历。另一方面,那两位得到反馈的教师都表示他们喜欢得到反馈。进一步来说,虽然他们没有利用系统提供的(有限的)学习者互动的机会,但是一些教师明确表示他们觉得与其他教师互动是有价值的。

在这个首次评估结束时,我们可以肯定我们的两个设计承诺,即相关性和灵活性,是有价值的,并且已在 LTTS 系统的设计中实现。我们看到教师们能够并且愿意在一个自定进度的在线学习环境中创作与他们的教学相关的作品。他们喜欢这个专业发展的机会而且觉得它很有价值。同时,我们觉得为了获得最大化的学习效果,教师们需要某种互动来提供学习责任感和给予建议,来推动他们更严谨地思考和反思他们的工作。我们作为设计者的任务是找到最好的途径来解决这些挑战,同时又要保证相关性和灵活性这两个 LTTS 中关于专业发展的设计初衷。

将互动融入到任何时候、任何地点、任何进度的专业发展培训中

为了应对这次形成性评估中出现的需求,在下面一次的设计迭代中我们计划通过引入导师辅导和充实学习者互动活动的方法来达到提供学习责任感和反馈的功能。从维持相关性和灵活性的设计承诺来讲,导师辅导是一个很有吸引力的形式。导师被指派给选课的教师个人,以便配合教师的学习日程来提供个性化的反馈。导师的角色是完成上述的两个互动需求:第一,鼓励上传作品的教师把他们的想法充分地表达出来;第二,导师针对活动中上传的作品进行反馈,激励教师更深入地思考他们的工作。注意,从一开始,导师的指导需要反映对基于探询的教学法的要求。就是说,我们不希望导师告诉教师要做什么,而是要提出问题。提出探究性问题具有一定的成本效益,它可以避免导师陷入教师教案的设计细节以致最后自己对教案进行重新设计,还可以让一个导师同时辅导多个教师。

我们的导师辅导策略非常成功,而且就系统而言,从初期的系统到本章开始时所

介绍的最终系统,只发生了很小的变化。实际上,加入导师辅导这个过程的唯一实质性变化是导师辅导管理工具的设计(del Valle & Duffy, 2005)和一个正式的导师培训过程的开发。在我们最近一次对最终版本的LTTS的评估中(Duffy 等,2006),教师们都表示导师辅导是一个非常有帮助和有价值的系统特性。在课程后的调查中,92%的教师同意或强烈同意"导师在课程中对我有很大的帮助"。在问及课程中什么特性最有帮助这样一个开放式问题时,导师辅导占首位(44%)。在问及课程中他们最喜欢的是什么时,导师辅导占第二位(20.5%)。总之,在初期评估中出现的问题已被解决而且教师们对这个方案表示欢迎。

特别有趣的是,在这些关于导师辅导的结果中我们发现系统中总体的导师辅导程度较低,每位教师只受到约 3.5 小时的辅导。这包括了导师阅读教帅上传的内容和提供反馈的时间。假设教师们都使用相同(或更少)的时间来阅读导师的评论,那么对于30 个小时的课程工作量来说,阅读导师反馈是相对较小的一个比例。然而,学习的相关性增加了反馈的价值。相对于在典型培训环境中只针对教学中的一般问题,在LTTS课程中的教师对自己的教案的专注增强了反馈的价值。相关性和导师反馈的价值可以在教师根据反馈的情况对作品做的修改和再上传率中得到体现。尽管导师很少要求一定要做修改,但是有 50% 的教师会在收到导师反馈后修改自己的作品并重新上传。LTTS 的设计再一次体现了专业发展关于教师相关性的标准;这次评估结果显示了相关性在教师满意度和学习效果上的作用。

在我们实施 LTTS 的经验中,我们看到了导师辅导的其他作用。例如,导师在开始时能提供一个友好的、鼓励的气氛。我们在一次实验研究中测试了这个角色的重要性。我们让导师提供一样的反馈,但是使用不同的语气来表达(Wise, Chang, Duffy & del Valle, 2004)。虽然教师们感觉到了一些不同(分别为友好的或有效的反馈),但在满意度、参与度和最终课程作品的质量上没有不同。这可能是因为无论友好的程度如何,简单的导师辅导就已经能满足社交性的需求,或者是 LTTS 的学习者并不需要多余的社交,他们只需要一种丰富的学习体验。这个发现对其他在线学习群体的适用程度是一个值得进行进一步研究的问题。

导师的存在也提供了一种责任性的感觉。这种感觉可能影响教师如何在学习中使用LTTS课程所提供的材料。我们最近对教师的工作模式,包括总体时间和投入课程的工作频率、对资源的访问量、使用导师的反馈和在不同课程元素中的灵活运转度,进行了一次分析(del Valle & Duffy, 2007)。总体结果呈现出教师会利用系统提供的灵活性,特别是按照自己的进度进行学习。在59位完成课程的教师中,我们发现了3种不同的学习方法,或者说工作模式。

大部分教师(59％)采用一种精熟学习导向的方法来完成课程,投入很大的、持续的精力,利用很多课程资源的优势,并且在课程元素间流畅地跳转。相反,22％的教师采用一种任务关注的方法,以较少的精力和较短的时间来成功地完成课程。这和无导师的LTTS版本的形成性评估中所呈现的模式很不同,当时12位参与者中有10位采用了这种任务关注的方法(占83％)而只有一位教师采用了掌握导向的方法。由于这些研究各自使用不同的人群和测量技巧,我们不能对所观察到的不同下因果性的结论,然而,我们确实注意到导师的加入是两次研究中唯一刻意的改变。在现有系统下进行一个实验研究来比较有导师和无导师这两种形式,能够确认导师辅导在教师自我导向工作模式中的效果。

在这次工作模式研究中的其他教师(19％)虽然也成功完成了课程,但却使用了一种简约主义(minimalist)的方法。他们用来学习的天数很多,但是相比他们的同伴,他们在线学习的时间很少,而且只利用了很少一部分系统所提供的资源。我们调查了这组教师和其他教师之间可能有的不同特性,其唯一显著的不同是这组教师在自我报告中表示喜欢小组工作(del Valle & Duffy, 2007)。这可能反映了教师对学习动力和学习社区的需求或者需要更多的指导和有结构性的安排。

为了解决这次工作模式研究中简约主义群体对合作的需求,我们准备了在LTTS中引入同伴合作的几种策略,同时还要维持我们对相关性和灵活性的承诺。我们的第一个策略着重于课程中每个任务的"点子分享"论坛的使用。论坛在形成性评估中没有成功,从教师的评论中可以发现这有可能是因为每一课程中的教师人数较少——在更早前的一次LTTS评估中,每门课程的每个任务都没有足够的教师来参与,因此当参加课程的教师访问论坛时,论坛里根本没有什么可以阅读的。我们认为随着LTTS中用户数量的增长,这些论坛将成为教师们很有价值的资源。

我们还建立了综合论坛,所有课程的学习者可以在任何时间访问它。这些论坛按照相关的主题进行组织(比如,"技术运用与专业发展"、"探寻式教学"和"课程标准"),这样教师们就可以找到他们感兴趣的论坛。教师们可以在每个论坛中回复已有的话题或发起新的话题。综合论坛的内容与教师自己在课程中的工作之间的联系不是很紧密,它可以作为对每个任务中"点子分享"论坛的补充,但是依赖于较大的群体(所有LTTS中的教师在任何时间都可以参与),它更可能产生实时互动的讨论。

可惜的是,这两种论坛都被冷落了,没有被使用,也没有被重视。教师们认为每个任务的"点子分享"论坛是额外作业。他们已经上传了他们的作品给导师。他们知道导师会及时地给予有意义的评论。教师们觉得让课程中的另一位教师在繁忙中回复他们的话题,并且是有用的回复的机会不大,在每次完成任务后花精力去发表话题似乎不太值得。即使在我们让导师特别地鼓励教师在论坛中作出贡献时,多数教师也只是敷衍一下而已。

对综合论坛的反馈也多数是负面的。教师们专注于完成课程中的任务,导师也会支持他们的这个目标,而且他们在课程中的工作和他们的课堂直接相关。从教师的角度来看,较一般的合作活动,比如基于主题的论坛,会分散他们在设计课程作品时的注意力。

如果论坛对教师的课程学习和专业成长不重要,我们推断让教师们一起完成一个课程可能会更有价值。组织一组教师或者是基于班级的课程可能会降低我们在LTTS中的灵活性,但是对那些希望合作的教师可能更有吸引力。对于课程的相关性而言,我们会面对一些取舍,课程将减少对与教师课堂直接相关的工作的支持,而仅为有关的讨论提供一个普遍的关注点。

为了解决这个取舍问题,我们提供了两种不同的小组式课程版本。我们使用的第一种策略是为一些最热门的课程召集教师一起来设计一个教案。我们的想法是,虽然教师自己选择课程,我们还是能够得到一个与该课程相关的教师小组。我们尝试的第二个策略是一个协商式的方法,类似于学习圈模型(Learning Circles Model)(Riel,1995),共同参与课程的教师为自己的课堂设计课程,但是要为课程中的其他教师的教案提供反馈。这样,教师会有机会发展出一个实践的社区(Lave & Wenger, 1991;Wenger, 1998),同时可以相互学习和支持。

不幸的是,尽管我们多次尝试提供小组版的LTTS课程,但我们仍没有能够召集到足够的参与者来开设一门课程。同时,个人化自定进度的课程版本却持续拥有相当数量的注册人数。即便我们对参与课程的教师提供补贴,情况还是一样的。教师们拒绝参加的理由是工作日程的冲突、总体工作量,以及他们对自己专业发展的特别学习目标使他们感到独立工作会更有效。似乎对相关性和灵活性的需求超过了与其他教师一起工作的愿望。

在课程学习中相关性和灵活性的极度重要性在我们最近的评估中得以体现。这次评估同时关注教师为什么来LTTS和他们在课程体验中觉得什么是重要的。在开始注册的时候问及为什么选择学习一门 LTTS 课程时（开放式问题），超过 50％的回应集中在两个主要的原因上：与他们的需求相关（26.8％）和灵活性（29.1％）。在课后的调查中，在问及他们在课程中最喜欢什么时（开放式问题），自定进度所提供的灵活性是最普遍的回答（33％）。另外，在一个 Likert-scale 形式的课后调查中，94％的教师同意或非常同意在课程中能按自己的进度学习对他们来说是很重要的。

在尽量与相关性和灵活性的原则贴近的前提下，我们在 LTTS 中做了最后一次学习者互动的尝试。在去掉了课程中每个任务的"点子分享"论坛和综合主题论坛后，我们为每一门课程建立了一个单一的论坛，叫作"学习体验"。这些不是传统意义上的论坛，而是一个收集教师们在完成课程后的体验的公共空间。在他们上传最终作品前，教师们被要求分享建议以使在 LTTS 中学习的教师在课程中得到最大的收获。在每门课程的主页上有一个链接可以进入这个分享空间，以便教师能够在课程开始的时候就从那些已经完成课程的教师的建议中得到帮助。

教师们已经在这些论坛上发表了大范围的评论、和课程内容相关的重要教学问题和管理课程中工作负担的实践策略。正如其他的设计决定一样，我们还是有所取舍的。在我们维持教师认为很有价值的灵活性的同时，我们牺牲了真正的合作。这些论坛没有体现出我们所认为的在学习过程中很有价值的对所学内容的检验或讨论，但它们确实在教学上起到了鼓励对学习过程进行反思的作用，以及为教师提供了向前人学习的机会。

经验教训：学习小组的角色和设计承诺的平衡

一个学习小组对专业学习有很多益处。学习小组提供了一个积极的社会环境，促使学习者全面地表达他们的思考，并推动他们多方面的思考，并能让他们讨论更深层次的理解。它还可以提供一个学习社区，通过这个社区，学习者们可以发展他们作为专业人士的特质。当然，仅仅是小组的存在并不能确保这些教学的功能真正发生。进一步说，当学习小组有潜在益处时，如果学习同伴的存在只提供了很好的社交体验而没有对学习提供真正的帮助，它也有可能会分散学习者的注意力。事实上，区分学习者的满意程度和真正的学习是很重要的。

虽然很多人提出（Collison, Elbaum, Haavind & Tinker, 2000；Salmon, 2000）并发现（Mikulecky, 1998）丰富的讨论与合作在网络环境中是可能的，但要达到这个程度的互动并不容易。即使在设计良好的基于班级的课程环境中,实践者和研究者都感到在线讨论缺乏对学习的贡献,这一点与在 LTTS 中所观察到的在线讨论的情况一样。还有,其他的研究者还注意到参与者常常偏好发表而不回复其他参与者(Collett, Kanuka, Blanchette & Goodale, 1999),主题式的讨论常常在参与者只看不说的情况下结束(Klemm & Snell, 1996)。很明显,为学习者开设一个在线论坛并不能保证对学习有帮助。

因此是否要在学习体验中设计加入学习小组的问题相对于一些更大的问题来说并不重要,比如需要什么教学功能来支持特定环境下的学习以及什么是实施这些功能的最有效的方法。我们对 LTTS 的小规模评估呈现了对责任性(学习动力和阐明自己的观点)和反馈(促进思考)的需求。虽然导师和学习小组都可以完成这些功能,但导师辅导的形式对相关性和灵活性影响更小,因此更合适。

导师还有一个优势,即他们的任务是考虑和满足教师的课堂需求。加入 LTTS 课程的教师都关注他们自己的问题,有自己的时间安排,并且希望有人能和他们关注一样的问题。这么一种情况导致了合作中的问题:教师间缺少共同背景,最终都是各说各的(Carroll, Rosson, Dunlap & Isenhour, 2005;Carroll 等,2003)。当一位教师谈论他或她的课堂和设计目标时,另外的教师能听到一些皮毛,但是他们无法分享隐藏在背后的更深层的认知。因为教师组织课堂的方法不同、与学生共事的方法各异,每个教师对他们自己教学环境的关注和对他人叙述的理解可能与本义有所不同。我们之前讨论过,如果专业人员没有以一个共同的基准点为基础来进行讨论,那么基于实践的讨论将导致词不达意的结果(Wise & Duffy, 2008;Wise, Duffy & Padmanabhan, 2008)。要让来自不同环境的教师之间的集体讨论变得有意义,必须要有一些共同的基础。我们已经开始了为教师讨论提供基准课堂的实验研究,并且已经发现这些辅助手段的设计对它们的使用非常重要(Wise, 2007)。

一个学习小组还可能有什么其他功能呢——提供一个积极的社会环境和社区使教师可以发展各自的专业特性?我们的一次使用多种社会交流方法的实验揭示了不管是谁或那个人的社交程度如何,这种社会交流方法都能提供一个充分积极的社会环境(Wise 等,2004)。导师的真正价值来自于他或她所提供的反馈,而不是他们的友好程度。这个结果让我们开始对在同伴合作环境中常被提倡的社交性的价值问题产生疑问。当然这是一个待测试的假设,并且如果社会活动被设计为提升信任度或一些其他能影响合作学习的因素,那么正面的效果可能会被发现。

我们还剩下一个形成专业特质社区的问题。在我们的最后评估中只有很小比例的教师提到除了导师以外还需要一个学习小组。在我们提供小组课程的时候,我们没能召集到足够多的教师来开设一个课程。相关性需求和日程的因素似乎超越了他们希望能与同伴一起学习的愿望。我们也许不用为教师没有把小组学习看得很重要而感到吃惊。很明显当教师们为一个共同的学习目标而一起工作时学习小组具有巨大的价值(如,Kazemi & Franke, 2004;Sherin & Han, 2004;Rogers 等,2007),但是在教师的日常工作中这个方法还不是很普遍。再加上我们在初始尝试中结合了新的元素,即在教师还不熟悉的环境中(在线系统)推广教师互动,因此在 LTTS 中教师并不觉得小组学习很有帮助。

尽管很多人致力于改变教学文化,但是教师常常还是独立工作的(Fulton, Yoon & Lee, 2005)。我们认为我们最近的评估数据结果中包含了这种独立工作的文化。只有27%的参与教师同意或非常同意他们会和其他教师一起完成课程;当问及他们的 LTTS 课程有什么需要改变的时候,只有 10% 的教师觉得课程中缺乏与其他教师的互动。

LTTS 小结与展望

我们依然觉得在很多情况下一个社会化的环境对激发学习动力、提供促进学习的质疑、提供特质发展的情境是很重要的。然而,在 LTTS 的特殊环境下,我们发现个人化的导师辅导比一个学习小组更有效。这个结论是这样得来的:我们的教师几乎排斥所有被引入的学习小组和合作尝试,在研究中出现的对学习小组的不足之处的理解,以及个别化导师在支持教师学习上的价值和功效。

我们相信有两个影响在 LTTS 中进行合作的情景化变量:我们的参与者作为教师的当前状态和学习任务的个人相关性。首先,我们认为参加培训的教师已经具备了作为教师的基本特质,因此我们相信一位拥有更渊博知识的人(导师)至少和学习小组一样可以支持教师的学习并更加有利于教师特质的发展。教师可能觉得导师更有知识和经验,所以导师的反馈要比同伴的反馈更具有价值。

也许比教师特质更重要的是学习任务的个人相关性和每个教师都具有不同学习任务(每个人都有他或她自己的课堂需求)的事实。这些不同点会使得合作学习环境效果不佳,甚至会干扰学习。个性化的学习任务与教师相关并且是教师的学习动力。他们不需要同伴来激发此动力因为他们的工作已经让自己积极地投入到学习中去了。另外,因为我们特别设计的课程是为了应用到每个教师的个别课堂,同伴间交流的细节程度要达到能在具体任务情境下支持学习是很困难的(Wise & Duffy,2008)。

我们把 LTTS 与那些注重学习原则而不是和个人相关的学习任务的培训环境做了比较。一个学习小组在那种环境下可能会非常有效,因为小组的成员可以在很通用的层面上提供应用这些原则的例子。然而,我们质疑这些通用的学习任务是否足以帮助教师在自己的课堂中有效地应用这些原则。这就像一本课本,很通用,但是当遇到真实的应用情境时就会发现缺少一些必需的细节(Barrows:《个人通信》)。

我们还把 LTTS 和更典型的以问题为中心的学习环境做了比较。在以问题为中心的学习环境中,一个教学团队共同解决一个与所有人相关的问题。在那种情况下,所有的团队成员都有一个共享的基准点。然而,教学中很少有这样的环境。日本的课例研究是个例外,在课例研究中一组教师一起进行一节课的开发、实施和改善,然后所有的教师最终都会在他们的课堂中使用这课例(Fernandez & Chokshi,2002;Fernandez,Cannon & Chokshi,2003)。

总而言之,通过我们反复开发的过程,我们不仅开发了一个健全的能支持教师学习如何在探询式教学中运用技术的学习环境,而且也提炼了我们对合作在学习过程中的作用的理解。在这 9 年的努力之初,我们没有预料到我们对合作学习的信念和理解会遇到这样的挑战。无论如何,LTTS 为我们的参与者和作为设计者和研究者的我们自己都提供了一个丰富的学习环境。

致谢

本章作者真诚地感谢参与 Learning to Teach with Technology Studio 项目的系统设计、开发和评估的所有成员。我们特别要感谢 Gihan Osman 和 Lara Malopinsky,他们带领了部分在本章中提到的研究。LTTS 的项目经费来自美国教育部的 Improvement in Post Secondary Education's Learning Anytime,Anywhere Program 基金(基金号 P339B990108‐01)。在这里汇报的结果是作者的观点,未必代表教育部的观点。

(叶海松　译)

参考文献

Banilower, E. R. , Boyd, S. E. , Pasley, J. D. , & Weiss, I. R. (2006). *Lessons from a decade of mathematics and science reform: A capstone report for the local systemic change through teacher enhancement initiative*. Chapel Hill, NC: Horizon Research Inc.

Bitan-Friedlander, N. , Dreyfus, A. & Milgrom, Z. (2004). Types of "teachers in training": The reactions of primary school science teachers when confronted with the task of implementing an innovation. *Teaching & Teacher Education: An International Journal of Research and Studies*, *20*(6),607—619.

Blumenfeld, P. C. , Soloway, E. , Marx, R. W. , Krajcik, J. S. , Guzdial, M. , & Palincsar, A. (1991). Motivating project-based learning: Sustaining the doing, supporting the learning. *Educational Psychologist*, *26*(3 & 4),369—398.

Brown, A. L. (1992). Design experiments: Theoretical and methodological challenges in creating complex interventions in classroom settings. *The Journal of the Learning Sciences*, *2*(2), 141—178.

California Comprehensive Center (CACC) & American Institute of Research (2006). *Research summary supporting the nine essential program components and academic program survey*. Retrieved March 31, 2008, from http://www. cacompcenter. org/pdf/aps _ research _ summary. pdf

Carroll, J. M. , Choo, C. W. , Dunlap, D. , Isenhour, P. L. , Kerr, S. T. , MacLean, A. , & Rosson, M. B. (2003). Knowledge management support for teachers. *Educational Technology Research & Development*, *51*(4),42—64.

Carroll, J. M. , Rosson, M. B. , Dunlap, D. , & Isenhour, P. (2005). Frameworks for sharing teaching practices. *Educational Technology & Society*, *8*(3),162—175.

Collett, D. , Kanuka, H. , Blanchette, J. , & Goodale, C. (1999). *Learning technologies in distance education*. Edmonton, AB, Canada: University of Alberta.

Collison, G. , Elbaum, B. , Haavind, S. , & Tinker, R. (2000). *Facilitating online learning: Effective strategies for moderators*. Madison, WI: Atwood.

Consortium for Policy Research in Education (CPRE). (1997). *Policies and programs for professional development for teachers: Profiles of the states*. Philadelphia, PA: Author, University of Pennsylvania.

Corallo, C. , & McDonald, D. H. (2002). *What works with low-performing schools: A review of the research*. Charleston, WV: AEL. Retrieved March 31,2008, from http://www. edvantia. org/products/pdf/WhatWorks. pdf.

del Valle, R. , & Duffy, T. (2005). LTTS: A course management system for online inquiry learning. In *Proceedings of the 21st Annual Conference on Distance Teaching & Learning*. Madison, WI.

del Valle, R. , & Duffy, T. (2007). Online learning: Learner characteristics and their approaches to managing learning. *Instructional Science*. ISSN 0020 - 4277 (Print) 1573 - 1952 (Online).

Design Based Research Collective (2003) Design based research: An emerging paradigm for educational inquiry. *Educational Researcher*, *32*,5—8.

Duffy, T. M., & Cunningham, D. (1996). Constructivism: Implications for the design and delivery of instruction. In D. Jonassen(Ed). *Handbook of research on educational communications and technology* (pp. 170—198). New York: Simon & Schuster.

Duffy, T. M., Dueber, B., & Hawley, C. L. (1998). Critical thinking in a distributed environment: A pedagogical base for the design of conferencing systems. In C. J. Bonk & K. S. King (Eds.), *Electronic collaborators: Learner-centered technologies for literacy, apprenticeship, and discourse*(pp. 51—78). Mahwah, NJ: Lawrence Erlbaum Associates.

Duffy, T. M., Kirkley, J. R., del Valle, R. Malopinsky, L., Scholten, C. Neely, G., & Wise, A. F. et al. (2006). Online teacherpr of essional development: A learning architecture. In C. Dede (Ed.) *Onlinepr of essional development for teachers : emerging models and methods* (pp. 175—198). Cambridge, MA: Harvard Education Press.

Elmore, R. F. (2002). *Bridging the gap between standards and achievement: The imperative for professional development in education.* Washington, DC: Albert Shanker Institute.

Fernandez, C., Cannon, J., & Chokshi, S. (2003). A U. S.-Japan lesson study collaboration reveals critical lenses for examining practice. *Teaching and Teacher Education*, *19*(2), 171—185.

Fernandez, C., & Chokshi, S. (2002). A practical guide to translating lesson study for a U. S. setting. *Phi Delta Kappan*, *84*(2),128—134.

Fulton, K., Yoon, I., & Lee, C. (2005). *Induction into learning communities.* Washington DC: National Commission on Teaching and America's Future. Retrieved from http://www. nctaf. org/documents/NCTAF_Induction_Paper_2005. pdf.

Garet, M. S., Porter, A. C., Desimone, L., Birman, B. F., & Yoon, K. S. (2001). What makes professional development effective? Results from a national sample of teachers. *American Educational Research Journal*, *38*(4),915—945.

Hara, N., Bonk, C. J., & Angeli, C. (2000). Content analyses of on-line discussion in an applied educational psychology course. *Instructional Science*, *28*(2),115—152.

Hezel Associates. (2003,September). *Year 3 Evaluation of PBS Teacher Line.* [Project Report] Syracuse,NY: Hezel Associates.

Hill, H. C. (2004). Professional development standards and practices in elementary school mathematics. *Elementary School Journal*, *104*(3),215—231.

Kazemi,E., & Franke,M. L. (2004). Teacher learning in mathematics: Using student work to promote collective inquiry. *Journal of Mathematics Teacher Education*, *7*,203—235.

Klemm, W. R., & Snell, J. R. (1996). Enriching computer-mediated group learning by coupling constructivism with collaborative learning. *Journal of Instructional Science and Technology*, *1*(2).

Lave,J., & Wenger,E. (1991). *Situated learning: Legitimate peripheral participation.* New York: Cambridge University Press.

McCombs, B. L., & Whisler, J. S. (1997). *The learner-centered classroom and school: Strategies for increasing student motivation and achievement* (1st ed.). San Francisco:

Jossey-Bass.

Mikulecky, L. (1998). Diversity, discussion, and participation: Comparing a web-based and campus-based adolescent literature classes. *Journal of Adolescent & Adult Literacy*, 42(2), 2—16.

National Partnership for Excellence and Accountability in Teaching (NPEAT). (2000). *Revisioning professional development: What learner-centered professional development looks like* [Online]. Retrieved from http://www. nsdc. org/library/policy/npeat213. pdf.

Orrill, C. H. , Calhoun, J. K. , & Sikes, C. K. (2002). *Learning in LTTS: Value, usability, and professional growth.* Athens, GA: Learning & Performance Support Laboratory.

Osman,G. , & Duffy,T. (2006,October). *Online teacher professional development and implementation success: The Learning to Teach with Technology Studio (LTTS) experience.* Presented at the annual conference of The Association for Educational Communications and Technology. Dallas, TX.

Parsad, B. , Lewis, L. , & Farris, E. (2001). *Teacher preparation and professional development.* Washington, DC: National Center for Education Statistics.

Richardson,V. , & Placier,P. (2001). Teacher change. In V. Richardson(Ed.), *Handbook of research on teaching* (pp. 905—947). Washington D. C. : American Educational Research Association.

Riel, M. (1995). Cross-classroom collaboration in global learning circles. In S. L. Star (Ed.), *The cultures of computing* (pp. 219—242). Oxford, UK: Blackwell Publishers (The Sociological Review Monograph Series).

Robinson, J. M. , Wise, A. F. , & Duffy, T. M. (in press). Authentic design and collaboration: An opportunity for learning technology design teams in the post secondary context. In C. Digiano, S. Goldman, & M. Chorost(Eds.), *Educating learning technology designers: Guiding and inspiring creators of innovative educational tools.* Mahwah, NJ: Routledge.

Rogers, M. P. , Abell, S. , Lannen, J. , Wang, C. , Musikul, K. , Barker, D. , & Dingman,S. (2007). Effective professional development in science and mathematics education: Teachers' and facilitators' views. *International Journal of Science and Mathematics Education*, 5, 507—532.

Salmon,G. (2000). *E-moderating: The key to teaching and learning online.* Sterling, VA: Stylus.

Savery, J. , & Duffy,T. M. (1995). Problem based learning: An instructional model and its constructivist framework. *Educational Technology*, 35,31—38.

Scribner,J. P. (2003). Teacher learning in context: The special case of rural high school teachers. *Education Policy Analysis Archives*, 11(12)Retrieved May 9,2005, from http://epaa. asu. edu/epaa/v11n12/.

Sherin,M. G. , & Han,S. Y. (2004). Teacher learning in the context of a video club. *Teaching and Teacher Education*, 20(2),163—183.

Wenger E. (1998). *Communities of practice: Learning, meaning and identity.* New York: Cambridge University Press.

Wise, A. (2007). *Designing online conversations to engage local practice : A framework for the mutual development of tacit and explicit knowledge.* Doctoral dissertation, Indiana University, Bloomington, IN.

Wise, A. , & Duffy, T. M. (2008). A framework for conversation design to support the mutual development of tacit & explicit knowledge. In R. Luppicini (Ed.) *The handbook of conversation design for instructional applications* (pp. 185—201). Hershey, PA: Idea Group Incorporated.

Wise, A. F. , Chang, J. , Duffy, T. M. , & del Valle, R. (2004). The effects of teacher social presence on student satisfaction, engagement, and learning. *Journal of Educational Computing Research 31*(3),247—271.

Wise, A. F. , Duffy, T. M. , & Padmanabhan, P. (2008). Deepening online conversation: how and why to use a common referent to connect learners with diverse local practices. To appear in *Educational Technology*, 48(4),3—11.

7 在社交网络时代中把多视角理论应用于教、学与研究的多媒体设计

Ricki Goldman 和 Chaoyan Dong

摘　要：本章节希望通过深入解析分层共享观点的协同效应，将学习、教学及研究的基础认识论与多媒体环境重新结合并进行研究——换言之，也就是将多视角理论（*the points of viewing theory*，POVT）与教、学、研究的多媒体呈现（*multimedia representations of teaching，learning，and research*，MRTLRs）相结合。Goldman-Segall 一直以来所研究的多视角理论，给研究数字视频的人类学家提供了可以提高研究可信度的观点共享框架。我们通过深入探讨这一多视角理论，进一步阐述在社交网络时代，学习者、教师以及研究人员的角色是如何通过分层观点（*layering viewpoints*）、分析及解释的相互作用渗透到教育的各个层面的。本文最后讨论了在社交网络技术空间（学习者自由交流的区域）重构组成教育的三个部分的重要性。在对学习的设计、使用以及评价技术方向的研究中，分层观点以及在社交网络环境中为自己和他人创建富有意义的知识的能力将会是下一个研究前沿。

关键词：多媒体，数字视频，多视角理论，社交网络，教、学与研究的多媒体呈现，分层观点，教育技术，学习网络，合作，建构主义，分层，严谨思维，反思

导言

2008 年 3 月，30 位教育研究人员、教师和教师教育者齐聚斯坦福（Stanford）大学，

R. Goldman（✉）
New York University，New York，USA
e-mail：ricki@nyu.edu

在卡内基(Carnegie)促进教学中心进行学术交流。这次会议由卡内基中心的前任主管 Lee Shulman 主持。Shulman 主持的有关学科教学知识(*pedagogical content knowledge*)的研究在理解教学方面成了一则含金标准。教学并不只是一种教的方法,而是一个待构建的学科教学内容领域。会议上重点讨论了今后如何使用教学的多媒体呈现(MRTs)①。作为集会的成员,我提出了一个术语 MRTL——教与学的多媒体呈现。因为多媒体呈现的方式不仅仅使我们改变了如何教,也改变了如何学及如何进行研究。此外,在基于技术的学习环境②中,学习者、教师、研究人员的角色可以相互转换,教师转变为学习者和研究人员,学习者成为研究人员和教师,研究人员成为一起参与的学习者和教师(Goldman- Segall, 1998)。本章节将引入教、学、研究的多媒体呈现(*MR-TLR*)这个术语来描述一种范式转换。当学习者、教师和研究人员学习并分享他们对于多媒体呈现的观点时,他们的角色会发生改变。

首先,让我们引用激进派教育批评家和哲学家 Ivan Illich 的一句话来表达学和教之间存在的不确定的关系:"大多数学习是……在一个有意义的环境下不受限制地参与的结果"(1971,第 44 页)。1972 年,我收到了一份尚未发表的带标注的手稿。这份手稿在 Illich 的朋友间以及朋友的朋友间相互传阅,他们在页面的空白处做批注,然后送回。Ivan Illich 在他的著作《非学校化社会》(*Deschooling Society*)(1971)中曾自创一个术语——学习网络(learning webs),正如它在他那个年代是指用可行的工具来愉快地传阅他的新手稿,在今天我们可以说它是指将纸上的文字通过社会网络进行传阅,从而可以实现:(1)他人参与议题的讨论(2)共享知识(3)获取资源。的确,他提出的这三条原则是完善教育制度的基础(1971,第 78 页)。他对学校教育(教学)的醒悟以及对非制度化学校教育的号召有可能将社会从一切形式的制度化中解放出来。

我们想借用 Illich 对传统教育的挑战来表明另一个可能性——学习、教学和研究从来都不是相互独立的个体,而是在同一教育过程中的合作伙伴。Lemke 有关人类生态社会系统的理论(2002)也印证了学习者、教师和研究人员三者之间错综复杂的关

---

① 教学的多媒体呈现是一专业术语,Magdalene Lampert 和 Deborah Ball 使用 Multimedia *representations of teaching* 来表示(1998)。卡内基基金会成员使用 *multimedia records of teaching*,两词可以相互替换。

② 为清楚起见,在所有中介化的世界中,在线视频工具,电子游戏,交互式网站,维基百科,虚拟网络环境以及所有网络社交工具都将被称为"多媒体"。请认为多媒体和超媒体是二十世纪已经过时的词汇的人能够原谅。

系。他认为人是通过社会网络联系在一起的。他主张："'举全村之力'来研究一个村庄。……只要分散的研究人员被新的通信网络联系在一起,在这一条件下,就有可能形成这样一个'村庄',并且他们将跨越所需的时间尺度来继续他们的研究。"(第288页)这一案例不仅对研究人员有效,对学习者和教师也同样有效。在2008年这样说很容易。但是,在教育行业,把这三者分离已有一个世纪之久。20世纪的思维模式并没有注意到它们之间彼此渗透。相反,在教育过程中,这三者中的每一个都被看作是装在独立的木箱中进行的。

在本章中,我们先用可渗透的表层包裹每一个木箱,然后小心地移开木板,露出三个内部相连并且持续互动的部分,这些部分同属于人类生态社会系统。该指导思想即:当我们自学(或教授他人)时,我们通过参与投入到我们周围制度化的自然世界中,经历了教师、学习者和研究人员的角色转换。随着越来越多的孩子和成人使用各种多媒体环境,尤其是在线社交网络,我们需要更好地理解自我学习和提炼经验的过程。教育(教、学、研)存在于我们与他人构建的关系中。这种关系不仅浸润于一种文化、一个社会,也形成于真实和虚拟的世界中。这种形成过程是当我们都能获取到(并且确保别人也可以获取)资源时发生的。这些资源使得知识由不同年龄、性别、种族、社会经济背景或地域的学习者不断构建。

教、学与研究的多媒体呈现的一个限定性解释是教育①中的学习、教授与研究不再仅仅是一个局部的考虑,而是全局的。为了解决迫在眉睫的生态和政治问题,研究人员、教师、学习者和所有对此关心的公民必须参与到问题中,分享知识,提供并确保学习资源在全球的可获得性。另一个限定性解释是其不仅仅被用于联系不同地方的人,还用于记录学习文化的发展(Papert,1980;Goldman-Segall,1989),以便教育界能不断地看到、读到、理解、解释和明白:在哪些文化、国家,或种族结合的视角和框架下,在什么情况下,哪些是起作用的,哪些是不起作用的。

什么是多视角理论? 也许最恰当的定义出现在2007年出版的《学习科学中的视频研究》中:

> 多视角理论(POVT),其核心是所有参与者相互交织的视角。这是一个关于参与者的解释行为和视频数据是怎样重叠和交叉的理论。明确这些视角是如何

---

① 教育在此不是制度的产物,而是学习、教授和研究的过程。

汇集(和偏离)的，可以引导我们更深入地了解事件、事件的视频，以及被记录下来的我们所调查的事件的真实物理环境。该理论反对静态的、孤立的、个人化的视角，支持不同视角中引起的动态分歧、不同的角度形成的不同的视野，使人们作为诠释者能看到彼此的视角，甚至能投射他们自己的观点。因此，多视角理论强调关注的重要性——关注他人如何诠释事件。当我们致力于关注者与被关注者的相交数据时，每一个解释性的动作也都具有启发意义，它创造了一种新的表达方式，那就是……与一个更大范围内的公众产生本质上合理的共鸣。(Goldman，2007，第 508 页)

在研究环境中，分享关于基于媒体的呈现方式的观点是在基于视频的研究中达到结构效度(Goldman-Segall，1995)的基础。根据 Goldman-Segall 的理论，描述层、分析层和解释层被"添加"到数字视频数据中，从而在多媒体分析环境中建立深度描述 (*thick description*)(Geertz，1973)——或者是 Goldman-Segall(1998)所说的深度诠释和深度交流——以找到数据编码的模式。在教育环境中，如果按照 Lee Shulman 的学科教学知识结构(1986)，分享关于教与学的多媒体呈现方式的观点可能是一条通往更生动更有价值的学科教学知识的路径。层也与厚度及丰富性有关。层使得教师和学生可以用一种可重构的渗透性方法找到各种策略，来对大量社会化建构的知识进行意义建构。

正如 Illich(1971 和 1973)所说，多媒体呈现方式将成为社会性的学习网络。无论是现实中的面对面还是虚拟的教育网络形成的文化社区，教师和学习者在其中彼此接触，在当地乃至全球社区里合作研究以解决现时或将会对他们有意义的问题。这些问题是被社区中所有成员共享的活动。Young、Barab 和 Garrett(2000)曾主张，教与学是"实践的社会协商"(第 149 页)，"意义是可协商的，目标在社会进程中形成，成功在环境中取得"(第 160 页)。协同建构的文化为教师、学习者和研究人员提供了成为合作伙伴的空间和场所。他们不仅通过获得课程内容和技术资源一起建构知识以形成新的见解、新的方法、新的工具和新的解决方案，还将观点分层为视觉的、听觉的和文字交互的呈现方式。

分层(Goldman-Segall，1994，1996)这个术语是什么意思？多媒体记录方式已成为对知识分层化的(并且是可搜索的)诠释和档案库，就像 Illich 被标记和传阅的手稿那样，这些知识是已创建的、共享的、可重复使用的和可重新组合的。知识作为一种表现形式总是从多种视角被构建，他人可以重复使用知识来构建新的意义和表现方法，这在现今的社交网络环境下已司空见惯。例如往维基百科中添加新信息就是一种自我修正的过程,正是由于用户不断添加信息层到这个合作构建的在线百科全书中,才成就了其内容的全面和准确。

多媒体呈现方式是新的吗?

多媒体呈现在根本意义上是"新兴"产物吗?亦或仅仅是一种能使我们跨越真实和虚拟界限的,更流畅且更易理解的表达、创作、文法结构的超时髦工具?让我们简单回顾一下可视化的进程。人类一直在使用不同的媒介传播信息,尤其是以图形传播和口头传播形式来相互交流和学习(Gordon, 1977;Levinson, 1997)。早在史前时代,我们的祖先用声音、图画、手势或是在木头、石头、羊皮纸或其他任何可用来传递信息的物体上印刻,来交流想法、经验、感受、意见和对事件的看法。通过使用生活中易见的物件能使知识得以按照其所代表的事物保存下来,而不一定是原本产生的物质。换言之,在物体上的标记或符号(或物体本身的造型)成为了某件"东西"的代表或典型。每一个表征代表着重新定义的事物。并且,其目的是使人们把无形的经验转化为有形的——物体之外的东西。它还使人们观察和分享作品并有可能互相理解。例如,在岩石上的早期迹象指引游牧民族找到水源。现今,人们去剧院、音乐会、画廊,甚至是车展体验一番,然后再将经历告诉他人。

全世界不同地域的民族说着不同的言语,随着时间的推移,他们将各自的言语转化为语言。语言,能在人们相互交谈中被学习,沉淀于文本中,存在于一个教学的和建构主义的环境中。正如 Illich 和 Sanders(1988)所说,代表声音、物体、想法以及各种表达和标记方式的书写文字总是稍纵即逝的。对大部分人而言,从石头或其他"媒介"中获得的看似固定的文字和图像比语言更为重要,甚至有着与"真理"同等的地位。二十一世纪的数字媒体为人们在历史过程中所获得的、并在一段时间内进行共享的语言表达铺平了一条道路,千变万化的载体(媒体形式)存储和累积了一个社群、人和国家在某一时间某一地点的交流和学习。

在可视化传播工具和书面语言的发展进程中,知识可以被传递;并且,如果知识能令人信服的话,它还会被他人运用。每个交流动作建立了多元互动的事件,它不仅产生了层的意义,也使得理解模式和创造出的作品能被各种各样的人所明白。众所周知,在一段时间内,这样一个象征物(人工物)能代替一整个语段或者是几个有联系的语段——例如，金牛犊、池塘睡莲图，或是一个含有特定意义的手势。

自公元1450年活字印刷术发明以来，也就是我们现在所说的古腾堡革命，规模化出版的书籍代替了费力的手写书籍，对于那些能买得起印刷书籍的人来说知识瞬间变得容易获取了。正如研究媒体的学者所指出的，人们也可以推断出如果没有古腾堡革命，就不会有制度化的公立学校。此类学校几乎在传播知识和学习评估的各个环节都依赖印刷文本。(Jenkins, 2004; Moos, 1997; Thorburn & Jenkins, 2003)。

在20世纪，"媒体"技术——电话、电影、电视、计算机和万维网——被用来强化传播。在多媒体模式中，宽带数字视频凭借其对真实事件的还原性和呈现故事的丰富性牢牢抓住了教育工作者们的想象力。它不再是二十世纪后期周五下午两点钟的高中课堂百无聊赖时的补充，而是作为一个可供观看、回顾和解释的大环境，使得人们能够在一个更大的动态互动的项目中选择未来可能需要传播的元素或组块。新视觉媒体的神奇特性在于，即使是没有编辑过的原始形式，也能使观看者恍如置身其中(Mirzoeff, 1999)，不论我们是处在学、教、研究，还是娱乐中，那个场景就是观看者所处的场景。

Clifford Geertz(1973)和其他人类学家称这种现象为"身临其境"。这正是人类学家们试图在书面文本中所要营造的效果。多媒体呈现的关键因素是：使用数字视频创造更生动的现场感，增强直观性和使观看者几乎完全参与投入。手持数码摄像机，我们游走于虚拟临场的界限之间。就像 Woody Allen 的电影《开罗的紫罗兰》，Jeff Daniel 饰演一风度翩翩的男演员 Tom Baxter，剧中的男演员走出银幕与 Mia Farrow 饰演的 Cecilia 相会，视觉界限成为了一种可逾越的构造。在 *Second Life*™ 和 *Facebook*™ 这样的社交网络环境中，当用户建设更为复杂的文化时，现场感、一系列活动和对帖子的解读可以被分层。

视频在多媒体呈现中的重要性

一提到视频人们就联想到这样的画面：拥挤的编辑室里堆满了录像带，视频剪辑师在暗房里一待就是好几天。事实上，这是20世纪80年代末期到90年代初期的景象。如今，编辑视频已经走出了暗房，不再受限于视频编辑套件，而由计算机的每个字节整合而成。其实，电脑中的数字视频和摄像机已变得如此普及，以至于在打开网站时几乎不可能不出现视频，就好像在城市里散步而不可能不被监控摄像头拍到一样。纵观世界各地的课堂和非正式教育机构，学习者制作视频，教师和职前教师分析视频案例,研究人员从各个知识领域搜集和解释录像中的观察结果。然而,许多教育机构的行政管理人员常常问为什么学习者和教师需要用到视频,他们担心现在还不是时候将另一项耗时的工作加入到繁忙的时间表中。他们想知道除了使有些学生成为摄像师或进军演艺界,视频能给教育带来什么。提出这些问题是因为他们仍然认为视频是一个消费产品和专业的电影制作工具。他们还没有意识到视频并不只是简单地帮助我们记录一些有可能会被忘记的东西,类似一段父母在婚礼上跳舞的视频或小猫是如何出生的视频。相反,视频是一扇让我们知己识人的窗户,是一把使我们在学习上精益求精的工具,更是一方让我们理解文化的沃土。

需要提醒的是:当视频用于学习、教学和研究中时,学习环境就会被彻底改变,曾经相对私人的学习环境立即变得公开。《矮胖子》(Humpty Dumpty)的故事将重现"国王呀,齐兵马,破镜难圆没办法"。一旦视频作为多媒体呈现方式融入课堂中,教室的门再也不会被关上了。在这"曝光"之前存在的,将永远无法复原。当然,正如 *Points of Viewing Children's Thinking：A Digital Ethnographer's Journey* (Goldman-Segall, 1998)一书的 Gatekeepers of Horseless Barn 章节中的研究案例提醒我们的,研究人员的介入会使事情发生改变。随着每个私人空间变得公开,自我与他人、内在与外在、神圣与世俗、白天与黑夜,这之间的联系无限交错。在一部由 Nadia Zouaoui 和 Carmen Garcia 共同导演的电影 Nadia's Journey 中,住在魁北克省(Quebec)蒙特利尔市(Montreal)的加拿大人 Nadia Zouaoui 访问了她的家乡卡比利亚(Kabylia)。那是座落于阿尔及尔(Algiers)的一个小村庄。她采访了大家庭中的妇女,她们向她诉说自己被父亲、兄长、丈夫拘禁在家中,即使只踏出大门几步、逗留半分多钟,她们也害怕别人会说三道四。加拿大国家电影局的官方网站写道:

> Nadia's Journey 揭露了自青春期以来就被拘禁在家中的妇女如履薄冰的惨淡生活,揭露了身处可怕复杂困境中的妇女——她们自青春期以来就被拘禁在自己的家中。该纪录片充满诗意和富于同情心地揭示了受严格执行穆斯林传统和迷恋贞操的父权文化压迫的妇女的苦难。这是一个强迫女性处于奴役状态的社会。这部电影以 Nadia 自己的故事为背景:她在 19 岁的时候被迫嫁给一个住在蒙特利尔,年龄比她大 2 倍,仅仅通过照片就选择了她的阿尔及尔男人①。

---

① 摘自 http://www.nfb.ca/press-room/communique.php? id=157002008.3.10

这部内容悲惨的纪录片提供了一个范例，展示了如何利用"视频影像在电视及互联网上传播"的力量打开通往文明的大门。

对于如何将视频应用于教、学与研究来育己和育人，我们需要考虑的不仅仅是如何打破限制的门，还需要考虑如何防止最坏情况的发生。并且为了防止该情况发生，教育者需要考虑如何通过数字视频文本与建构主义互动软件的互相结合来构建知识，这将会成为教育环境中变革的推动力量。

透视性框架

暂不谈如何用视频促进严谨思维（Kamin，O'Sullivan，Deterding ＆ Younger，2003，Hilgenberg ＆ Tolone，2000）、探究式学习（Edelson，Gordin ＆ Pea，1999）或基于问题的学习（Barrows，1986；Hmelo-Silver，2004），我们把焦点放回到了 Goldman-Segall 在八十年代中期实施的研究，即在基于视频的多媒体工具和儿童的思维表征在不断演变的社会环境中，如何来分享观点，分享关于知识和每个人对此的理解的观点。同样的，各年龄层的学习者、教师和研究人员利用可视化技术分享见解，并结合自己的观点和他人的观点构建知识（Goldman-Segall，1998）。由 Goldman-Segall 和 Maxwell（2002）首次提出的透视性框架有助于目前正在进行的教育转型，现在，孩子被不断鼓励在学习场所中使用多种媒体进行知识构建。

在本章中提到的透视性框架，也是结合多媒体呈现的教、学和研究的教育框架。它使得我们在使用 iPod、掌上设备时，以及在在线学习环境中，在选择、分析和构建媒体尤其是视频时，能够充分利用个体的丰富性和多种视角。透视性框架先前被定义为一种研究方法，该方法通过将多种观点分层使数字视频数据变得有意义。当含义被商定、分层，并充满意义时，视频数据将变得可靠。分层会出现在在线视频分析工具中，例如 http://www.videoresearch.org 上的 Orion™（Goldman，2007），或者其他视频数据选取和分析系统（Stevens，Cherry ＆ Fournier，2002；Pea，Lindgren ＆ Rosen，2006）。当然，没有技术分层的内容也会出现，但是技术为我们提供了深入思考其过程的工具。

透视性框架有以下特点：

- 允许学生分享各自的观点。
- 通过与参与者交换不同观点对学习产生反思。
- 激发强烈的即时性、社会存在感、社会联系。
- 构建在线社交网络社区。
- 使学习者、教师和研究人员根据他人对于同一主题不同的策略和知识进行评论并交换他们各自的观点。
- 在学、教和研究之间创建更易理解和公平的界限。教师和学生是合作伙伴。他们互相分享观点并一起获取知识。

接下来我们将讨论两个案例,一个是对未来学校的构想,另一个是发生在温哥华岛(Vancouver Island)的真实学校的案例。

案例

我们先来说说构想:在未来的课堂上将会发生什么? 一群教师和年轻人通过将一些物体从高处扔到地面的实验来学习加速度。这是一项常见的学校实验,在该实验中,教师作为组内一员,会提供他们的专业知识、课程内容背景和小组探究的方法,有时也会隐藏一些东西使得学生能去更深入地思考数学和物理的性状。教师和学生利用在线的维基百科类的可用信息资源来建立自己的维基百科或是其他可共享的学习环境。或许他们还能利用可用材料设计实体结构,并且像研究人员一样在实际操作中进行提问。小组内常常会有能解决这一问题的某一成员来为其他组员解释问题、组织研讨会、发表演讲和为他人准备练习题。而这一成员就可能成为指定的"教师"。事实上,每个人都将发现自己创造了一个愉快的学习环境,并且可以负责自己和对方的学习。指定"教师"也会在参与观察加速度实验的同时通过深入研究多媒体数据库来观察什么能使他人学得更好,从而了解如何以不同的方式或是更好的方式来教加速度或其他的主题。

这与 20 世纪 90 年代温哥华岛的 Bayside 中学的学生们对濒危的热带雨林这一课的学习有些相似。现在让我以一个新的视角来描述这一研究是如何与之相似的。

在 Bayside 中学,我(Goldman)和我的搭档 Ted Reicken 与校方领导、教师、五年级和六年级的学生一起研究了一个课题:全球森林。我们花费将近 3 年的时间合作研究了位于温哥华岛的西海岸的濒危的热带雨林 Clayoquot Sound。虽然这项研究已经

发表在 *Points of Viewing Childrens Thinking：A Digital Ethnographer's Journey*，我们还是可以来回顾一下学生、教师、校方领导和研究人员是如何在每个课程领域合作，共同研究这一濒危的热带雨林的。当教师，学生和研究人员在分享观察伐木现场和热带雨林的经历并使用先进的视频技术将之记录、编辑和分享的时候，一种学习文化被创造并留存下来供以后的教师、学生和研究人员实施和再实施。在这一研究中，我们在共同创建学习环境和分享各自的观点中互相学习。该项研究成为一份生动的档案。正如现在正在做的，记录数据能很容易地通过许多不同的框架来被重新审视，从而形成新的理解。并且这些记载了教与学文化形成的可视化记录和书面文件就像社交网络，为其他文化的形成播种。这就是教、学与研究的多媒体呈现的未来——使数据永久保存，使文化传播。

这两个案例展示了学习者、教师和研究人员如何在视频文化中体验到强烈的归属感和如何更加珍视自己和他人的观点。并且，人们可以清楚地看见他们是如何学会欣赏他人观点的。这是我们希望孩子（和成人）都能学到的品质，因为作为世界公民，他们在各行各业都要设法和他人一起工作。这些研究表明，随着越来越多的知识结构与选择和理解相关，并且以合作方式被多媒体介入，交织的学习文化正处于重大的转变中。这不是我们以为的变革，也不是 Lev Manovich（2001）描述的媒体形式的连续性，而是各类型之间互有重叠的演变，正如从石刻到基于视频的虚拟游戏世界，我们每一次与他人互动都是为了探索和鉴赏。

Donald Schön 曾写过一篇关于在学习中进行反思的重要性的文章（Schön，1983）。而我们提出，学习者、教师和研究人员充分利用多媒体呈现，就可以把学习看作是反思（Suchman & Tngg，1991；Hansen，1994；Moon，1999）。学习中有强烈的即时性、社会临场感和社会联系吗？这种学习方式是否能够增强人们的反思而造就一代认识论者呢？总之，多媒体呈现确实为学习者、教师和研究人员提供了一个强有力的方法去反思在一个多元文化的社会网络中进行协商的意义。

21 世纪的多视角与教、学与研究的多媒体呈现

我们对未来的设想是：学习者、教师和研究人员在各自领域获得知识，并通过互相学习包容不同的生活方式。"视野"这个词是指我们能看得见的视角，而"理论"一词在拉丁文中蕴含"一种视角"之意，在我们看来这并不只是一个巧合。在为了教育变革

而建立能使多种视角实现分享的平台过程中,我们基于现有的教育流派创建了更多引人注目的数字视频和多媒体呈现方式,由此,在学习过程中任何人都能提供有价值的见解,包括教导他人及进行研究,没有年龄与地位的差异。

作为社交网络文化中的一员,研究人员、教师和学习者将获得更深层的、更丰富的,亦或通向我们自己和他人更有效的思考的过程。而在数字视频革新之前,以这种方式改变教育是我们都不曾预见的。

我们现在面临一个挑战:在我们有机会建立稳定的国际化的学习网站来对合作解决未来几十年我们星球将面临的重大问题进行支持时,各国政府可能会关闭各种共享的、互动的、富有活力的在线空间。另一个担忧是人们受到侵犯就会关上窗、门和入口,重新回到守门人的状态。第三个问题是,如果建立的新标准阻止学习者、教师和研究人员合作研究,那么社区式的学习文化就将终结。如果继续由评价标准告诉教师哪些是学生必须了解的,受制度牵制的制度化教育将永存。可悲的是,由于这样的教育体系已经存在一个世纪之久,我们将错过最佳时机去改变。

(鲍贤清、陈安琪　译)

参考文献

Barrows, H. S. (1986). A taxonomy of problem based learning methods. *Medical Education*, *20*, 481—486.

Edelson, D. C., Gordin, D. N., & Pea, R. D. (1999). Addressing the challenges of inquiry-based learning through technology and curriculum design. *Journal of the Learning Sciences*, *8*(3/4), 391—450.

Geertz, C. (1973) *The interpretation of cultures*. New York: Basic Books.

Goldman, R. (2007). ORION, an online digital video data analysis tool: Changing our perspectives as an interpretive community. In Goldman, R., Pea, R., Barron, B., & Derry, S. (Eds.), *Video research in the learning sciences*. Mahwah, NJ: LEA.

Goldman-Segall, R. (1989). Thick descriptions: A tool for designing ethnographic interactive videodiscs. *SIGCHI Bulletin*, *21*(2), 118—122.

Goldman-Segall, R. (1994). Challenges facing researchers using multimedia data: Tools for layering significance. *Computer Graphics Quarterly*, *28*(1), 48—52.

Goldman-Segall, R. (1995). Configurational validity: A proposal for analyzing ethnographic multimedia narratives. *Journal for Educational Multimedia and Hypermedia*, *4*(2/3), pp. 163—183.

Goldman-Segall, R. (1996) Looking through layers: Reflecting upon digital ethnography. *JCT: An Interdisciplinary Journal for Curriculum Studies*, *13*(1).

Goldman-Segall, R. (1998). *Points of viewing children's thinking: A digital ethnographer's journey.* Mahwah, NJ: Lawrence Erlbaum Associates.

Goldman-Segall, R., & Maxwell, J. W. (2002). Computers, the internet, and new media for learning. In W. M. Reynolds & G. E. Miller (Eds.) *Handbook of psychology. Volume 7: Educational psychology* (pp. 393—427). New York: John Wiley & Sons.

Gordon, G. N. (1977). *The communications revolution: A history of mass media in the United States.* New York: Hastings House.

Hansen, E. J. (1994). *Interactive video for reflection: Learning theory and a new use of the medium. Computers in Human Services, 11*(1/2),31—47.

Hilgenberg, C., & Tolone, W. (2000). Student perceptions of satisfaction and opportunities for critical thinking in distance education by interactive video. *American Journal of Distance Education, 14*(3),59—73.

Hmelo-Silver, C. E. (2004). Problem-based learning: What and how do students learn? *Educational Psychology Review, 16*(3),235—266.

Illich, I. (1971). *Deschooling society.* New York: Harrow Books.

Illich, I. (1973). *Tools for conviviality.* Marion Boyars: New York: Marion Boyars.

Illich, I., & Sanders, B. (1988). *ABC: the alphabetization of the popular mind.* San Francisco, North Point Press.

Jenkins, H. (2004). Media literacy goes to school. Technology Review. Retrieved June 15, 2007, from http://www.tri-vision.ca/documents/2004/Media%20Literacy%20Goes%20to%20School%202004.pdf.

Kamin, C. E. D., O'Sullivan, P. E. D., Deterding, R., & Younger, M. (2003). A comparison of critical thinking in groups of third-year medical students in text, video, and ... *Academic Medicine, 78*(2),204—211.

Lampert, M., & Ball, D. L. (1998). *Teaching, multimedia, and mathematics: Investigations of real practice.* New York: Teachers College Press.

Levinson, P. (1997) *The soft edge: a natural history and future of the information revolution.* London, New York: Routledge.

Manovich, L. (2001). *The language of new media.* Cambridge, MA.: The MIT Press, 2001.

Mirzoeff, N. (1999). *An introduction to visual culture.* London, New York: Routledge.

Moon, J. A. (1999). *Reflection in learning and professional development: Theory and practice.* London: Kogan Page Ltd.

Moos, M. A. (1997). *Media research: Technology, art, communication (Critical voices in art, theory, and culture).* London: Routledge.

Papert, S. (1980). *Mindstorms: Children, computers, and powerful ideas.* New York: Basic Books.

Pea, R., Lindgren, R., & Rosen, J. (2006). Computer-supported collaborative video analysis. *Proceedings of the 7th International Conference on Learning Science, 516—521.*

Resnick, M. (1996). Distributed constructionism. *Proceedings of the 1996 International Conference on Learning Sciences, 280—284.*

Schön, D. A. (1983). *The reflective practitioner: How professionals think in action*. New York: Basic Books.

Shulman, L. (1986). Those who understand: Knowledge growth in teaching. *Educational Researcher*, *15*(2),4—14.

Stevens, R. , Cherry, G. , & Fournier, J. (2002). Video traces: rich media annotations for teaching and learning. *Proceedings of CSCL 2002. Boulder, CO*.

Suchman, L. A. , & Tngg, R. H. (1991). Understanding practice: Video as a medium for reflection and design. *LA-Design at Work: Cooperative Design of Computer Systems*.

Thorburn, D. , & Jenkins, H. (2003). *Rethinking media change: The aesthetics of transition (Media in transition)*. Cambridge, MA: The MIT Press.

Young, M. F. , Barab, S. A. , & Garrett, S. (2000). Agent as detector: An ecological psychology perspective on learning by perceiving -acting systems. In D. Jonassen, & S. M. Land. (Eds.). *Theoretical Foundations of Learning Environments* (pp. 147—173). Mahwah, NJ: Lawrence Erlbaum Associates.

8 创建美国中小学教育的共同未来前景：以学习者为中心的系统化改革过程

Charles M. Reigeluth，Alison Carr-Chellman，Brian Beabout 和 William Watson

摘 要：本章对比了美国中小学教育创新的一些系统化改革方法。这些体系化改革方法涉及了从理想化设计转化为杠杆演化式设计，从学校范围的改革转化为学区范围的改革，以及以关键领导人物为导向转化为以利益相关者为导向的改革。本章讲述了每种方法的定义以及该方法的重要应用，并比较了这些方法的不同之处。本章节不是要提出某种特别的方法来应对所有的情况或是多数情况，而是要激发人们因地制宜地在学校所在社区的文化与环境中讨论和理解这些方法的优缺点。

关键词：美国中小学教育，以学习者为中心，教学设计，理想化设计，杠杆演化式设计，学校范围的改革，学区范围的改革，以关键领导人为导向的改革，以利益相关者为导向的改革，系统设计，参与原则，连续性和整体性，创新技术，系统化改革，教学技术

引言

本章节讲述了帮助美国中小学教育从工业时代的教育模式转变为信息时代以学习者为中心的教育模式的多种可选方法。该章节的主要目的是为了引起对各种方法

经授权再次印刷. The F. M. Duffy Reports 11(3)，1—18.

C. M. Reigeluth（✉）

Instructional Systems Technology Department，Education 2236，Indiana University，Bloomington，IN 47405，USA

e-mail：reigelut@indiana. edu；reigelut@imap3. indiana. edu

的优缺点的讨论。对于学校改革的参与者而言,在他们尝试决定选择哪种方法或者将哪些方法相结合以适合他们学校目前的情形时,以两者选一的方式来进行选择会使可选方法的复杂性过于简单化。我们并不认为所有的选择都可以按照典型的两者取一的方式来进行,或者代表所有的可选方案。然而,这样的对比结构能够帮助我们搞清楚目前在学校改革中所采用的一些最重要的方法之间的不同之处。

本章节首先对比了理想化设计和杠杆演化式设计,然后对比了以学校为范围和以学区为范围的改革,接着对比讨论了以关键领导人为导向和以利益相关者为导向的改革。本章节定义了每组方法、识别了它们的主要实际运用,并进行了两两对比。我们希望本章节能够引起大家对系统化改革的各种可选方法的生动讨论,并能为未来的研究提出可行的方向。

对比理想化设计和杠杆演化式设计

文献当中提供的主要的改革方法是理想化设计方法,由 Ackoff 在企业界倡导,又被 Banathy 改编应用到了美国中小学教育环境当中。下面先讨论这一方法,然后继续探讨一种新兴的可选方法——杠杆演化式设计方法(Reigeluth,2006)。

理想化设计
定义
那些遵循理想化设计方法来创建教育系统的设计方案所关注的是"引导图像"(guiding image)的制作(Banathy,1992,第 178 页)。这个"引导图像"是设计师在尝试创建更有效的教育系统时,打破了目前学校体制运作中的传统、教条和惯性而创建的。Ackoff(1979)将理想化设计看做是"设计师在条件允许的情况下一次性替换现有的系统的一种设计"(第 191 页)。该种设计方法存在一个非常明显的"时间停止点",那就是设计师和利益相关者从系统中的日常工作中抽身而出,全身心地投入到理想系统的构想之中。因此,理想化设计过程的第一步是勾勒出完美世界中的系统的"模样"。

Nelson 和 Stolterman 用拉丁语中的期望(desiderata)这个术语来描述"期待的最初表达"(2003,第 48 页)。这里期望的含义与前景(vision)不同,期望是对事物的一种暂时的、直觉性的和相对模糊的感受方式,可以在设计过程中进行提炼。相反地,前景则一经确定便是固定的,所有的变化都以这个固定目标为方向而前行。所以,我们可以将理想化设计重新定义为以对完美世界中的理想系统所作的"期望"为起始点而开始的设计过程。

工作原理

Nelson 和 Stolterman 将设计描述为"对尚未存在的事物的想象能力"(Nelson & Stolterman,2003,第 48 页)。要能不受特定现实的限制,才可能触发设计过程并聚焦于理想化的设计。Nelson 和 Stolterman 将设计灵感(parti)这一术语定义为一种"想象的突发表现……针对复杂设计挑战的一种被编码的设计方案"(第 212 页),这是积极投入设计过程所带来的结果。设计灵感是推动设计过程向前发展的富有创造性的新鲜突破。设计灵感,源于期望,它的作用就像是整个设计工作的种子,它可能来自于组织分级结构中的任何部分。这颗"种子"的形成是整个理想化设计经历中最重要的组成部分。

理想化设计主要起源于企业界的 Russell Ackoff 所首创的运筹学研究工作。他寻求一种积极主动的基于参与性、连续性和整体性原则的设计模式来创建组织(Ackoff,1979)。参与性原则认为产生行动计划的过程比任何的行动计划本身更有价值。因此,广大的利益相关者都应该参与到整个改革的规划过程当中去。连续性原则指的是规划和实施不应该被看作是串联的过程,而是应该连续地平行进行,并且相互指导。最后,整体性原则总结到:"组织中相同级别的单位要同时规划并且相互依赖"(Ackoff,1979,第 190 页)。不按照这些原则进行的规划改革的实施会有被系统中某些部分所排斥的风险。这种积极主动的设计方法已经被很多组织环境中的从业人员和研究人员所采用(Carroll,2000;Omerod,1995;Pourdehnad & Hebb,2002)。Ackoff 所倡导的组织规划关注利益相关者的参与、持续不断地寻求改进,以及确认重要的依存关系,他的工作为 Banathy 在教育系统设计中应用这些理念奠定了基础。

Banathy(1991)认识到这个社会已经经历了一个引人注目的模式转变,使得我们的教育系统已经不符合社会的需求和预期。他提倡使用系统设计方法来重新调整落后的教育系统,从而使得我们落后的教育系统——社会的一个部分,能够重新跟上这个不断发展的社会。在真正的理想化设计风格中,Banathy 解释道:

> 我们应该"跳脱该体系,"从更大的社会改革的远景中探寻教育改革和创新,并设想一个全新的设计。我们从整体社会背景的角度出发进行设计,拓展我们的视野,并在"最广泛的社会背景"下开发教育的"最大限度的蓝图"(1991,第 15 页)。

以社会为一个整体的观点开始设计能够让设计师脱离现有系统的惯性,并使得他们能创建一个有功效并且能够顺利实施的系统。这个设计过程始于一个理想化的蓝图,然后通过一系列反复细化的过程,逐渐地使这个蓝图更细节化和明确化,然后实现这个新设计的实施和制度化。Banathy在教育领域的工作已经得到了很大的延伸(Carr, 1996;Joseph, 2003;Reigeluth, 1993;Squire, 1999)。

相对于其他方法,理想化设计只适用于某些特定类型的设计环境。它需要对改革过程有一个坚定的承诺,因为作为改革代理的参与者需要经过培训并持续不断地得到支持(Borko, Wolf, Simone & Uchiyama, 2003)。这需要在经济资源和时间上的保障。那些经历领导层变更且局势不稳定的机构(Corcoran & Lawrence, 2003),那些客户数量或者类型经过了非常大的变化的机构(Arriaza, 2004),以及那些对改革需求不确定的机构(Fullan, 2000)在任何类型的改革中都不太可能取得成功,更不用说用理想化设计这个严谨的模型了。这并不是说改革的需求不能在利益相关者中形成和分享,而是说改革过程的所有参与者一旦达成了共识并作出了承诺,就必须诚心诚意地为之共同努力(Reigeluth, 2006)。那些能够成功地实施理想化设计方案的机构首先要能够让所有的利益相关者对机构和改革过程本身都作出坚定的承诺。

Ackoff(1979)概述了在机构情境中实施理想化设计的五步式过程。第一步,提出问题,这包括了全面而又系统性地分析整个组织机构及其环境。第二步,方法——目标式规划,包括构建未来的理想化的前景和确定在当前系统中需要作出哪些改变以达成该前景。第三步,资源规划,它决定如何最优化地利用设备、人力、资金、信息以及其他的资源来实现理想化的前景。第四步,组织和管理规划,它决定了需要准备什么样的结构才能使系统正常运行并且能保证有效地组织学习。第五步,也是最后一步,实施与控制的设计,这决定了在改革过程中哪些任务将由谁来执行,以及实施该设计方法的质量标准是什么。该过程与Banathy(1996)的四个设计螺旋模型相类似:形成核心定义、开发规格说明、选择功能,以及设计功用系统。Ackoff理想化设计的五个步骤的起始阶段的内容是仔细地审视目前的组织结构及其背景,然后再构想未来的理想化前景,而Banathy的模型起始于理想化前景的构想,然后进行特定的功能的开发,从而使得理想化的系统得以实现。虽然Ackoff(1979)和Banathy(1996)是从不同的地方开始设计的,但是他们都强调了重复循环、一种系统化的视角、共同前景的确立,以及对实现目标的过程的管理。这些做法与下文我们要讨论的杠杆演化式设计有着相当大的不同。

杠杆演化式设计

定义

理想化设计法的一个替代方法(或改编版)是杠杆演化式设计方法。杠杆演化式设计法是由 Reigeluth(2006)在印第安纳波利斯(Indianapolis)一个系统化改革的过程中开发的。其原理如下：

杠杆。在将现有的系统转变到新模式时，很难立即改变系统的所有组成部分。当对系统的一个部分作出改变时，这个部分可能会与系统的其他部分相抵触，从而让系统恢复到原来的状态。因此，参与者首先要改变系统中一个或多个对其他部分有着强有力的杠杆作用的部分——从而克服原有系统产生的那种将改革反弹到原始状态的力量。从一些有高杠杆作用的改革入手可以让整个系统化的改变过程更加快捷和简单。(注意：尽管你是从改变少数具有高杠杆作用的部分开始的，但这些改革并不是零散的。如果改革得当的话，它们将会产生不同的教育模式，就像是运用了理想化设计方法一样。)

可见的进展。对于参与者来说，非常重要的就是他们要能够在系统化改革过程中经常看到改革的进展，这样能够维持他们进行改革的动力以及打消改革进展中的疑虑。

发展式设计。重新设计一个复杂的新系统是一项非常艰巨的任务，因为设计师很难预测出最有效的方案。在发展式设计方法中，会先选择一些指导性的原理或者理念(比如，混沌理论中的"奇异吸引子"或者 Nelson 和 Stolterman 的研究中的"期望(desiderata)")；然后，实施那些与指导性理念相一致的具有高杠杆作用的改革；最后，通过不断的创新、尝试以及出错作出其他剩余的改革——他们会随着时间的推移而逐渐地发展。

超越传统的思维模式。不同的模式需要不同的世界观。帮助利益相关者超越他们在教育认识上的传统心理模型或者思维模式对系统改革过程是至关重要的。不能超越传统的模式就会对整个系统改革产生阻力，或者说是由于缺乏理解而导致无法实施新的系统。

追求理想。就像 Ackoff 的理想化设计方法一样，在理想情景中的思维方式能够帮助参与者超越现有模式的心理模型，并能想象更超越现实的景象。在改革的初始阶段，追求理想对 Ackoff 所说的新系统的"草图"是非常有益的。所谓的草图就是具有指导性的理念(担任"奇异吸引子"的角色)。为了使得杠杆原理和发展原理得以运用，在草图完成并且参与者已经超越了他们在教育认识上的传统心理模型的时候,理想化设计就应该终止。

一般利益相关者的所有权。因为超越传统的想法很重要,所以改革过程要有广泛参与性,这样才能够有足够多的利益相关者支持系统改革。然而,为了真正地致力于共同前景(由引导性的理念所表现出来的)的创建并将改革的阻力降到最低程度,参与者不单单只是参与到改革的过程中,而是要对新的前景有拥有感。拥有权是通过鼓励参与者不断地修正共同的改革前景(理想信念)而形成的,这与发展式的设计原理紧密相关。

建立共识。如果没有建立共识的过程,广泛的所有权就没有办法形成,这是因为每个参与者都是持着对理想化教育系统的不同概念开始参与改革的。建立共识的过程能够让每个参与者理解其他人的观点,进而发展他们自己的心理模型以形成一系列共同的理念。

工作原理

如下是杠杆演化式设计方法的尝试性过程:

1. 形成学区范围的理想信念。一个由 25 位来自学区内所有利益相关部门的有自己见解的领袖形成的一个区域的领导团队来为整个学区制定来自广大利益相关者的一系列理想信念。

2. 开发学区策略和保障能力。学区领导团队需要对系统改革过程制定广义的策略。最根本的是决定学区同时改革的程度:是采用所有的"供给系统"(一个供给系统是向某一个高中输送学生的所有学校)还是选择其中的某一个;是采用一个供给体系中所有的年级,还是从三年级开始逐年递增;是采用供给体系中的所有学校,还是一部分学校;等等。这样的决策取决于学区以及外部资源能为改革学校提供多少支持,而且这样的决策应该在建立共识的过程中与广大利益相关者共同来制定。另外,核心办公室要组成核心支持团队来支持楼宇级别的设计团队的形成和运作。

3. 创建楼宇级别的设计团队并制定策略。在广大利益相关者的参与下,学校的每个楼宇都要形成一个学校设计团队。每个设计团队的首要任务就是与广大利益相关者共同制定系统改革过程中楼宇级别上的策略。最主要的就是需要确定学校同时改革的程度。如果是一所大的学校,他们可能需要在建设过程中将其分解成若干小的学校社区或者学习社区,而且他们可能还要决定是由一个社区实行改革还是由所有的社区都同时进行改革。该决定主要取决于学校的大小、教师的凝聚力以及思想观念。

4. 细化理念。 在广大利益相关者的参与下,学校的每个楼宇使"新"学校形成一个学校设计团队。每个设计团队需要细化该学区的理想信念,加以定制,以适应自己的学校和周边环境,同时提升广大利益相关者对这些理念的拥有感。这些理念在建设过程中担任着"奇异吸引子"的角色。Duffy、Rogerson 和 Blick(2000)也建议创建学区范围的设计团队,这是因为"核心工作过程"应该被视为从学前教育到 12 年级(P-12)的教育过程,而不是从学前到小学教育、中学教育或者高中教育这样的阶段性教育过程。这有助于确保系统的连贯性。

5. 决定高杠杆的结构化改革。 核心支持团队帮助学校设计团队在一些高杠杆的结构化改革上达成利益相关者的共识(思维模式的转变),这些高杠杆的结构化改革将为以学习者为中心的系统化转变提供指导性理念。高杠杆的结构化改革的样版能够帮助参与者理解改革的内容,而且不同的学校可能会选择不同的结构化改革,使之与他们的理念更一致,或者能够为自己的学校提供更多杠杆效应。这些例子可能包括:

- 用学习成就的详细列表来代替现有的成绩单,每个学生必须在达到一个成就的标准后才能进行下一个成就的学习。
- 需要制定一份学生的个人学习计划(或者 IEP),根据制定的计划,学生就可以在完成了现阶段的学习之后立即进入下一个适合他们的阶段进行学习。
- 需要将教师的角色转变为教练或者学习的促进者。
- 学生家长需要积极主动地参与学生学习目标的制定与实施。

该阶段是杠杆演化式设计的核心阶段,以下内容是在执行该步骤时附加的指导说明。

5.1　细化理念。 设计团队要与利益相关者积极地商讨学区的改革理念,从而加深对改革理念的理解,并能够形成一系列更详细的、符合他们所在的教育层次的改革理念,而这些理念必须要与学区的理念相兼容。另外,针对以学习者为中心的教学的讨论对该任务的实施也起着至关重要的作用。

5.2　理解高杠杆的结构化改革。 设计团队需要与利益相关者积极地商讨上面列出的具有高杠杆效应的初始改革以理解改革的内容。

5.3　确定初始改革。 设计团队与他们的利益相关者要在那些能对改革的理念起到高杠杆作用的初始改革上达成广泛的共识。对该阶段来讲最为重要的就是思想观念的改变和共识的形成。

- 不同的学校,在他们的理念上和初始改革上达成广泛共识所需的时间不同。

- 共识的建立必须基于学校所有的利益相关群体,而且所达成的必须是真正一致的共识,而不是默许。
- 设计团队当然可以同时规划和实施更多的改革来支持系统改革,比如说,同一批学生由同一位老师授课三到四年,并将教室更改为多年龄层次且不分年级的学习环境。然而,团队必须避免对新体系作出具体细节规划,因为这是一个非常耗时的过程。

高杠杆的结构化改革是改革的工具和杠杆作用的来源。这些改革为旧系统中其他部分的改革提供了足够的持续性和杠杆的作用,从而使得改革之后的系统能够与新的模式兼容。这里不用为每个楼宇的改革计划和实施提供详细的理想化设计。这是一个真正的演化式方法,其中指导性的理念则作为"奇异吸引子"来引导整个演化设计。

6. 规划改革方法。这里的方法规划阶段与 Ackoff 的理想化设计方法中所提出的对应部分很类似。一旦对具有高杠杆效应的初始改革达成了广泛的共识,每个设计团队就要在核心支持团队的帮助下设计开发合适的教学方法、实践内容以及实施工具来实施最初的高杠杆的结构化改革。特定的任务可以通过组建任务小组来完成,比如制作学习成就表。有些任务小组可能是由多个设计团队共同组建而成的。任务小组从核心服务中心得到相当多的支持。设计团队给他们的成员提供了专业发展经验,从而使得他们能够运用所提供的方法、实践以及工具来提升他们的竞争力。他们根据需要采购和安装设备,并改造设施。外部资金对于"重新装备"他们的学校很重要。

7. 实施初始改革。这些方法、实践和工具的落实是为了实现最初高杠杆的结构化改革。成立专业化学习社区可帮助社区成员实施并改进初始的改革和一些其他的对支持初始改革有帮助的改革。同时,应该连续地在形成过程中进行评估和修订。

对比

我们会在本小节中讨论两种设计方法的优点并对比这两种可选的设计方法。正如在本章的初始部分所叙述的那样,这样的对比方法显然并不是完全二级化的对比方法,而是要将这两种方法看作是一个连续体上的两个可行的选项,变在改革之前已有完整的详细的新系统设计的过程,为在改革之前只有一部分的新系统完成设计的过程。

杠杆演化式设计方法的优点。如下是一些杠杆演化式设计方法相对理想化设计方法的优点：

- 在为每个楼宇设计可实施的改革时，只需要较少的时间和资源方面的投入，并且能减少开支，使得更多的学校能同时开始改革。
- 在设计方案实施之前，利益相关者不必对设计的每个方面都达成共识——仅仅针对一些具有高杠杆效应的初始改革达成共识即可——这样就会更容易达成广泛的共识。
- 早期实施初始改革能够帮助那些对改革持有疑虑的相关人员看到改革的价值和可行性。
- 与理想化设计对比而言，杠杆演化式设计方法能够使得主要的改革更快地实施，并能更早地服务于学生，而且还能维持参与者的积极性。

理想化设计方法的优点。如下是一些理想化设计方法相对杠杆演化式设计方法的优点：

- 该方法能够避免初始改革的不恰当选择（结构化不足）所带来的毫无章法的改革的风险。
- 该方法能够避免因初始改革的不恰当选择（不具备杠杆作用）而导致的旧系统对改革的阻碍的风险。
- 该方法具有较少的不确定性和混乱状态。
- 该方法更有可能使得所有的参与者分享对新系统的清晰的共同前景。

不管使用哪种方法，非常重要的一点就是要能够持续地进行系统化的工作和思考。如果改革体系之间没有明确的沟通和相互渗透的界限，那么任何一系列的改革最后都将会失败。因此，杠杆演化式设计或者理想化设计必须从系统化的观点着手，并且我们要时刻牢记系统性思维和系统论的基本原则。

对比以学校为范围的改革和以学区为范围的改革

Banathy(1996)指出系统仅仅是人在大脑中对一个实体或者一种现象赋予含义的方法。两种比较普遍的用来定义教育改革的系统是学校和学区(Squire & Reigeluth, 2000)，而每种定义方式各自代表了系统性改革的不同方法。接下来要讨论以学校为范围的改革，然后是以学区为范围的改革。

以学校为范围的改革

定义

那些以学校为范围的系统改革方法将实施改革的系统界定为学校。若干不同的术语被用来描述此种方法,包括整个学校系统的改革、基于场所或者基于学校的改革以及最常见的综合学校改革(CSR)。

以学校为范围的改革是一种涵盖了多种改革过程和设计的广义改革。虽然这些设计的侧重点不同,但是他们也有共同点,首先就是要对一个学校进行全面改革。这些设计也都关注帮助所有的学生达到高学术标准、有关最佳实践的研究应用、学生家长和社区成员与学校的融合、教师和管理人员的职业发展以及教职员工和社区成员的共同前景的创建(McChesney,1998)。

Borman、Hewes、Overman 和 Brown(2002)指出 CRS 是由美国教育部所定义的11 种要素构成的,这不仅仅包括之前所描述的特性,还包括注重运用那些已被科学数据证明且能够改进学生的学习成绩的设计、识别那些能够维持改革持续进行的资源、与学校改革的专家实体合作(例如,高等教育机构)以及对改革工作做年度评估。

工作原理

在过去的 20 年里,大部分系统化改革的实施使用了以学校为范围的方法。其中很多改革的实施得到以下两个项目之一的资金支持:新美国学校(NAS)和综合学校改革项目(CSRP),其中 CSRP 趋于注重已经确定的改革模型设计和实施这些设计的过程。

NAS

NAS 由第一届布什政府在 1991 年建立,并通过募集私人资金的方式来支持设计团队开发"打破常规"的整体化学校设计。十一个初始设计团队得到了资金奖励。NAS 的第一阶段的设计结束于 1998 年,其间,在 1995 年,该项目的设计团队总计已与超过 550 所学校建立了合作关系,这些团队包括 ATLAS、Co-nect Schools、Expeditionary Learning Outward Bound(ELOB)、Modern Red Schoolhouse(MRS)、America Choice Design Network(ACDN,也就是最开始的 National Alliance for Restructuring Education)、Success for All/Roots & Wings(SA)(Berends,Bodilly & Kirby,2002)。设计模型的实施是由学校与特定的设计团队合作完成的,特定的设计团队的任务主要是协助实施该模型。

不同的设计模型主要关注的是新学校应该是什么样的。尽管这些设计仍然有调整的空间,但是他们的改革方法主要是实施方法,而不是设计方法。虽然之前列举的五种不同的设计模型的实施方案存在相当大的差异,但其中三种设计模型都注重教职员工的职业发展和团队合作(ATLAS, ELOB, ACDN)。

从不予支持的学区内那些挣扎着要改革的学校那里得到了初始反馈之后,NAS提出了一个扩大规模的策略,开始与学区合作而不仅仅与学校合作(Berends 等,2002)。这些学区要保证在三年之内让 30%的学校使用 NAS 的设计并对这些学校提供支持,而通过这样的理念能够在学区内创建一个稳定的核心。这个核心能够鼓励学区内的所有学校进行改革。这是从以学校为范围的改革方法迈向以学区为范围的改革方法的一小步。

Hatch(2000)在报告中指出实施改革的结果喜忧参半,这是因为许多大刀阔斧地尝试着进行系统改革的学校都处于相对比较落后的学区而且大多都不太成功。NAS请 RAND 对若干个学校进行了评估研究,其结果表明改革的倡议是主动的并影响了学校政策,但是关于学校能够通过整体学校设计方案来改进业绩的初始假设在很大程度上未得到验证(Berends 等,2002)。此外,规模化的假设,即一个学区内 30%的学校使用 NAS 的整体学校改革方法就能使学区变得稳定并有较高业绩,也被推翻,因为学区管理层发生变化时,学区就会回到原来的状态(Berends 等,2002)。

CSRP

原先的综合学校改革示范项目(CSRP)成立于 1997 年,当时的国会拨款 1.5 亿美元来支持学校实施 CSR 模型。该项目是"不让一个孩子掉队"的法案的一部分,1998年的受益学校有 1800 多所,涵盖了美国 50 个州、哥伦比亚特区(the District of Columbia)、波多黎各岛(Puerto Rico)以及受到印第安事务局(Bureau of Indian Affairs)资助的学校。在 2003 年,国会拨款 3.68 亿美元用于 CSRP,而且预计每年会有 3000 所新学校得到财政支持("综合学校改革项目:关于我们")。

虽然有些学校已经结合了 CSR 来开发本校的改革模型,但是很多学校试图通过外部专家团队的帮助并根据 CSR 的指导原则来实施预先设计并经过研究证明的模型。这些外部专家团队还包括了 NAS 初始的设计团队。除此之外,还有一些像Success for All 那样比较有知名度的团队,包括 Comer 的学校发展项目(SDP),侧重于全面培养学生的身体素质、社交能力、情感表达以及学业成绩;Hirsch 的核心知识改革(CK),侧重于给儿童确立共同的核心知识;Sizer 的基础学校联盟(CES),侧重在遵守九大普遍原则的基础上创建具有支持性且丰富多彩的学习环境(Borman 等,2002)。

这些团队有着相类似的对前景的瞻望,他们都极其遵守 CSR 的指导原则,在改革过程中缺少指导方面也有相仿的经验。他们倾向于提供一个改革模型,并期望这个模型能被落实。

以学区为范围的改革

定义

那些遵循以学区为范围来进行系统化改革的方法将系统界定为学区。Schlechty(1990)提出学区是改革的单位,并强调学区通常会缺乏针对改革的共同前景及必要支持,正因为如此,改革需要重视学区范围内的领导力。Duffy 等(2000)更强调学区范围的改革,并指出将改革局限在学校范围内缺乏系统化,一所学校本身是不足以推动系统化改革的。Jenlink、Reigeluth、Carr 和 Nelson(1996)倡导以学区为范围的系统改革,认为"系统改革需要超越在教室或者学校楼宇内的改革;我们也需要学区层面上的改革"(第 22 页)。

以学区为改革重点的论据是如果学校不具有学区的共同前景且没有学区的支持,那么以学校为基础的改革很可能会失败。Duffy 和他的同事们认为如果改革范围超越了以学区为单位的范围,那么改革的实施将会很复杂并且不稳定(2000)。因此,学区应该与学校合作来创建共同的前景,并将改革的自主权让给各个学校,从而使各个学校能够设计并实施符合学区共同前景的改革模型(Duffy 等,2000;Jenlink 等,1996)。

工作原理

在学区层面上实施系统化改革包含了若干过程。Duffy 和他的同事们(2000)所提出的知识工作监督(Knowledge Work Supervision,KWS)过程侧重于如下四个阶段:

- 建立对创新的支持
- 重新设计以提升业绩
- 实现稳定性和普及性
- 持续进行学校的改进

他们还指出了改革过程中的五个关键角色:

- 知识工作协调员:其主要工作是作为"整合者"给改革提供策略指导
- 群组改进团队:该团队是由中小学系统中互相关联的学校组成的,比如一所高中和向它输送学生的小学和中学
- 现场改进团队:该团队主要为自己所在的楼宇进行重新设计,同时还要考虑他

们与群组内的其他成员的关系

- 实践社区：不管实践是正式还是非正式的，社区要将他们的知识传播贯穿于整个系统

- 核心服务中心：这是一个经过重新设计的核心办公室，任务是为教师和行政管理人员在贯彻他们的改革目标时提供支持

Jenlink、Reigeluth、Carr 和 Nelson(1998)提出了五个阶段的方法，并将其细化为 26 个离散事件以及很多连续事件。如下是五个阶段的内容：

- 评估准备情况以及协商协议
- 准备改革过程的核心团队
- 准备改革过程的扩充团队
- 参与新教育系统的设计
- 实施并改进新系统

以上两种改革过程在系统化学区改革上有着类似的关键特点。这些特点包括重点关注在学区内创建共同前景、利益相关者的参与、对改革需求的阐释、创造推动改革过程的动力，以及赋予学校支配本校改革设计的自主权。

虽然目前还没有对以学区为范围的系统改革项目的完整评估，但是值得注意的是一些以学校为范围的改革项目的评估表明了对更大规模的以学区为范围的改革过程的需求。Datnow 和 Stringfield(2000)综述了 16 个改革项目以及 300 多个案例研究的结果，发现当改革的目标和任务是由设计团队、学校、学区和所在的州共同承担时，改革的进展才会更有成效。此外，RAND 对 NAS 改革结果的研究"显著地证明"了学区需要给该区域的学校提供有利的环境才能确保改革的顺利实施(Berends 等，2002，第 174 页)。NAS 所提出的规模化方法论表明他们已经认识到了要将改革的重点转移到学区层面的需求。

对比

以学校为范围的改革方法的优点。以下是一些以学校为范围的改革方法相对于以学区为范围的改革方法的优点：

- 较低的复杂度
- 较少的资源需求
- 较短的实施时间

- 较坚实的对以往的实施和模型的研究基础

以学区为范围的改革方法的优点。以下是一些以学区为范围的改革方法相对于以学校为范围的改革方法的优点：

- 对学校有更强的支持机制
- 改革过程有一个更系统化的视角
- 所有的利益相关者有一个共同前景
- 把学区作为一个学习组织的持久承诺

对比以关键领导人为导向的改革和以广大利益相关者为导向的改革

Schlechty(1990)开发了一种"市场化方式"的系统改革方法,该方法由一位具有远见的学监来驱动。这与另外一种"用户即设计者"的方法相反。用户即设计者的方法是由普遍的利益相关者来驱动的。

以关键领导人为导向的改革

定义

"如果需要发明新的系统结构,那么教育领导者就必须是风险承担者"(Schlechty,1990,第152页)。教育改革家 Phillip Schlechty 在著作中指出必须要坚定地信赖领导层的能力才能够发起改革。领导力可来自于组织内部的任何组成部分,但是"想法始于个人而不是团队"(第50页)。Schlechty 认为如果缺少具有远见的领导者的努力,那么大部分的改革尝试将会注定失败。

Schlechty 也认识到从 20 世纪 50 年代以来,以"行销化方式"来进行学校改革的结果几乎是连续性的失败:

> 通常那些实施改革方案的人会将此项任务看成一种销售任务。就像销售是为了试图克服市场阻力来推出新产品一样,改革领导者是致力于克服改革过程中的阻力……相反,市场化改革则开始于必须满足那些重要支持者的需求和利益这样一种观点……使人们能够容忍改革和能够利用自己的时间、精力和创造能力来支持改革是两码事(Schlechty,1990,第84页)。

运用 Schlechty 的"市场化方式"的教育改革人员必须要先关注消费者,也就是教育改革中的学生。通过给学生提供能帮助他们成功的学校作业,学校就能够在信息化社会当中进行改革并维持民主体制。以关键领导者为导向的设计方法的支持者关注的是学生以及如何才能帮助学生经历成功。它的一个重要突出点就是改革的建议是有目的性的,且基于对利益相关者价值观的理解。如果预计所提出的改革方案完全与利益相关者的价值观相矛盾,那么就需要修订改革方案从而使其能够被接受。这种方法使得对设计进行修改变得更灵活,但是没有让利益相关者真正地参与到改革目标的形成中来。

工作原理

Schlechty(1990)提出了可以让领导者增加改革成功机率的三种强有力的方法:(1)促进和沟通共同前景;(2)强调一种结果的导向性;(3)运用共同的决策。

Schlechty 所倡导的创建共同前景包括让信息在整个机构中顺畅地传播,这样,这种由下而上的改革方法就因初期受到高度支持而较容易实施,且可以使人更快地与领导层相沟通。共同前景的达成还包括策略型的市场营销,而"其中的技巧就是划分市场领域,这样发挥作用的部分才能被考虑在内;还有,将客户分类(用于分析目的),可以反映出重要的客户群并强调其重要性"(1990,第 85 页)。因此,事先识别有可能被反驳的要点并提前给出解决办法是市场化方式的一个重要部分。

强调结果的导向性包含了参照学校的既存目的来评估目前和未来的举措。Schlechty 表明当我们把一所学校看作是知识型工作机构时,我们的目的就是"设计那些能够帮助学生获得成功(学生能做并且愿意做)的学校作业(知识型的任务),使学生能够从这些学校作业中学到目标知识"(1990,第 53 页)。如果这就是假定的目标,那么对结果进行评价时就只要评估学校的发展是否朝着预期的目标行进即可。

Schlechty 认为运用共同的决策可以被看作是民主社会里出色而又令人满意的活动,也可以被看作是能够带来"更好的决定和结果"的一种领导能力(1990,第 52 页)。在重新制定管理方法和时间安排时让处于底层的员工参与到决策制定的过程中来能够使整个机构有效地运作。

这三种方法在改革过程中紧密相连且缺一不可。

一些对由领导层来准备改革的方式感兴趣的研究人员完成了以关键领导者为导向的设计的附加工作。Latchem 和 Hanna(2002)将 Schlechty 的理论应用到计算机技术与课堂教学相整合的实施过程中。他们将创新技术(第 204 页)描述为回应客户需求并驱使组织机构以不同的方式进行运作。这比以关键领导者为导向的改革方法有所进步，它坚持以客户为中心，但又不像原来的方式那样依赖管理者。另外，学术性工作也已经关注到教师领导力，以及在改革当中教师领导力的发展如何能改进学校的运作情况（Cox，1999）。

以关键领导人为导向的设计的一个重要突出点就是改革的建议是有目的地基于对利益相关者的价值观的理解之上的。如果所提出的改革方案预计与利益相关者的价值观相矛盾，那么就需要修订改革方案使其能够被接受。

以广大利益相关者为导向的改革

定义

"用户即设计者"是与理想化设计高度一致的设计方法，它关注众多利益相关者的高度参与。该设计方法（Carr-Chellman，2006）被定义为"一种对特定的利益相关者、革新的使用者的真正授权，这样他们才可以建立他们自己的人类学习体系"。用户设计建立在系统理论以及对基本的系统知识的理解的基础之上，比如相互关系和相互依存这些最基本的系统知识。用户设计方法对教育系统设计（Educational Systems Design，ESD）的应用起源于 Banathy（1991）、Reigeluth（1993）和 Jenlink（1995）所做的相关研究。这些 20 世纪 90 年代的早期研究工作侧重于利益相关者参与的有效模式，其有效程度远远超过之前的利益相关者参与的模式，比如说 Epstein（1997）所提及的模式。

用户设计的根基是人机交互界面的设计，尤其是 Scandinavian 在参与设计方面的理论（Schuler & Namioka，1993）。与传统的教学设计比较而言，用户设计的过程是一个缺少系统性和线性化的过程，因此它在更多方面与理想化设计过程相一致。

工作原理

用户设计的基本原则是让尽可能多的利益相关者参与到设计和决策制定中来。在这种类型的方法中，用户成为了设计师，而专业的设计师则必须及时地为用户提供帮助和实地培训。这是设计师的角色和参与者或者改革受益者的角色的巨大转变。正因为这样的转变，权利成为了实施用户设计方法时必须要仔细考虑的主要变量。在某些情景当中，用户设计方法是不可行的，因为领导层或者设计师不赞成权利共享的观点。

综合而言，尽管存在这个缺点，但是有关利益相关者参与到公立学校改革方面的实证研究的结果都是正面而又积极的（Hafner，1992；Henry，Dickey & Areson，1991；Wang，Haertel & Walberg，1995）。另外，利益相关者参与到更普遍的社会化系统设计中，往往会产生积极而正面的效果（Brandon，1999；Greene，1988；Saegert，1996）。这些研究结果非常地振奋人心，而且能够帮助愿意去考虑这样一种激进方法的读者。

用户设计的基本阶段包括筹备、团队选择、过程/设计工具的选择、能力培养、过程实施、试验创新、反复地评估改革过程和产品创新，以及对用户设计的系统化影响进行评估（Carr-Chellman，2006）。这些阶段的实施进程并不是非常紧凑，而且没有以真正的线性风格来执行。但是普遍来看，它们还是有一定的先后顺序，比如说，任何机构的筹备工作至少应该要先于团队成员或者工具的选择。每个阶段需要考虑不同的内容，例如，工具的选择阶段应该是一个共享活动，而设计师是要辅助整个活动的开展而不是做决策。基本过程需要像快速原型法那样对创新进行相对早期的试验。对每个阶段的更多讨论可以参照 Carr-Chellman（2006）的相关研究。

对比

以关键领导者为导向的方法以及用户设计的方法具有一些共同之处，具体来说以关键领导者为导向的方法需要创建共同的前景，并且承认创新可能来自系统的任何部分。然而，考虑到权力问题，两种方法之间有着相当大的差异。非常明确的一点就是在实施以关键领导者为导向的方法时，领导者掌控着权力。然而，用户设计方法的决策权则在于用户本身。在很多情况下用户设计的方法可能并不是非常合适，尽管这种方法有更高的用户参与度，其原因是在某些情境中，权力分配成为一个问题，或者所需要的时间和人力资源也成了一个问题。用户设计也需要部分系统用户具有责任感并踊跃参与其中，而如果某情境不具备这些要素，那么用户设计的方法可能就不能满足特定学校社区的需求。

另一方面，以关键领导者为导向的方法需要参与者在关键领导人的引导下参与到整个过程当中，因此，必须具备举足轻重的关键领导者。毋庸置疑，关键领导者必须具有良好的沟通技巧并且是令人信服的创新者。因此，这些方法并不能适用于所有的学校文化。无论是哪种方法，事前准备是必不可少的。

总结

本章节讲述了针对美国中小学教育创新的一系列系统改革方法。这些方法包括了理想化设计方法和杠杆演化式设计方法,以学校为范围的改革和以学区为范围的改革,以及以关键领导者为导向的改革和以广大利益相关者为导向的改革。本章节还回顾每种方法的定义及其重要应用,并比较了这些方法的优缺点。希望本文能够激起大家在学校社区的特定文化情境中来讨论和理解这些改革方法的优缺点的兴趣,并使大家为未来的研究提出可行的方向。

(冯晓晓、叶海松　译)

参考文献

Ackoff, R. L. (1979). Resurrecting the future of operational research. *Journal of the Operational Research Society*, 30,189—199.

Arriaza, G. (2004). Making changes that stay made: School reform and community involvement. *The High School Journal*, 87(4),10—24.

Banathy, B. H. (1991). *Educational systems design: A journey to create the future*. Englewood Cliffs, NJ: Educational Technology Publications.

Banathy, B. H. (1992). *A systems view of education: Concepts and principles for effective practice*. Englewood Cliffs, NJ: Educational Technology Publications.

Banathy, B. H. (1996). *Designing social systems in a changing world*. New York: Plenum Press.

Berends, M. , Bodilly, S. J. , & Kirby, S. N. (2002). Looking back over a decade of whole-school reform: The experience of New American Schools. *Phi Delta Kappan*, 84 (2), 168—175.

Borko, H. , Wolf, S. A. , Simone, G. , & Uchiyama, K. P. (2003). Schools in transition: Reform efforts and school capacity in Washington State. *Educational Evaluation and Policy Analysis*, 25(2), 171—201.

Borman, G. , Hewes, G. , Overman, L. , & Brown, S. (2002). *Comprehensive school reform and student achievement: A meta-analysis* (No. 59). Baltimore: Center for Research on the Education of Students Placed at Risk.

Brandon, P. R. (1999). Involving program stakeholders in reviews of evaluators' recommendations for program revisions. *Evaluation and Program Planning*, 22,363—372.

Carr, A. A. (1996). Leadership and community participation: Four case studies. *Journal of Curriculum and Supervision*, 12(2),152—168.

Carr-Chellman, A. A. (2006). User Design. Erlbaum, Hillsdale, NJ.

Carroll, J. M. (2000). Five reasons for scenario-based design. *Interacting with Computers*, *13*, 43—60.

Comprehensive School Reform Program: About Us. Retrieved April 26, 2006, from *http://www. ed. gov/programs/compreform/2pager. html*

Corcoran, T. , & Lawrence, N. (2003). *Changing district culture and capacity: The impact of the Merck Institute for Science Education partnership.* Philadelphia: University of Pennsylvania.

Cox, T. R. (1999). *A qualitative study of a capacity building professional development experience.* Unpublished doctoral dissertation. University of West Virginia, Morgantown, WV.

Datnow, A. , & Stringfield, S. (2000). Working together for reliable school reform. *Journal of Education for Students Placed at Risk*, *5*(1&2), 183—204.

Duffy, F. , Rogerson, L. G. , & Blick, C. (2000). *Redesigning America's schools: A systems approach to improvement.* Norwood, MA: Christopher-Gordon Publishers, Inc.

Epstein, J. L. (1997). *School, family, and community partnerships: Your handbook for action.* Thousand Oaks, CA: Corwin Press.

Fullan, M. (2000). The three stories of education reform. *Phi Delta Kappan*, *81*(8), 581—584.

Greene, J. C. (1988). Stakeholder participation and utilization in program evaluation. *Evaluation Review*, *12*(2), 91—116.

Hafner, A. L. (1992). *Developing model student information systems: Promising practices.* (ERIC Document Reproduction Service No. ED358516). San Francisco: Far West Laboratory for the Educational Research and Development.

Hatch, T. (2000). What does it take to break the mold? Rhetoric and reality in New American Schools. *Teachers College Record*, *102*(3), pp. 561—589.

Henry, G. T. , Dickey, K. C, & Areson, J. C, (1991). Stakeholder participation in educational performance monitoring systems. *Educational Evaluation and Policy Analysis*, *13*(2), 177—188.

Jenlink, P. M. (1995). *Systemic change: Touchstones for the future school.* Palatine, IL: Skylight.

Jenlink, P. M. , Reigeluth, C. M. , Carr, A. A. , & Nelson, L. M. (1996). An expedition for change: Facilitating the systemic change process in school districts. *TechTrends*, *41*(1), 21—30.

Jenlink, P. M. , Reigeluth, C. M. , Carr, A. A. , & Nelson, L. M. (1998). Guidelines for facilitating systemic change in school districts. *Systems Research and Behavioral Science*, *15*(3), 217—233.

Joseph, R. (2003). *Formative research on a cesign theory to facilitate systemic change in public school districts.* Unpublished doctoral dissertation. Indiana University, Bloomington, IN.

Latchem, C. , & Hanna, D. E. (2002). Leadership for open and flexible learning. *Open Learning*, *17*(3), 203—215.

McChesney, J. (1998). *Whole-school reform* (No. 124). Eugene, OR: ERIC Digest.

Nelson, H. G. , & Stolterman, E. (2003). *The design way: Intentional Change in an Unpredictable World*. Englewood Cliffs, NJ: Educational Technology Publications.

Omerod, R. (1995). Putting soft OR methods to work: Information systems strategy development at Sainsbury's. *The Journal of the Operational Research Society*, 46 (3), 277—293.

Pourdehnad, J. , & Hebb, A. (2002). Redesigning the Academy of Vocal Arts (AVA). *Systems Research and Behavioral Science*, 19, 331—338.

Reigeluth, C. M. (1993). Principles of educational systems design. *International Journal of Educational Research*, 19(2), 117—131.

Reigeluth, C. M. (2006). The Guidance system for transforming education. *Tech Trends*, 50 (2),42.

Saegert, S. (1996). *Growing the seeds of strength in high risk urban neighborhoods*. Paper presented at the Annual meeting of the American Psychological Association, Toronto, Ontario, Canada.

Schlechty, P. C. (1990). *Schools for the 21st century: Leadership imperatives for educational reform*. San Francisco: Jossey-Bass Publishers.

Schuler, D. , & Namioka, A. (1993). *Participatory design: Principles and practices*. Hillsdale, NJ: Erlbaum.

Squire, K. D. (1999). Opportunity initiated systems design. *Systemic Practice and Action Research*, 12(6), 633—648.

Squire, K. , & Reigeluth, C. (2000). The many faces of systemic change. *Educational Horizons*, 78(3), 143—152.

Wang, M. C. , Haertel, G. D. , & Walberg, H. J. , (1995). *Effective features of collaborative school-linked services for children in elementary school: What do we know from research and practice?* (ERIC Document Reproduction Service No. ED399309). Nairobi, Kenya/Philadelphia, PA: Coordinating center for Regional Information Training.

9 技术作为课堂改革的推动力

Gary R. Morrison，Steven M. Ross 和 Deborah L. Lowther

摘　要：我们在本章节着重讨论了一项在中西部一个学区用了三年时间实施的"人手一台笔记本电脑教学模式"的研究项目的结果。我们应用定性定量(准实验)混合设计,通过课堂观察,学生、教师和家长的感知问卷调查,以及州统考的考试成绩和作为补充评估的写作和问题解决能力测试得分的数据分析,发现技术创新可以作为一种变革推动力,使学习更多地以解决问题为基础并更具有建构性。另外,对比发现,当学生拥有自己的电脑并在经过改革的课堂环境里学习时,学生的写作和解决问题的能力会持续提高。最后文章总结了研究结果在技术应用的实践和研究中的意义。

关键词：改革推动力,笔记本电脑教室,笔记本电脑教师,创新,教师使用技术,技术整合,学习成绩,技术可获取性,问题解决,教师对技术的感知,以项目为基础的学习

自从幻灯投影机在 19 世纪后期被引入到教室教学以来,技术一直被看作是辅助教学的手段。上世纪以来,这种概念一直引导着我们在中小学课堂使用投影仪、16 毫米电影放映机、电视机,以及最近的微型计算机和掌上电脑。由于 1957 年苏联成功发

本章数据来源于作者们 3 年的研究数据和一年一度的评估报告,请访问 http://www. nteq. com/? p＝research。第三年的数据参见：Lowther, D. L. , Ross, S. M. ＆ Morrison, G. R. (2003)发表的文章 The Laptop Classroom：The Effect on Instruction and Achievement. *Educational Technology, Research, and Development*, 51, 23—44。作者们在 Voices of the Past-Visions of the future：Learning and Instructional Technologies for the 21st Century 会议上报告了本章的内容。
G. R. Morrison (⊠)
Old Dominion University, Norfolk, VA, USA
Email：GMorriso@odu. edu

射了人造卫星，美国国会通过了国防教育法来支持这种做法，这导致许多中小学在课堂安装投影机来改进教学。虽然 Clark（1983）的研究表明，技术如果和教学策略相剥离，那么其作为一个单独的传递工具并不能够改进教学，但是学区还是在几乎没有回报率的情况下继续购买更多的技术产品和新技术以期望提高学生的成绩。

虽然许多研究者同意 Clark 的观点并放弃了媒体比较研究，但一个问题始终存在，那就是技术对教学和课堂环境带来怎样的影响。在本章中，我们将研究一个技术创新如何影响了教学和教学环境并由此提高了学生的成绩和表现。

背景介绍

美国中西部一个城郊学区在 1998—1999 学年决定在第二年的五、六年级的学生中推行每人一台笔记本电脑的活动。在实施过程中的第一年，家长租用学校认可的厂商的笔记本电脑（使用一年之后，家长可以选择购买该笔记本电脑）。对于想要参加但负担不起的家庭，由学区基金会来提供帮助。一旦在一个学校同个年级有约 25 名学生承诺租用或者购买笔记本电脑，那么笔记本电脑教室就算成功创建了。该项目是完全自愿的。参加了笔记本电脑项目的学生会被组织在同一个课堂一起学习四个科目（数学、科学、语言艺术和社会研究）。学区给每所学校开发配套了对应的基础设施，包括无线上网和网络打印机。

该项目研究小组参与了项目的规划、实施与评估。具体来说，该学区采用了"为了探寻的整合技术"（Integrating Technology for Inquiry, NTeQ）模型的方法（Morrison & Lowther, 2005）。在本章中，作者所定义的技术创新由两部分组成：(1) 在课堂中引入笔记本电脑；(2) 关于将技术整合到课堂中的教师培训。下面是相关项目活动实施的简要说明：

第一年

笔记本电脑在七月初分发给了学生。参与该项目的教师被称之为"笔记本电脑教师"，也收到了相同的笔记本电脑。学生家长被鼓励参加一个或多个由笔记本电脑教师组织的操作系统和微软办公室软件的晚上的培训课程。

在七月初，笔记本电脑教师参加了为期十天的侧重于 NTeQ 模型的培训。该模型采用基于问题解决的学习方法，将整合计算机技术作为一个工具，而不是一个传递系统。一个十步骤模型被用于开发基于问题解决的课程(参见图1)。在培训课程中,教师学习如何使用模型来开发整合课程。每个老师开发至少两个技术整合单元课程,并在学年期间使用。同时,项目也鼓励教师们合作开发,在两个或更多核心内容中整合笔记本电脑技术,然后由教师们联合教学。

在学年期间,本章的主要作者提供了每次一小时,一共六次的笔记本电脑教师辅助课程。这些课程主要以问答的形式来解决教师课堂技术整合中碰到的问题。此外,项目的实施情况也会定期以会议的形式向笔记本电脑班的学生家长做汇报。

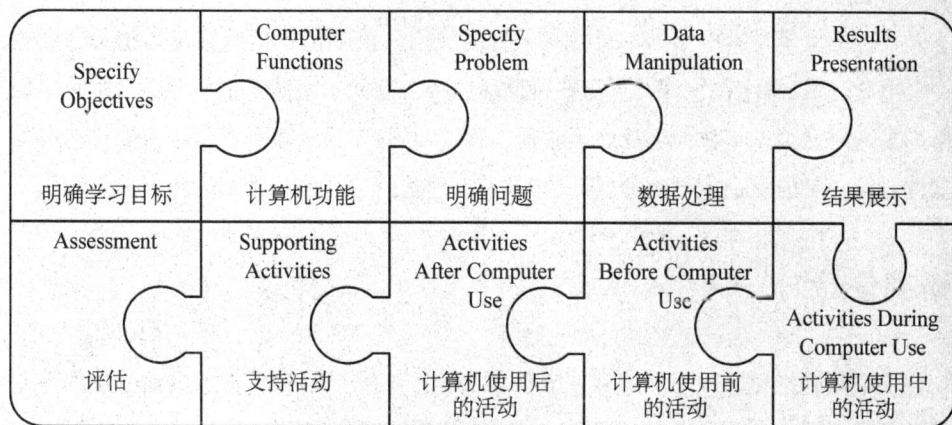

Specify Objectives	Computer Functions	Specify Problem	Data Manipulation	Results Presentation
明确学习目标	计算机功能	明确问题	数据处理	结果展示
Assessment	Supporting Activities	Activities After Computer Use	Activities Before Computer Use	Activities During Computer Use
评估	支持活动	计算机使用后的活动	计算机使用前的活动	计算机使用中的活动

图1　NTeQ 模型

第二年

在第一年的春天,针对想要在第二年继续参与该计划的教师,学区举行了第二届NTeQ模型培训课程。课程每周两次,在学生放学后进行,完成后会得到认证,该认证等同于一个三小时的研究生课程的学分。课程内容扩大到教学的更多单元以及课堂教学的网络整合。夏季期间由第一年的笔记本电脑教师担任教练,也提供了相似的培训课程。

在第二学年,参加了笔记本电脑教室项目的学生分别升入到了六年级和七年级,与选择进入项目的五年级新生共同创建更多的笔记本电脑教室。同样地,要求一个学校的同个年级满足至少25名学生的标准。

鉴于第一年的成功实施,我们测试了新的教室配备。在第一年参加了项目的教师可以选择在他们的课堂上放置4—6台台式电脑,让他们得以实施NTeQ模型教学模式。这些计算机都有互联网接入,此外这些教室每间都配备了一台接入到网络的打印机。在第二年的评估中,这些拥有台式电脑的电脑增强(CE)教室被研究者用来和笔记本电脑教室相比较。

在学年期间,本文主要作者和笔记本电脑教室与台式电脑 CE 教室的任课教师进行了大约四次会面,回答和帮助教师解决问题。同样,研究者偶尔举行会议回答学生家长针对本项目的相关问题。

第三年

校区提供笔记本电脑推车给参与项目的教室。该笔记本电脑推车带给每个学生一台电脑,所以学生在上课时不需要再分享电脑。经验丰富的笔记本电脑教师在暑假培训了选择在第三年参与项目的新教师。并且,经验丰富的教师在学年内提供持续的支持。第一年的一个主导教师得到提升,来管理整个学区的教师培训和支持工作。

研究设计

三个问题指导了该项目的第一年和第二年的研究。第一,笔记本电脑教室的课堂教学是否不同? 也就是说,与传统的教室或台式电脑 CE 教室相比,教师在笔记本电脑教室上课是否采用了不同的教学方法? 第二,笔记本电脑教室的学生的学习效果是否不同? 技术在教室中的介入对学生的学习产生了怎样的变化? 第三,学生在笔记本电脑课堂上是否有不同的表现? 在教室里,每个学生都可以随时访问连接着网络的笔记本电脑,由于技术的介入,学生的学习行为是否产生了变化?

本研究在第三年的重点是五年级的学生,研究对比笔记本电脑教室和电脑推车的笔记本电脑教室。具体有六个问题指导这项研究。

- 在笔记本电脑教室和电脑推车的笔记本电脑教室的教学环境下,教学策略有什么不同?
- 在笔记本电脑教室和电脑推车的笔记本电脑教室的教学环境下,学生的写作能力有什么不同?
- 学生的解决问题的方法有什么不同?
- 在笔记本电脑教室和电脑推车的笔记本电脑教室的教学环境下,五年级的学生的数学、科学、社会科学学科学习的效果有什么不同?

- 学生如何看待笔记本电脑的使用？
- 针对笔记本电脑教室或是电脑推车的笔记本电脑教室的教学，教师认为技术整合的好处和问题是什么？

数据搜集

用于评估的数据包括课堂观察、学生写作考试成绩、学生调查和小组访谈、教师调查和访谈，以及家长调查和访谈。三个独立的观察措施被用来收集数据：学校观察测量表（School Observation Measure，SOM©）、电脑使用调查表（Survey of Computer Use，SCU©）和以学生为中心的活动量规（Rubric for Student-Centered Activities，RSCA©）。SOM©用来测量24种教学策略在课堂观察中的使用频率（Ross，Smith & Alberg，1999）。同时使用的SCU©用来专门捕捉学生电脑访问以及使用电脑的能力，而不是教师的技术整合能力（Lowther & Ross，2001）。这两个测量基于连续60分钟的观察，并大致分成四个时段，每段15分钟。四个时段的观察记录最后汇总在一个SOM和一个SCU数据报表上。RSCA©以学生为中心的活动量规是对前两个量表的扩展（Lowther & Ross，2000），目的是更紧密地评估其重要的七个选定区域的学习者的参与度，分别为合作学习、基于项目的学习、高层次提问、体验式/实践学习、学生独立调查/研究、学生讨论和学生使用技术创造知识。每个选定区域包含一个由两部分组成的评定量表。第一部分是一个4分的量表，1代表很低的应用水平，4代表很高的应用水平。第二部分是是非选项题，比如："使用技术了么？"在量表空白处，观察者可写入所使用技术的简要描述。每次课堂观察都需要完成一份RSCA表。

研究者使用该学区的写作评分指南来评估笔记本电脑教室和对照组学生的写作样本。在每学年结束时，学生要给明年的任课老师写一封自我介绍信。经验丰富的评审员使用该学区的四点量规（量规从1到4，4为可能的最高评级）来盲审，根据写作样本的理念和内容、组织形式、风格和规范，给学生进行打分。

针对学生、教师和家长的调查，访谈和小组谈话问题主要集中在三个方面：（1）笔记本电脑使用对提高个人技能（研究，计算和学习）的影响；（2）笔记本电脑对教室里教与学的影响；（3）笔记本电脑项目的好处、困难和改进建议。

在第二和第三年，研究人员和参与教师合作设计了问题解决试题。需要解决的问题是：在当地的公园，饮料罐没有被回收（每罐有0.10美元的可退还的押金）。学生写下他们解决该问题的方法。一个问题解决的量规被用来评估学生们的问题解决方案，包括"对问题的认识"、"识别问题已知的信息"、"标识解决问题需要知道的信息"、"确定解决问题需要的数据整理方法"、"描述技术的使用"、"描述结果"和"协作学习"。

第三年，学生的成绩是学区的标准化考试成绩，采用密歇根州课程标准和基准针对数学、科学和社会研究进行考核。参与的学生四年级时（使用笔记本电脑前）2001到2002学年的 MEAP 数学总分被用来作为协变量来控制学生的初始差异。

结果

在本章中，我们的重点是比较笔记本电脑教室和传统的台式电脑 CE 教室之间教学环境的不同。读者可以登录 NTeQ 网站（www. nteq. com）查看每年评估报告的所有数据，那里有详细的分析和成绩测量的讨论。以下是调查结果的简要总结。

第一年

第一年（1999—2000 学年），研究者把五年级和六年级的笔记本电脑教室与对照组传统的教室（少于五台电脑）进行了对比。笔记本电脑教师已完成夏季研讨会，学会了使用 NTeQ 模型，并能在不同的程度上使用微软办公软件和浏览互联网。

学生成绩

经验丰富的教师使用学区写作量规盲审了 32 个笔记本电脑教室学生的写作样本和 32 个对照组学生的写作样本。研究者将两组学生的平均成绩通过多变量变异数进行分析（MANOVA），并把四个维度的成绩作为因变量。分析得到了显著的差异（$p = 0.048$）。因此，研究者对各维度分开执行单变量变异数分析（ANOVA）。所有成绩都非常显著地表明笔记本电脑学生的成绩比对照组要高，效应量大小介于 0.61 至 0.78，显示出了有力的、在教育上有显著意义的影响。

课堂观察

在本章的讨论中特别有趣的是教室环境的评估。研究人员共完成了 32 次笔记本电脑教室课堂观察记录和 18 次传统课堂的课堂观察记录。通过分析发现了显著的差异：和传统教室对比，笔记本电脑教室教学环境在以下几方面更为优越：基于项目的学习（65％对 22％）、独立探究/研究（58％对 24％）、计算机用于教学传递（22％与 0％）和计算机作为学习工具（88％对 17％）。一般情况下，使用电脑进行的学习者活动，诸如合作学习、探究和持续写作,在笔记本电脑教室里更容易出现。笔记本电脑教室在七个方面均取得了统计学意义上的显著优势,所有这些显著优势的效应量都大于或等于 0.59:电脑作为学习工具(效应量为2.29)、基于项目的学习(效应量为 0.95)、独立探究(效应量为 0.89)、高层次教学反馈(效应量为 0.61)、教师作为促进者(效应量为 0.64)、合作学习(效应量为 0.59)和用电脑进行教学传递(效应量为 0.59)。

调查,访谈和小组谈话

参与笔记本电脑教室项目的 397 名学生提供了调查反馈,学生们认为他们的计算机技能有所提高,他们能够更好地做基于互联网的研究。就使用学校的电脑是否增加了他们的学习兴趣,让他们想获得更好的成绩,提高了写作能力,或更好地使他们与他人合作而言,学生们不是那么肯定。超过一半的受访学生表示比较经常地使用笔记本电脑或上网来完成功课,但是更多的学生表示使用笔记本电脑或上网来做其他的事情。研究人员和每 6 名学生为一组的共计 58 名学生参加的小组谈话进行了数据分析。结果和之前的学生调查结果吻合。

13 名笔记本电脑教师回应了教师问卷调查。结果表明:教师非常积极地肯定了使用笔记本电脑给他们自己以及学生带来的好处。大家一致认为,参与该项目(1)提高了教师的计算机应用基本技能,(2)增强了在课堂中进行高层次学习的能力,(3)增加了基于项目的学习,(4)对教师职业发展有益。教师们非常认同以下几点:他们可以更好地准备电脑整合的教学,经常使用技术增加了与学生和家长的互动,他们仍会继续参与明年的项目。研究者随机选择采访了 7 名笔记本电脑教师。教师们指出,由于笔记本电脑,他们的课堂实践有了更多的合作学习,以及基于项目的学习和指导。教师们反映,与非笔记本电脑项目对比,笔记本电脑项目整合了更多的学科、科研、高层次能力学习、写作以及对电子表格、文字处理和互联网的使用。

187 名学生家长认为笔记本电脑项目对孩子的教育有帮助。超过半数认为,该项目增加了他们的孩子对学校的兴趣、对基于项目的学习任务的投入和研究技能。介于三分之一和二分之一之间的家长认为,孩子学习成绩提高了,写作技巧增强了,与其他学生的合作能力提升了。在开放式问卷调查中,超过一半的家长表示笔记本电脑项目最大的好处是孩子们提高了他们在不同的学科领域的知识水平以及计算机素养。研究者随机选择了 40 名家长(20 名为五年级参与笔记本电脑项目的学生家长,20 名为六年级参与笔记本电脑项目的学生家长)进行了采访。总体而言,家长支持笔记本电脑项目,认为此项目对孩子的学习和对学校活动的参与产生了积极的影响。

第二年

第二年（2000—2001 学年），研究者对比了笔记本电脑教室和台式电脑 CE 教室（四到六台联网电脑）。这两个群体的教师在开学前都接受了使用 NTeQ 模型进行教学的训练。这两种教室之间的主要差别是学生与电脑的比率。研究对象包括了五年级、六年级和七年级学生。

学生成绩

为了确定对学生写作的影响，我们随机选择、评估分析了 59 个笔记本电脑教室学生的写作样本和 59 个对照组学生的写作样本。多变量变异数分析（MANOVA）结果显示笔记本电脑学生有巨大的优势（六年级：$F(4, 53) = 8.87$，$p < 0.001$；七年级：$F(4, 55) = 4.133$，$p < 0.005$）。整体效应量也表现强劲，即从 0.55（写作约定）到 1.14（写作思路和内容）。

我们随机选择、评估分析了 52 名六年级笔记本电脑学生的问题解决试卷和 59 名六年级台式电脑 CE 教室学生的试卷，用多变量变异数分析（MANOVA）比较了两组解决问题的七个成分，发现了显著差异：$F(7, 103) = 3.378$，$p = 0.003$。后续分析发现笔记本电脑学生在所有七个成分表现中均有优势，包括"对问题的认识"、"识别问题已知的信息"、"标识解决问题需要知道的信息"、"确定解决问题需要的数据整理方法"、"描述技术的使用"、"描述结果"和"协作学习"。效应量大小介于 0.38 和 0.76 之间。

课堂观察

研究人员使用 SOM 和 SCU 表完成了 55 次课堂观察记录（32 次笔记本电脑教室和 23 次台式电脑 CE 教室）。在 SOM 调查中，有两点显著差异：学科的整合在笔记本电脑教室的频率显著少于台式电脑教室（$p < 0.001$）。而技术作为一种学习工具在笔记本电脑教室的频率显著高于台式电脑 CE 教室（$p < 0.001$）。和第一年的笔记本电脑教室和传统教室的比较相比较，我们发现笔记本电脑教室和台式电脑 CE 教室有更多的相似之处。

调查，访谈和小组谈话

与台式电脑 CE 教室的学生相比较，更多的笔记本电脑教室的学生非常明确地认为他们的计算机技能有了提高（$p < 0.001$），而且因为使用电脑，他们得以在一定程度上提高了写作技能（$p < 0.001$）。小组谈话中，笔记本电脑教室的学生表示，有电脑最好的地方就是很容易访问在线资源，便于创建和编辑工作，让作业更为美观。台式电

脑 CE 教室的学生表示最好的地方是比起纸和笔,写作起来更加容易,研究也更容易,而且他们很喜欢拼写检查器。而最糟糕的方面是不得不等着用电脑,忘记保存作业和遇到技术困难。

八名笔记本电脑教师一致认为该项目提高了他们的计算机应用基本技能,创建了与学生一起使用电脑的课程,将技术融入到了以前没有电脑的课程当中去。三分之二的教师同意,参与该项目使得他们增强了在课堂中进行高层次学习的能力,增加了基于项目的学习并且提升了与学生和家长的互动。所有的教师都认为参与笔记本电脑项目很受益,会继续参与。

超过半数的笔记本电脑教室和台式电脑 CE 教室的学生家长认为孩子通过参加这个项目,增加了对学校的兴趣,更多地参加了基于项目的学校的工作,提高了研究技能。此外,57% 的笔记本电脑教室的学生家长和 20% 的台式电脑 CE 教室的学生家长认为使用电脑提高了孩子的写作技巧。49% 的笔记本电脑教室的学生家长和 27% 的台式电脑 CE 教室的学生家长认为使用电脑提高了孩子的学习成绩。

第三年

该研究在第三年集中于调查了五年级的学生。第三年的研究目的是为了确定提供笔记本电脑给学生的教学的有效性,以及电脑使用时间量(每天 24 小时或仅是在课堂上使用)和电脑类型(个人笔记本电脑与学校电脑推车笔记本电脑)对学习是否产生了不同的影响。这里,电脑推车的笔记本电脑教室的每个学生在课堂时间都有一台笔记本电脑。因此,两组中其学生与计算机的比例都是 1∶1。两组教师都接受了使用 NTeQ 模型进行教学的培训。这是该项目第一次让学区里五年级的学生都参与项目。

电脑推车的笔记本电脑教室

研究者评估分析了 140 个笔记本电脑教室学生的写作样本和 132 个推车教室学生的写作样本,将两组学生平均成绩通过多变量变异数进行分析(MANOVA),并把四个维度的成绩作为因变量。分析得到了显著的差异:$F(4, 267) = 9.16$,$p = 0.001$。后续分析发现笔记本电脑学生在所有四个维度的表现中均有优势,效应量大小介于 0.33 和 0.63 之间,表现出有力的、教育上有显著意义的影响(Cohen, 1988)。

我们评估分析了 138 名使用笔记本电脑的学生的问题解决试卷和 134 推车教室学生的试卷。为了确定对学生问题解决能力的影响,研究者使用了多变量变异数分析,发现了显著多元效应:$F(7, 264) = 4.60$,$p < 0.001$。后续多元分析显示,笔记本

电脑学生在五个部分有显著优势：技术的使用（笔记本电脑教室 $M = 1.69$；推车教室 $M = 1.31$），识别问题已知的信息（笔记本电脑教室 $M = 1.47$；推车教室 $M = 1.26$），描述结果（笔记本电脑教室 $M = 1.56$；推车教室 $M = 1.37$），对问题的认识（笔记本电脑教室 $M = 1.68$；推车教室 $M = 1.50$），确定解决问题需要的数据整理方法（笔记本电脑教室 $M = 1.89$；推车教室 $M = 1.72$）。由此而来的效应量差异显示，对教育效果的影响由高效应量（技术的使用，效应量为 0.55）变为在一定程度上有限的效应量（确定解决问题需要的数据整理方法，效应量为 0.26）。

针对数学（基准1—4），科学和社会研究考试，研究者计算了平均原始分数（M）和标准差（SD）。四年级的 MEAP（2001—2002 年）的原始分数被用来作为协变量。从独立样本 t 发现，笔记本电脑学生四年级数学 MEAP 显著高于电脑推车教室学生（$t(431) = 4.51$, $p < 0.001$，效应量为.45）。此外，笔记本学生所有科目的平均分数都比电脑推车教室学生高。多变量变异数分析显示了显著的总体效果差异：$F(6, 245) = 5.67$, $p < 0.001$。但是，针对每组检验的单变量变异数分析发现变异数只在数学基准2上有显著差异，笔记本电脑学生分数明显更高：$F(1, 250) = 20.99$, $p < 0.001$（笔记本电脑教室 $M = 89.32$；推车教室 $M = 77.83$）。效应量为 0.44，显示出笔记本电脑组的显著优势。

课堂观察

研究人员完成了 28 次课堂观察记录（19 次笔记本电脑教室和 9 次推车笔记本电脑教室）。由于两组的教师都接受了 NTeQ 模型教学和针对教学可以大量接触电脑的情况，因此 SOM 的数据显示两组间教学方法的差异相对较小，这并不令人惊奇。从作为辅导员/促进者鼓励学生持续写作，以及使用电脑作为学习工具或资源的角度来说，两组教师承担的角色都相似。针对 RSCA 量表的重要的七个选定区域分别为合作学习、基于项目的学习、高层次提问、体验式/实践学习、学生独立调查/研究、学生讨论和学生使用技术创造知识。研究者使用了 t 检验的统计方法，结果表明，两组无显著差异。

虽然课堂观察记录表明两组无差异，但 SCU 的数据显示出笔记本电脑教室有适度的优势。例如，虽然两组学生都是单独使用更新系统后的互联网电脑，多数笔记本电脑学生有很好的计算机素养和键盘操作技能，相比之下，仅三分之一甚至更少的推车笔记本电脑学生有类似的水平。两个群体的研究都表明文档处理软件是最经常使用的软件，但是，笔记本电脑学生会更频繁地使用互联网。同时，语言艺术是最频繁地使用计算机活动的学科,而社会研究、科学和数学学科要相对少些。

调查、访谈和小组谈话

虽然两组学生都表示受益于使用电脑,但使用笔记本电脑的学生更为肯定地表示他们提高了计算机使用技能,更加有兴趣学习,并希望获得更好的成绩。两组学生在三种电脑的使用上也显著不同,笔记本电脑学生表明他们更可能每天单独使用电脑并一周几次地和同学合作。根据科目来看,笔记本电脑学生更多地使用笔记本电脑来学习语言艺术、数学和社会研究。在科学这一科目上两组无显著差异。

作为一个群体,教师积极肯定了使用笔记本电脑作为学习工具对学生的益处。然而,笔记本电脑教师会有更高的认同感,认为使用笔记本电脑提高了他们的计算机应用基本技能,创建了与学生一同使用电脑的课程,提高了高层次能力和以项目为基础的学习能力。教师们一致同意,参与笔记本电脑项目增加了学生的学习兴趣。然而,笔记本电脑教师在使用笔记本电脑提高学生写作能力、研究技能和与同学合作的能力方面也有更高的认同感。大多数笔记本电脑教师表示学生的学习表现和成绩也有所提高。同时,研究中没有遇到突出的学生在使用上有困难的情况。

讨论

该项目研究了三种不同的技术走进课堂的方法。第一种方法,学生家长租用或购买笔记本,学生可以全天访问笔记本电脑。第二学年,学区建立了大约有六台台式电脑的几个电脑增强教室。第三学年,学区使用了笔记本电脑推车,教师们可以确保每个学生在上课时都有一台电脑。在硬件创新的同时,项目搭配了特定的教学方法,重点放在以整合技术作为一个工具的教师培训上。从教师的角度来看,硬件(如电脑)及教学方法被作为一个整体的创新,而不是两个独立的创新或是措施、步骤。下面是关于研究问题的结果的讨论。这个角度的分析将论证深入的技术和教学方法是课堂变革的推动力。

研究问题1　在笔记本电脑教室教学环境下,教学策略有什么不同?

第一年是对比效果最强的一年,研究者把笔记本电脑教室和传统的教室(1—4 台台式电脑)做了比较。此外,笔记本电脑教师接受了使用电脑来解决技术整合教学的培训。第一年的数据表明,教师在两种教学环境下教学行为是不同的。课堂观察记录发现笔记本电脑教师更愿意使用以学生为中心的教学方法，如基于项目的学习、自主探究、持续写作和合作学习。同样，笔记本电脑教师更倾向于使用高层次教学反馈，使用电脑作为学习工具，并支持以学生为中心的教学活动。以学生为中心的方法历来为教育学者所主张（Cobb & Bowles，1999；McCombs，2003；Zimmerman，1990），不仅仅是计算机普及的课堂，所有的课堂我们可能都会看到越来越多地以学生为中心的教学。

以学生为中心的学习策略的成功实施可以有两种解释。一方面，学生们可随时查阅，从而使教师消除了额外的规划（以及相关的挫折）来确保以学习者为中心的电脑整合课堂的确立。此外，课程可以跨越数天而无需担心无电脑可用的情况。另一方面，教师往往针对核心内容进行团队教学。因为所有的团队成员都参加了培训，团队和同事的压力也可能促进教师实施以学生为中心的教学方法。

第二年，我们将笔记本电脑教室和拥有五到六台台式电脑的 CE 教室相比较。两组教师都接受了 NTeQ 模型教学训练，并可熟练使用互联网和微软办公软件。相较于第一年，以学生为中心的教学在笔记本电脑教室出现的频率减少了。和其他研究观察到的典型的教室相比（Ross，Smith，Alberg & Lowther，2000），第二年的笔记本电脑教室的氛围肯定还是忙碌而积极的。老师们不像第一年那样了，他们受到的"霍桑型"（Hawthorne-type）效果（由于受到额外的关注而引发的努力或业绩上升）的影响小了很多，因而不太演示模范式的课堂。这一年有两个显著差异：（1）较少地观察到学科领域的整合，（2）更多地观察到老师们使用技术作为学习工具。笔记本电脑教室的学生表现出卓越的计算机使用能力和更频繁的文字处理应用及使用光盘来展开学习研究的行动。

第三年的观测数据确定了笔记本电脑教室和笔记本电脑推车教室相对很小的差别。由于两组教师都接受了使用 NTeQ 模型进行教学的培训和相对无限的可随时访问计算机的课堂时间，研究者们也希望见到较少的差异。研究者们观察到两组教师的角色都是活动的促进者，进行持续的写作活动，并使用电脑作为学习工具。但较为担忧的是两个组都较少观察到合作学习、高层次反馈和疑问、以项目为基础的学习和学科整合。这些有关最佳实践和学习改进的策略在第一年的笔记本电脑教室经常观察得到。据传是教师们修改了 NTeQ 模型来简化整合计算机技术所致。教师们减少了关注于以项目为基础的学习，更强调在更传统的课堂活动中使用计算机作为研究工具。该项目第三年的教师培训由学区提供，教师有更多的自由来实施教学。Rogers

(2003)指出这种现象是实施者在创新的采纳和实施中对创新的重塑。

这个项目的研究结果与早期的研究有很大不同。早先的研究已经发现计算机技术主要用来传递教学(例如,操练练习和教程),提供演示,提供论文文字处理,或让人在网上搜索(Becker, 2000;Cuban, Kirkpatrick & Peck, 2001)。同样,这些研究并没有发现教师的教学实践行为产生了变化。产生这样的差异的原因之一可能是师资培训的缺乏或有限。根据研究结果,人们可能得出这样的结论:培训更侧重于如何利用计算机而不是如何整合这些技术。这些研究报告主要反映了技术的低层次使用,即侧重于提高记忆的策略。与此相反,本研究的师资培训集中在更高级别的技术整合,即强调问题解决能力和严谨思维能力的发展。我们的课堂观察数据表明,在所有的笔记本电脑教室或者是台式电脑教室的教学环境下,教师都实施了这些较高层次的整合策略。

研究问题2　在笔记本电脑教室教学环境下,学生行为是否有不同?

第一年期间,学生在笔记本电脑教室或者是传统课堂的表现是不同的。在笔记本电脑教室的学生较为活跃,更为自主,他们参与协作性的项目。这很有可能是基于项目的学习而产生的结果。对笔记本电脑教师的访谈和调查也同样表明学生确实更加独立、活跃和专心。尽管我们观察到三分之二的笔记本电脑教室学生在课堂上独立学习,他们也经常与同学合作、分享信息、提出问题,并提供援助。

而在第二年,我们并没有观察到这些。两组教室环境下的学生表现相似。笔记本电脑教室的学生倾向于更加频繁和广泛地使用自己的电脑,也更多地独立工作。这些行为可能是由于笔记本电脑教室的学生拥有自己的电脑,而台式电脑教室的学生却需要共用电脑一起工作,或者轮流使用有限数量的台式电脑。

和第二年一样,我们没有发现笔记本电脑教室和推车电脑教室学生行为的差异。两组学生都倾向于独立工作,笔记本电脑教室学生则更有可能从事独立探究,但区别不是很显著。相较推车电脑教室学生而言,笔记本电脑教室学生参与更多有意义的计算机活动。

研究问题3　在笔记本电脑教室教学环境下,学生学习成绩是否有不同?

所有三年的数据显示,笔记本电脑教室的学生学习成绩确实和其他对照组不同。在第一年,笔记本电脑教室学生的写作样本成绩显著高于对照组。四个维度的效应量介于 0.61 和 0.78 之间,显示了较强的教学影响效果。

在研究项目的第二年,数据也表明了笔记本电脑教室学生和台式电脑教室学生学习成绩的明显区别。多数的效应量超过了 0.80,而平均差异在许多情况下近似或超过一个完整的量规刻度。我们的观察没有发现两组班级持续写作活动的区别。然而,笔记本电脑学生显著地更多地使用了文字处理。笔记本电脑学生和教师的调查表明,学生写作技能得到了改善。一个因素可能是学生和计算机的比例,笔记本电脑教室是1∶1,而台式电脑教室仅是 4∶1 或是 5∶1。在一个典型的 60 分钟的课堂里,一个台式电脑教室的学生仅能使用5—10分钟计算机,而笔记本电脑教室学生则可使用45—50 分钟。这有限的电脑使用时间可能导致了台式电脑教室学生较低的计算机素养和键盘输入技能,因此和笔记本电脑学生相比,他们写作技能偏弱。

在第二年的研究中添加的问题解决能力的评估结果显示出笔记本电脑学生有卓越的问题解决能力。通过调查和访谈发现,学生们在研究活动中能够频繁接触电脑可能是他们能力提高的原因。更多程度地参与问题解决的活动、几乎可以无限制地访问应用软件和互联网,无疑为学生发展和完善问题解决能力提供了更多的机会。

在第三年的研究中添加了三个新的关于学生成绩的研究问题。以下是问题的讨论。

在笔记本电脑教室和推车笔记本电脑教室教学环境下,学生写作能力是否有不同?

第三年学生写作能力的差异重复了前两年发现的趋势。尽管差异较第二年缩小了,但笔记本电脑学生还是表现出显著的优势。这些结果表明,随时可访问笔记本电脑的学生要优于那些只能在课堂上使用笔记本电脑的学生。这种优势相对于课堂上只有有限数目的台式电脑的学生来说则更大。

两组课堂观察笔记没有发现教学方法上有显著差异。在语言艺术课堂上,笔记本电脑学生使用文字处理软件和访问互联网,并且和电脑推车学生相比,有更频繁的独立探究活动。学生调查表明大多数笔记本电脑学生提高了学习的兴趣和整体电脑使用技能。随时可访问计算机,以及上述因素的组合,可能促进了笔记本电脑学生的写作能力。两组的教师都接受了 NTeQ 模型培训并且两组电脑教室都可无线上网,在这两点上两组都相同。

在笔记本电脑教室和推车笔记本电脑教室教学环境下,学生解决问题的方式是否有不同?

笔记本电脑学生在问题解决能力上优于推车电脑学生。然而,效应量在第二年和第三年是逐年减少的。第二年的效应量大小介于 0.38 和 0.76 之间,第三年的效应量大小仅介于 0.26 和 0.55 之间。

尽管两组之间教学方法无显著差异,但笔记本电脑学生更频繁地从事独立探究/研究和访问互联网,这可能促进了学生解决问题的能力的提升。笔记本电脑学生在数学和社会研究学科也更多地使用了电脑,这两个学科的教师可能发现他们更容易整合以项目为基础的学习活动。笔记本电脑学生也表示,他们更频繁地和同学协作,一起工作和处理信息。这些因素的组合可能创造了一个有利于问题解决能力发展的教学环境。

在笔记本电脑教室或者是电脑推车教室教学环境下,五年级的学生在数学、科学和社会科学学科上的学习效果是否不同?

在对数学、科学和社会科学学科的学区基准测试的评估中,我们只发现在几何和测量基准上笔记本电脑学生学习成绩更为优秀,效应量为中等(0.44)。由于采用了四年级 MEAP 分数作为协变量,该结果不太可能是由于笔记本电脑学生本身更优秀而产生的。同样,笔记本电脑学生的优势可能是可以更频繁地独立研究,进行高层次质疑和反馈,开展基于项目的学习,以及使用绘画、涂绘和图形的应用工具。虽然两组间教学方法无显著差异,但更频繁地使用高层次学习策略和以学生为中心的活动随着时间的推移可能增强了笔记本电脑学生的能力。

学生如何看待笔记本电脑的使用?

所有三年的调查数据显示笔记本电脑学生对参加该项目持非常积极肯定的态度。在第三年,两组群体肯定了 1∶1 的学生与计算机比例的好处。然而,拥有自己电脑的学生和只能在课堂上使用电脑的学生是有显著差异的。笔记本电脑学生明显更被看好他们计算机技能的提升,他们学习得更为有兴致,并且拥有电脑,这对提高成绩有推动。个人拥有电脑使得学生可以更多地使用电脑,以及每星期可以自由地进行几次协作学习。各学科领域的两组学生,计算机活动也显著不同。笔记本电脑学生反馈说他们几乎每天使用笔记本电脑学习语言艺术。和电脑推车小组相比较,他们也可能更多地使用电脑学习数学与社会科学。在科学这一科目上，无显著差异。这些结果表明学生对持有个人电脑且可不受限制访问电脑给学习带来的益处持更积极的态度。

针对笔记本电脑教室或者是推车电脑教室教学，教师认为技术整合的好处和问题是什么？

最后的这个研究问题是关于教师们如何看待学生拥有个人笔记本电脑或者是使用学校推车笔记本电脑。九名笔记本电脑教师和三名推车电脑教师给出了回答。因为反馈教师数量有限，只能看出教师们想法的大致动向。和学生调查结果一样，教师们对使用笔记本教学的看法是积极的。笔记本电脑教师们更认同使用电脑提高了学生的写作和研究技能以及他们的整体表现，而所有的教师一致认为，1∶1的学生和电脑比率增加了学生的学习兴趣。笔记本电脑教师也更认同使用电脑提高了他们自己使用电脑的能力、技术整合能力，使他们更多地进行高层次和以项目为基础的学习活动。最后，笔记本电脑教师也感到要对购买笔记本电脑的学生家长负额外的责任，因此也会考虑每天使用计算机。

笔记本电脑是课堂的变革推动力么？

这个为期三年的项目主要研究的是教学方法以及这些方法对学生的学习行为和成绩的影响。三年的结果为这个问题提供了不同的回答。

在第一年，有证据支持笔记本电脑教室创新是课堂变革的推动力。这个学年，笔记本电脑教室和传统教室有巨大的差异。笔记本电脑教师更可能使用被认为是最佳方法的以学生为中心的教学方法。当然，以学生为中心的教学方法不是一个新概念，但是在笔记本电脑教室中教师则更可能实施此方法。我们认为这由三个因素来驱动。

就第一个因素，两件事情可以为我们提供视角。学生在七月初收到笔记本电脑，他们有近两个月的时间来探索和学习微软界面，浏览网络，并探讨微软办公室软件。开学不久后有两个事情发生在几乎每一个教室里。一是技术问题（例如，"我弄丢了我的作业"），二是学生想知道如何做（例如，"我如何将电子表格做成一份报告？"）。教师很快就意识到了他们的知识局限性并识别出学生们的知识和技能水平。好的教师很快就意识到他们落后于一些学生的学习速度，并采用了做学生学习的促进者的策略。当问题出现时，教师很快放下对无知的恐惧，利用学生的知识或想要试验的意愿来找出解决问题的方法。在一次家长会上，一位很有电脑使用经验的父亲承认从他六年级的女儿身上学到了完成平时例行工作的更快更好的方法。笔记本电脑项目为学生提供足够的机会，不仅仅是工作，也是对电脑的尝试（参观教室时，电脑界面的定制和丰富的下载资源随时可见）。与此相反，在典型的一到六台电脑的教室里，学生们只能有限地使用电脑。请大家类比想象，教室里只有一张纸和一支铅笔的教学环境会对教学、学习以及学生的参与度有怎样的影响。

第二个因素的视角来自于一堂科学课。传统的课堂是由四面墙、教科书和老师的专业知识来定义的。如果教师不知道一个问题的答案，他通常会建议学生去图书馆寻找答案并汇报。我们观察一堂科学课时，有学生问了一个他们正在研究的哺乳动物的妊娠期的问题。在教师建议学生去图书馆做研究前，已经有几个学生举手要回答该问题。学生们用他们的无线网络在电脑上寻找答案。然后，课堂讨论转到相关领域，教师便可开始推动新一轮的讨论。

技术成为课堂变革的推动力的第二个因素是教师由专家转换为促进学习和发现新的想法的推动者。成功的笔记本电脑教师很容易发现学生们以不同于传统的教科书的方式来使用电脑。课堂从开学的第一天就被重新定义了。笔记本电脑教室的学生非常活跃。在老师说开始上课之后，教室就马上变成学生分组或个人学习的场所，有人坐在书桌上，有人舒服地坐在地板上进行学习。

第三个促进因素可能是培训和支持系统。教师参加了培训，关注以问题解决为基础的教学开发以及促进该方法在课堂上的实施。培训可以帮助教师获得信心，从而使用新的或不同的教学方法。同样，学区管理人员对教师提供直接支持并且表示了对此项目的兴趣。负责该项目的学区副学监一直在支持着项目并出席会议。教师们已经习惯了团队工作和写教案，这种新教学方法与此并不矛盾。因此，团队提供的支持和同事压力也促使教师实施一致的新的教学方法。

创新持续下来了么？

本章中我们已经定义了创新由两个部分组成——笔记本电脑和 NTeQ 模型实施。三年的研究探讨了三种不同创新的实现。第一年，研究者比较了应用 NTeQ 模型的笔记本电脑教室和传统的课堂。这一年我们观察到了在教学方法实施上最大的区别。

在第二年，两组教师都接受了 NTeQ 模型的培训。主要的区别是笔记本电脑班学生与电脑的比例是 1：1，而台式电脑 CE 教室学生与电脑的比例是 4：1—5：1（NTeQ 模型是为此类型而开发的）。在第三年，笔记本电脑推车让每个学生在课堂上都可以使用一台电脑。

研究者在三年中都使用了 SOM 量表选择并对比了七种行为（见表1），分别为以项目为基础的学习、独立探究、电脑作为学习工具、合作学习、高层次教学反馈、教师作为促进者，以及持续写作。这些行为与 NTeQ 模型一致，且我们可期望那些完成了培训的教师在课堂上实施。

表1 使用 SOM 量表观察到的七种行为发生的百分比图

	第一年	第二年	第三年	电脑加强班（%）	笔记本数量	笔记本电脑推车（%）
	笔记本电脑班（%）	对比组（%）	笔记本电脑班（%）			
以项目为基础的学习	65	22	23	30	10	0
独立探究	58	24	37	22	50	11
电脑作为学习工具	88	17	66	17	80	100
合作学习	66	39	22	17	10	11
高层次教学反馈	61	39	59	35	50	22
教师作为促进者	72	61	56	52	80	78
持续写作	53	39	34	29	40	56

特别令人感兴趣的是基于项目的学习活动，这是使用 NTeQ 模型的焦点。在第一年，基于项目的学习活动在课堂中出现的频率在笔记本电脑教室（64%）和对照组（22%）间有显著区别。在随后的两年中，因为所有教师都接受了 NTeQ 培训，并可使用电脑，我们期望区别会很小或不存在。更重要的是，我们期望笔记本电脑教室会保持住一个相当高的以基于项目为基础的学习活动频率。在第二年和第三年，笔记本电脑教室和对照组之间并无显著差异。值得注意的是，在第二年和第三年，笔记本电脑教室以项目为基础的学习活动的频率降至第一年的对照组的水平。因为基于项目的学习是 NTeQ 模型的重心，较低的频率对相关教师的行为会产生什么影响呢？对于第一年观察到的以项目为基础的学习的高频率出现，一种解释是由于霍桑效应。第一年教师们成为本年度备受关注的焦点，学区管理人员、研究小组，以及其他地区感兴趣实施该项目的人员频繁听课。在随后的两年中，笔记本电脑教师可能失去了一些积极

性,并开始修改 NTeQ 方法,以适应他们的教学风格和需要。

　　还有其他六个观察到的行为也与 NTeQ 模型一致。笔记本电脑教师在三年中持续使用四种方法(独立探究、电脑作为学习工具、高层次教学反馈和教师作为促进者)。所观察到的持续写作和合作学习在第二年和第三年则减少了。三年以来,笔记本电脑教师和其他电脑教师重新设计(Rogers,2003)创新,以满足他们的需求。第三年研究者与教师的对话表明,教师在第三年修改了培训和以问题为基础的教学方法的实施。这些修改可能可以解释以问题为基础的教学方法活动在第二年和第三年中使用频率下降,而其他方法的使用频率却在每个年度中保持一致的原因。研究者把第二年和第三年的课堂观察记录与国家基准(CREP,2006)相比较,发现在笔记本电脑教室、台式电脑 CE 教室和笔记本电脑推车教室中,教师都比国家基准更多地展示了六种教学行为,这表明了在教师接受了 NTeQ 模型培训和有机会使用电脑的教室中,学习的确产生了变化。

总结

　　这三年的研究表明技术创新可以作为课堂的变革推动力。第一年我们比较笔记本电脑教室和传统教室,观察到教师教学方法和学生行为的显著差异。由于课堂环境在接下来的两年比较相似,我们观察到较少的差异,但是教师们持续使用了 NTeQ 模型里的教学方法,而且学生的行为也产生了变化。结果就是课堂由以教师为导向变为以学生为中心。

　　学生拥有个人笔记本电脑和教室教学环境的转化,这两者使得学生的成绩持续增长。每年,笔记本电脑学生的写作分数都显著高于对照组学生。在第二年和第三年中,笔记本电脑学生的问题解决考核分数也显著地更高。在第三年,我们研究了学区的基准分数,在数学测试中仅发现一个有利于笔记本电脑学生的显著差异。看来转化课堂对开发写作和问题解决能力是最有效的。随时可访问计算机可以是一个成功因素。笔记本电脑学生能够在任何时间,任何地点做他们的研究和写作。有证据表明,学生经常要求教师给予让他们在电脑上工作的许可,而不是仅用自由时间或午饭时间。与学生个人研究有关的持续写作要比典型的社会科学、语言艺术、数学或科学课学习更吸引人。在教师使用基于问题的教学方法来教授所有课程方面我们没有找到证据。我们建议计算机技术的运用不要仅限于 Cuban 所建议的用于学生有限的学习中(Becker, 2000)。

我们对技术在以后的项目中的实施提两点建议。第一,技术硬件应与适当的教学方法相配套。简单地把电脑交给教师和学生而不提供对应的培训是不能起到电脑的作用的。第二,评估者和研究人员应该从系统的角度,更全面地来看待问题,而不是简单地仅考虑学生态度和/或成绩的提升。研究范围应当扩大到关注于教师和学生的行为变化以及态度和成绩方面的变化。

(刘 维 译)

参考文献

Becker, H. J. (2000). *Findings from teaching, learning, and computing: Is Larry Cuban right?* Retrieved May 19, 2006, from http://www.crito.uci.edu/tlc/findings/ccsso.pdf

Clark, R. E. (1983). Reconsidering the research on media. *Review of Educational Research, 53* (4),445—459.

Cobb, P., & Bowles, J. (1999). Cognitive and situated learning perspectives in theory and practice. *Educational Researcher, 28*,4—15.

Cohen, J. (1988). *Statistical power analyses for the behavioral sciences.* Hillsdale, NJ: Lawrence Erlbaum Associates.

CREP. (2006). *National SOM norms for middle schools.* Memphis, TN: University of Memphis.

Cuban, L., Kirkpatrick, H., & Peck, C. (2001). High access and low use of technologies in high school classrooms: Explaining an apparent paradox. *American Educational Research Journal, 38*(4),813—834.

Lowther, D. L., & Ross, S. M. (2000). *Rubric for Student-Centered Activities* (*RSCA*). Memphis, TN: Center for Research in Educational Policy, The University of Memphis.

Lowther, D. L., & Ross, S. M. (2001). *Survey of Computer Use* (*SCU*). Memphis, TN: Center for Research in Educational Policy, The University of Memphis.

McCombs, B. L. (2003). Learner-Centered Principles: A Framework for Teaching [Symposium]. *Theory into Practice, 4*(2),93—158.

Morrison, G. R., & Lowther, D. L. (2005). *Integrating computer technology into the classroom* (3rd ed.). Columbus, OH: Merrill.

Rogers, E. M. (2003). *Diffusion of innovations* (5th ed.). New York: Free Press.

Ross, S. M., Smith, L. J., & Alberg, M. (1999). *The School Observation Measure* (*SOM* ©). Memphis, TN: Center for Research in Educational Policy, The University of Memphis.

Ross, S. M., Smith, L. J., Alberg, M., & Lowther, D. L. (2000). Using classroom observations as a research and formative evaluation tool in educational reform: The school observation measure. In S. Hilberg & H. Waxman (Eds.), *New directions for observational research in culturally and linguistically diverse classrooms.* Santa Cruz, VA:

Center for Research on Education, Diversity & Excellence.

Zimmerman, B. J. (1990). Self regulated learning and academic achievement. *American Educational Research Journal*, 25, 3—17.

10 用活动理论评估和改进中小学与高校的合作关系

Lisa C. Yamagata-Lynch，Sharon Smaldino

　　摘　要：本章论述了一项针对中小学与高校合作关系评估方法的研究。这一评估方法以 Engeström (1987) 的活动系统分析理论为基础来帮助研究人员分析有关复杂的人类交互活动的定性数据。本研究的目的是为了使研究的参与者能够评估合作关系及有关活动。我们调查了在中小学和高校合作关系评估会议上使用活动系统分析对参与者的交流过程所产生的影响。在长达一天的研究会议上，与会的中小学教育工作者和高校人员使用一个修改过的活动系统模型找出了在合作单位间引发误解并产生难以调解的紧张关系的原因。讨论中，研究的参与者们一起分析了他们的合作关系并找到了克服困难的策略。之后的一个学年中，研究的参与者们在每月一次的合作会议中检查评估结果，以便设计和实施改进合作的策略。本研究的结果为研究者和合作者提供了一个全新的方法来(a)评估合作活动，(b)发现合作单位间的合作障碍，(c)计划未来的活动，(d)在计划未来活动时听取并采纳那些不经常发表意见的成员的建议。

　　关键词：中小学教育，活动系统分析理论，中小学与高校的合作关系，系统分析，交流，合作，实践理论方法，教师职业发展培训，职前和在职教师培训，基于标准的教育改革，Vygotsky，组织变革，建立共识，教育利益相关者，教育技术

再版于《评估和方案规划》，第 30 卷：4，Lisa C. Yamagata-Lynch 和 Sharon Smaldino，《用活动理论评估和改进中小学教育与高校的合作关系》，第 364—380 页，版权 (2007)，经 Elsevier 许可。

Lisa C. Yamagata-Lynch（✉）

ETRA Department, Northern Illinois University, DeKalb, IL 60115, USA

email：Lisayl@niu. edu

介绍

本章将介绍一种基于活动系统分析理论(Engeström,1987)的新型评估方法,该方法是为美国中小学与高校合作的评估项目参与者所提供的,这些合作者可以用该方法就有关合作机构之间反复出现的紧张关系及其相应解决措施进行探讨。利用这个新方法的目的不是预言合作关系的结果,而是要发展一种基于理论的方法来评估、计划和实施新型的合作活动。

我们采取一种实践理论方式来开发这个新型评估方法。实践理论方式侧重于结合理论和研究来促进实践(Barge,2001)。使用这种方式的研究人员感兴趣的是解决实践中出现的问题,而不是注重于理解、预言和控制相关事件(Craig & Tracy,1995)。基于实验性的研究要求研究和实践人员在具体环境中反复为理论和实践发掘新的意义(Craig,1996)。在复杂的机构之间的合作关系中,交流活动可以为理论和实践之间的相互促进提供机会(Barge & Little,2002)。

为了开发这个新型评估方法,我们对原始的活动系统分析模型做了一些变更,使其能适用于针对复杂的中小学和高校之间的合作的探讨。这些变更使参与评估合作活动的人能够较容易地理解活动系统分析模型,从而能让他们在讨论中把注意力集中在合作机构之间出现的紧张关系上。同时,我们也要求参加活动的人围绕模型进行讨论,这样,就可以发现模型中特别的理论结构对合作人之间的交流会如何提供帮助。

中小学与高校合作的背景

美国中小学与高校之间的合作一直是以培养和支持高质量教师的策略(Clark,1999;Goodlad,1994)为目标的,其目的是使中小学和大学共同为师资教育和幼儿园到12年级的教育革新作出贡献。该过程鼓励中小学和大学踊跃参与对职前和在职师资的培训以及幼儿园至12年级和大学相关课程设置方面的研究和发展。

最近,由于各州和国家都提出了要求教育机构改革的标准,中小学教育机构和高校因此感到了压力(Delandshere & Petrosky,2004;Gore,Griffiths & Ladwig,2004)。同时,公众认为师资教育方案和教师的不合格造成了美国学校的失败,这种误解使得压力加大(Kincheloe,2004)。为了让中小学教育机构和高校能更好地满足需求,许多国家认证机构要求高校的教育学院和中小学建立合作关系以利于支持基于标准的教育改革。

由于中小学和大学机构的不同，合作中的协调交流工作就成为一项很艰巨的任务（Edens，Shirley & Toner，2001）。与许多商务合作关系不同的是，参与中小学与高校之间合作项目的人员往往对合作关系的远景、使命和目标缺乏清晰的共识，有时甚至对他们自己的机构也不甚了解。而且，这些人往往不是能直接左右机构目标的领导。因此，合作者们往往觉得即使要清楚地交流各自机构的目标也很具有挑战性。

对于上述问题，中小学和高校合作中的相关机构还没有找到一条可行的出路，其结果就使得许多合作项目无法实现改进教师教育、教师职业培训和中小学教育革新等方面的目的（Day，1998；Lieberman & McLaughlin，1992；Simpson，Robert & Hughes，1999）。目前，合作院校迫切需要帮助他们克服院校之间的不同所造成的局限，并找到能够促进有效交流的方法。

为了使中小学与高校合作达到其预计的目的，高校和中小学机构之间的差异亟待解决。这些差异源于中小学与高校对于什么是正统的理论和实践这个问题的理解有较大分歧（Perry & Power，2004）。许多合作伙伴发现当他们对机构之间的差异不加考虑时，他们就无法建立共同目标（Bacharach & Hasslen，2001）。

从原则上来讲，中小学和大学都是支持合作的；但是，由于历史遗留下来的不信任和机构文化诸方面根深蒂固的不同，使得合作关系很难推进（Perry，Komesaroff & Kavanagh，2002）。更有甚者，这些不信任使得中小学和大学之间的合作的参与人员难以发现对双方有益的互利关系（Teitel，2003a）。合作伙伴们普遍发现他们之间的交流难以就共同目标达成共识。

这种在合作关系中缺乏信任的文化就好比一块硬币的两面。在硬币的一面，大专院校被归咎不能给教师实践提供有益的研究结果。比如，在很多情形下，高校所做的基于合作的研究与中小学日常课堂上的教师和学生的教学实践缺乏紧密联系（Teitel，2003b）。即使是有联系，由于教师们没有掌握系统化实施的技巧，研究结果还不能转化成日常教室的教育革新（Blumefeld，Fishman，Krajcik & Marx，2000）。换言之，在许多情形下，大学教师通过合作关系带到中小学教室的建议被认为是没有太大用处的。中小学教师通常寻求快捷而且实用的技巧或资源，将它们很快用到课堂上，而不愿意花时间去探索更深的理论基础。在硬币的另一面，大专院校的教师在寻找理论和实践之间的联系，这种探索对中小学课堂里的实践的影响不容易在短期里产生。而且，大学教师通常对他们的学术积累以及能促成学术发表的信息更感兴趣。

活动系统分析理论溯源

活动系统分析理论可以溯源到几位苏俄学者（Hakkarainen，2004）的作品。这一章的重点放在 Vygotsky 在二十世纪二十年代的著作，以及一些苏俄、芬兰和美国的后 Vygotsky 时期的文献。Vygotsky 在马克思理论的基础上重建了一套统一的心理学理论（Galperin，1992；Luria，1979），他改编了马克思有关集体交换和材料生产方面的政治理论，用来捕捉个人在进行共享活动时与环境协同进化的过程（Stetsenko，2005）。他想发展一种心理学框架，以了解人类个体和他们所处的社会环境之间的纷纭复杂的关系（Cole，1985；Wertsch，1985）。

苏俄、芬兰和美国的一些后 Vygotsky 时期的心理学家接受了他的心理学倡议，并提出活动理论；该理论可以用来弥补心理学研究中生物体及其环境的不同的空白，并试图把理论融于实践（Hakkarainen，2004）。当时的学者发现这是一项艰巨的任务，而且，活动理论在理论方面的发展使理论和实践之间的差距越来越大，并使活动理论成为一种高度理论化的讨论（Lazarev，2004；Stetsenko，2005），从而使很多研究和实践人员对其失去了兴趣。活动理论派学者们没有能够引导理论或实践，并且他们发现很难把这个框架发展成一种正式的研究方法。

为了使活动理论对理论和实践提供一个有益的框架，Engeström（1987）发展了活动系统分析法。通过 Cole 和 Engeström（1993）的作品，活动系统分析法在北美学术界得到广泛传播。该分析方法被教育界研究人员普遍采用，使用定性数据来分析探究复杂的人类关系。

在 Engeström 的原始作品里，活动系统包括主体（subject），工具（tool），目标（object），规则（rules），社区（community），工作职责（distribution of labor）和产物（outcomes），参照图 1。主体是活动参加者；工具是主体用来获取客体或达到目的的资源；规则是主体在参加活动时应该遵守的正式或非正式的规定；社区是主体所归属的群体；工作职责是由社区决定的分享的责任。一个活动系统中任何一个因素都有可能为主体获取目标而制造紧张局面。最终，产物是主体在活动终结时所取得的结果。这些结果可能会促进或抑制主体参与未来的活动。

与平衡积分卡方式（balanced scorecard approach）和强弱危机分析（SWOT analysis）这类商务领域的策略规划工具所不同的是，活动系统分析理论不是用来做机构规划的，而是用来探查和记录人类个体或集体活动中引起紧张关系的源头。Engeström（1987）最

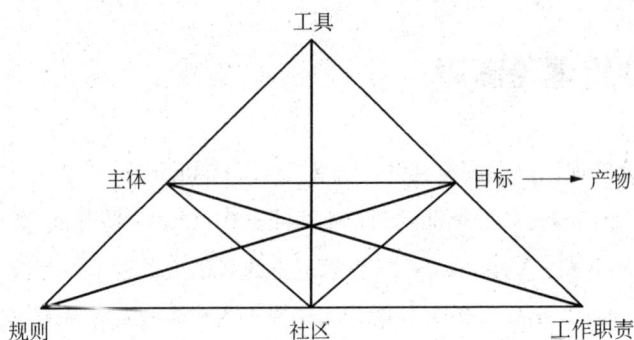

图 1　改编自 Engeström(1987)的活动系统

初用他的模型作为工具让参加试验的人了解其参与活动时复杂的心理现象,并促进重复出现的学习过程。他的目的是为了让参加者辨认出实践中的不顺利局面,并发展策略来克服它们。通过把注意力集中在人类活动中的心理现象,活动系统分析使得把集体行为作为一个分析单元来考查成为可能(Cole & Engeström, 1993;Engeström, 1987, 1993)。它也为研究人员提供了机会来捕捉(a)活动的动态结构;(b)随着时间而推移的活动的历史发展;(c)人类活动过程中多种建议的本质 (Engeström, 1999)。

在北美教育研究领域,许多对活动系统分析理论的实践已经偏离了 Engeström 的原始意图。在实践中,该方法作为一种描述性研究工具,被频繁地用来作定性数据分析,而没有为缓解紧张关系提供策略或为产生新型活动提供讨论基础。比如,教育研究人员把活动系统分析理论运用于以下几个方面: (1)综述组织变革(Barab, Schatz & Scheckler, 2004;Engeström, 1993);(2)辨别设计建构主义学习环境的指南(Jonassen & Rohrer-Murphy, 1999);(3)找出教育环境发展过程中的冲突和紧张关系(Barab, Barnet, Yamagata-Lynch, Squire & Keating, 2002;Roth & Tobin, 2002);(4)演示机构学习的历史发展(Yamagata-Lynch, 2003)。这些考察使研究人员能有机会仔细观察分析个体或集体活动是如何紧密地受其社会背景的制约的,并演示了个体、群体和社会背景是如何相互影响的。

研究背景

研究参加人员

参加这项研究的人员包括与北伊利诺伊大学(Northern Illinois University, NIU)

教育学院有合作关系的九个学区中的八个学区的联络人和四位参与协助合作活动的NIU员工。中小学学区联络人是自愿选择参加研究的。其中一个学区的代表因为有一份事先安排的工作任务，没能参加搜集数据和分析的活动。

中小学学区联络人：参加了这项研究的八位联络人中有六位是中小学教师。另外两位在他们各自的学区里有行政职务，其中一位是校长助理，另一位是全学区中小学特殊教育协调员。这两位有行政职务的联络人被其他联络人称为同行"教师"。八位中有一名男性，七名女性。他们做联络人的年限从刚刚开始到七年不等，教学经验在三到十五年之间。

作为联络人，他们的首要职责是保障合作伙伴关系中的协调和交流。这些活动包括：(a)协调职前教师在各学区的安置；(b)向学区教师提供有关职业发展机会的信息；(c)向大学提供中小学教育环境中教师对职业发展的需求信息；(d)向中小学教师提供他们可以参与的有关大学科研项目的信息；(e)参与学区项目的发展。每年十月到第二年五月之间，这些联络人到NIU参加每月一次的两小时的会议，与大学和学校相关人员共同协调和实施这些活动。在每学期末，完成职责的联络人会得到一份津贴。

大学员工：这项研究项目里的四名大学工作人员包括教育学院实习安置办公室的两位员工和纂写本章的两名作者。在一学年中，两名实习安置办公室工作人员和各学区紧密联系，把职前教师安置到学区以满足候选教师资格证书的教育培训要求。本章的第一作者从2004年起一直是NIU教育学院合作办公室的咨询顾问，并与合作办公室、学区联络人和实习安置办公室参加了各种合作活动。第二作者从2003年秋季起一直任NIU合作办公室主任，负责协调合作关系中的各项活动。

合作关系中的挣扎

在探索把理论用于实践的中小学与大学的合作关系的环境里，参与合作的个体和机构的复杂性会给评估合作关系和项目成就造成障碍。其他可能影响合作关系持续的因素包括人员变动、交流渠道的混淆、中小学和大学成员的职责分工不同，等等。这些因素会从负面来影响探究如何使中小学与大学之间的合作走向成功的过程。

在探究存在于合作中的特殊紧张关系时，分析导致紧张因素的过程是困难的，因为参与人员往往就事论事，而不是试图寻找影响活动和结果的问题的源头。比如，在讨论安置学生教学实习的问题上，注意力总是放在学生的数量上，而没有涉及到一些根深蒂固的因素,比如搭档教师,期望值,对实习学生在学校表现的考核,以及大学里所开的教学方法课。

研究目标和问题

通过这项研究,我们制定了理论和实践目标,意在为中小学和大学合作关系项目的评估开发出新方法。如表格 1 所示,从实践角度来讲,我们想寻找出如何能使中小学的与高校合作的员工克服机构之间的紧张关系,并建立有效的交流机制以进行考核并为合作项目的不断改进作出规划。同时,从理论的角度来讲,我们也想探究活动系统分析模型如何才可以被研究人员利用,以使他们去辨别他们工作活动中出现的紧张局面并克服它们。

我们将关于实践和理论研究兴趣的问题总结如下:以活动系统分析理论为基础的新的评估和计划工具是如何影响合作伙伴会议结果并发展对新的理论的理解的?具体的实践研究问题包括:

表 1　研究目标和问题

实践研究目标	理论研究目标
找出使中小学的与高校合作的员工克服机构间的紧张关系的方法,以建立有效的交流机制来考核和为合作项目的不断改进作出规划	探究活动系统分析模型如何才可以为研究人员所利用,以使他们去辨别他们在工作活动中出现的障碍并克服它们
实践研究问题	**理论研究问题**
如何以经过修改的活动系统分析模型作为规划框架来评估和计划会议,从而影响参与人员的交流过程? 在项目考核和计划会议中,参加合作的中小学和大学员工共同提出了改良方案。这些方案的实施是如何影响项目结果的?	活动系统分析模型应该如何改进才可以使参加研究的人把它作为工具来分辨活动的特点和克服障碍? 经过改良的活动系统模型如何可以帮助研究人员辨别他们工作活动中出现的障碍并克服它们?
理论和实际交汇的问题	
以活动系统分析理论为基础的新的评估和计划工具是如何影响合作伙伴会议结果并发展对新的理论的理解的?	

- 如何利用经过修改的活动系统分析模型作为规划框架来评估和计划会议,从而影响参与人员的交流过程?

- 在项目考核和计划会议中,参加合作的中小学和大学员工共同提出了改良方案。这些方案的实施是如何影响项目的结果的?

具体的理论研究问题包括:

- 活动系统分析模型应该如何改进才可以使参加研究的人员把它作为工具来分辨活动特点和克服障碍?
- 经过修改的活动系统分析模型如何可以帮助研究人员辨别他们工作活动中出现的障碍并克服它们?

研究方法

方法综述

我们的实用性理论研究包括一个方法论发展的过程和一个实施和评估的过程,如图 2 所示。发展过程包括修改活动系统模型、辨别需要分析的讨论话题、开发讨论指南、设计讨论过程,并在实施和评估结果的基础上来改进方法。这个实施和评估过程分为两期,跨越 2005—2006 学年。第一期是关于合作活动系统的分析讨论,包括搜集和分析数据。这场讨论是在 2004—2005 学年末的为期一天的研究会议中进行的。在会议期间,参加研究的人员共同考核了合作关系并找出克服困难的策略。随后,研究人员对评估会议讨论的数据进行了分析。第二期的实施和评估是对 2005—2006 学年的八个每月一次的会议的计划和评估。这些后续研究活动包括向研究参与者汇报数据分析结果,制定改进策略,以及对实施改进策略后的结果进行评估。另外,在这些后续会议中,我们还通过参加研究人员的成员核查为数据分析结果的准确性提供反馈。

修改活动系统分析模型

作为研究人员,我们在考查活动系统分析模型时所达成的共识是该模型的专用词汇,比如,主体、工具、目标、规则、社区和工作职责,这些词汇对于那些没有接触过这类理论文献的参加研究的人员是很晦涩难懂的。于是,为了有助于他们对模型的理解,我们改进的第一步是为模型的每一个组成部分添加一个引导问题。如图 3 所示,我们给每个组成部分添加了问题,并给参加研究的人员提供了一个简洁的概述和样本分析。这些问题是为了引导研究参与者针对合作活动和机构之间出现的紧张局面进行分析。

合作关系活动系统
分析讨论

修改活动系统
模式

制定讨论程序

搜集数据

制定讨论话题

制定讨论指南
文件

分析数据

改进方法论

汇报数据结果
并制定改进措
施

评估改进措施
的实施效果

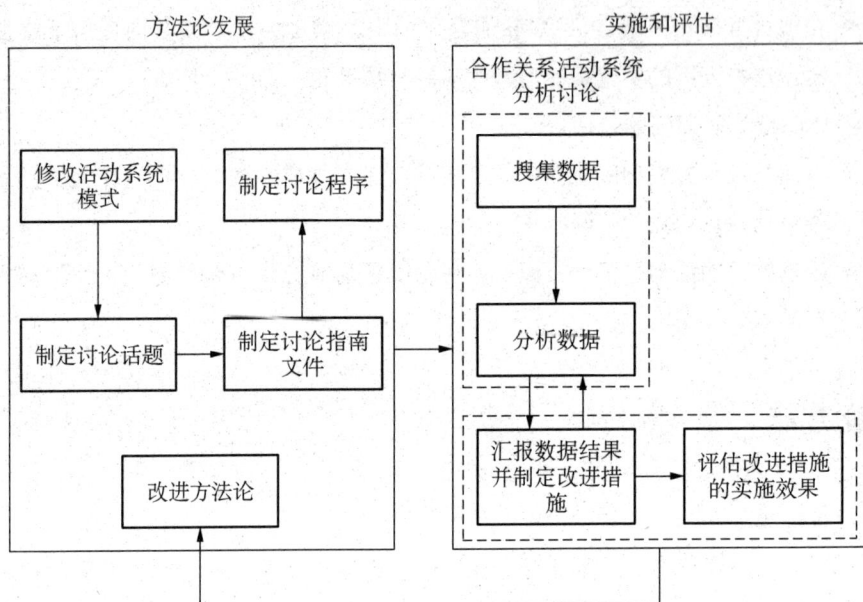

图 2 研究方法流程图

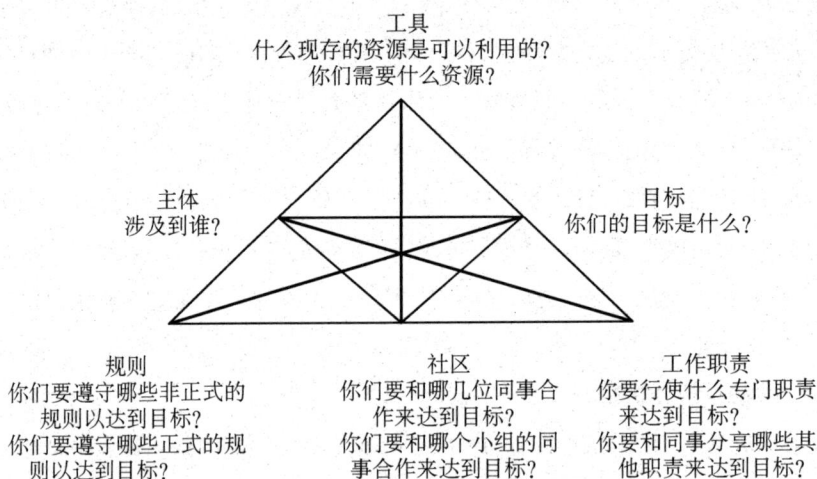

工具
什么现存的资源是可以利用的?
你们需要什么资源?

主体
涉及到谁?

目标
你们的目标是什么?

规则
你们要遵守哪些非正式的
规则以达到目标?
你们要遵守哪些正式的规
则以达到目标?

社区
你们要和哪几位同事合
作来达到目标?
你们要和哪个小组的同
事合作来达到目标?

工作职责
你要行使什么专门职责
来达到目标?
你要和同事分享哪些其
他职责来达到目标?

图 3 修改过的用来评估和计划会议的活动系统

设计开发讨论话题

我们还决定了特别用来规划评估会议的讨论话题。换言之,假如在向参加的研究
人员演示了活动系统分析模型之后就立刻要求他们对合作活动做泛泛的分析,那么我

们预计的深入的讨论便不会发生。另外,我们还期望通过指定特别的讨论话题能使参与者对通常容易遭回避的困难问题进行讨论。

为了促成参与者的讨论和分析,我们给他们提供了具体的话题。这些话题包括:(a)合作目的;(b)中小学对合作关系的期望;(c)大学对合作关系的期望。我们决定把注意力放在对个体和机构的目的和期望上,因为活动系统分析模型把复杂的人类互动关系分解成以目标为导向的单独活动单元,而且,鉴定目标和期望通常是分析的第一步,这样做可以找出活动系统中的其他关键特点(Yamagata-Lynch,2007)。我们期待,一旦参与者辨别出他们的个体和机构的目标,活动系统模型就有可能帮助他们进行进一步分析。另外,在以前的每月一次的联络人会议上,沟通不顺利很明显地是由于目标和期望的冲突而引起的。作为研究人员和合作关系的实践者,我们希望其他合作参与人员能不受约束地就上述的三个话题与我们分享他们的想法。因此,我们没有为活动系统中的每个标题提供引导、样板或与各标题相关的讨论。

设计开发讨论指南

在修改活动系统分析模型和制定讨论话题之后,我们开发了如图4、5、6和7所示的工具。我们用图4为参与者提供了一个对活动系统模型的概览和对一个特别活动的样本分析。之后,参与者们用图5、6和7作为指南,对合作关系中的活动做专门分析。在会议期间,参与人员分组对一个活动系统进行分析,并在海报尺寸的纸张上记录过程。

在合作活动系统分析讨论中的数据搜集

为了就合作目标和如何协同实现这些目标达成共识,我们和各学区的联络人以及大学合作人员进行了数次分组讨论。这些讨论活动的目的是为了让参与人员通过分享想法从他们的实践中发掘出新的含义(Wells,1999;Wertsch,1998)。另外,我们也想让参与者在调查研究过程中行使他们的主权并提出见解(Bakhtin,1986)。

在讨论过程中,参与人被分成两组,每一组用45分钟时间就三项议题的每一项进行讨论和分析。每一组在主持人的组织下,通过讨论活动,基于图5、6、7把分析结果用图示表现出来。分析的侧重点在于了解各学区联络人对合作活动的态度。在讨论过程中,大学员工,包括实习安置办公室的工作人员和本章的两名作者在两个讨论小组里担当主持和总结角色。在每个小组里,一名大学员工担任专门书记员,在海报尺寸的纸张上记录活动系统过程。这样,学区联络人就可以专注于讨论并指导如何绘制修改过的活动系统模型三角图示。在此过程中,联络人评估了海报上的三角图示以及在合作中的项目目标、机构目标和个人目标之间可能出现的紧张关系。接着,他们又找出可以改进合作关系并最终改善项目结果的策略。所有的谈话都进行了录音,并转录成文字。

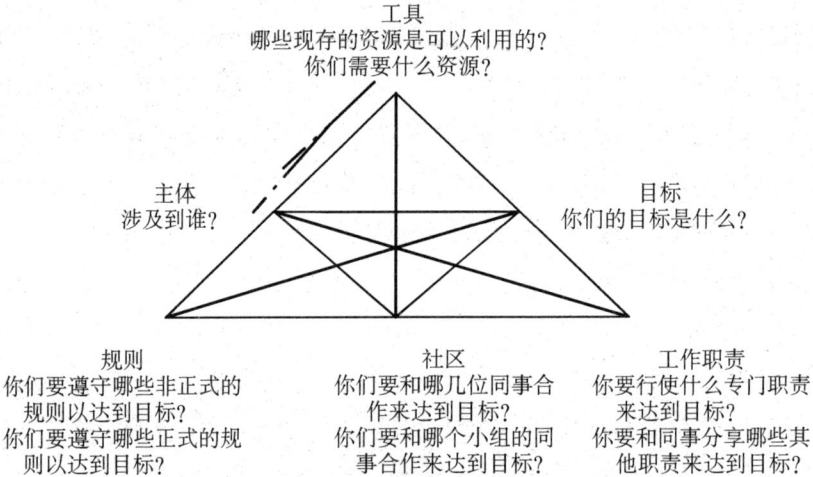

图 4　实施活动系统分析的指南概览

有关用活动系统作图示交流工具的指南概览

这个活动系统图示可以把复杂的信息有组织地制作到图表中,这样就可以把最重要的事实分离出来,通过讨论找出可行性方案来改进你们当前的实践。另外,这个模型还可以帮助找出那些阻止你们达到目标的有可能出现冲突的领域。图中的虚线代表这些冲突。找到冲突领域之后,你们就可以制定更好地达到目标的措施。图 4 标示了模型中的各个要点。

今天你们要用这个模型工具把重要的议题标在图示上。请把注意力放在以下这些有关我们合作关系的话题上:

- 合作关系目标
- 对中小学合作伙伴的期望
- 对教育学院合作伙伴的期望

如果你对以上的模型有任何问题,欢迎询问 Sharon Smaldino 或 Yamagata-Lynch。

工具
哪些现存的资源是可以利用的?
你们需要什么资源?

主体
涉及到谁?

目标
你们的目标是什么?

规则
你们要遵守哪些非正式的
规则以达到目标?
你们要遵守哪些正式的规
则以达到目标?

社区
你们要和哪几位同事合
作来达到目标?
你们要和哪个小组的同
事合作来达到目标?

工作职责
你要行使什么专门职责
来达到目标?
你要和同事分享哪些其
他职责来达到目标?

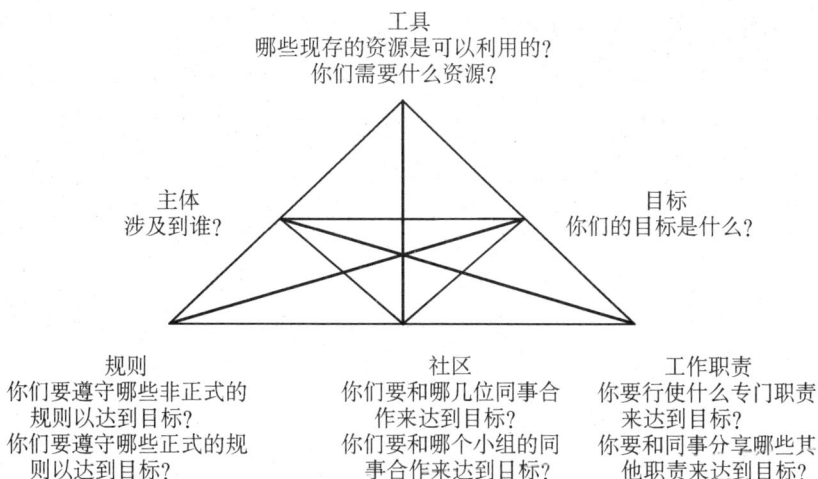

图5　有关合作目标的活动系统分析指南

就合作关系目标的活动系统分析讨论问题

请在你们的小组里讨论你认为什么应该是合作关系的目标。在识别目标时,请在这个图上标明你认为的与之相关的任何归属于主体、工具、客体和其他领域的重要因素。请用虚线标出区域之间可能有冲突的地方。请在制图的同时,仔细作笔记,随后你们要用笔记和图示与其他小组分享你们的想法。

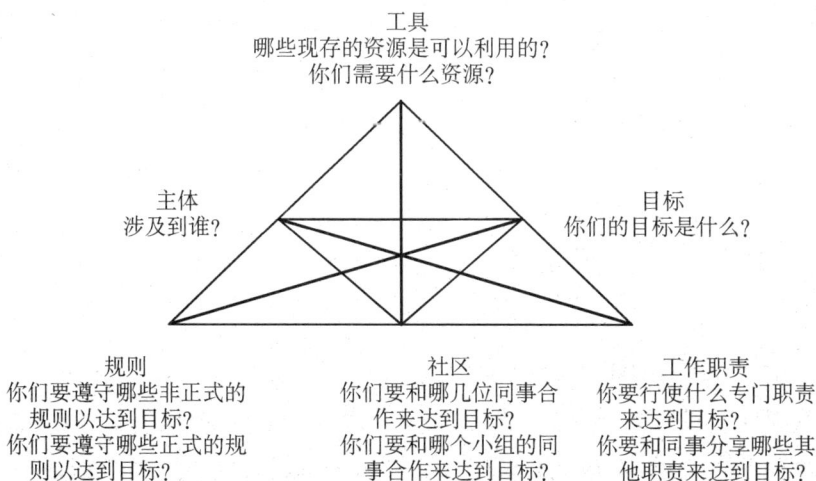

工具
哪些现存的资源是可以利用的?
你们需要什么资源?

主体
涉及到谁?

目标
你们的目标是什么?

规则
你们要遵守哪些非正式的
规则以达到目标?
你们要遵守哪些正式的规
则以达到目标?

社区
你们要和哪几位同事合
作来达到目标?
你们要和哪个小组的同
事合作来达到目标?

工作职责
你要行使什么专门职责
来达到目标?
你要和同事分享哪些其
他职责来达到目标?

图6　有关对中小学合作伙伴的期望的活动系统分析指南

有关对中小学合作伙伴的期望的活动系统分析的讨论问题

请在你们的小组里讨论你所认为的对中小学合作伙伴应有的期望。在识别对中小学合作伙伴的期望时，请在这个图上标明你认为与之相关的任何归属于规则、社区、工作职责和其他领域的重要因素。请用虚线标出区域之间可能有冲突的地方。请在制图的同时，仔细作笔记，随后你们要用笔记和图示和其他小组分享你们的想法。

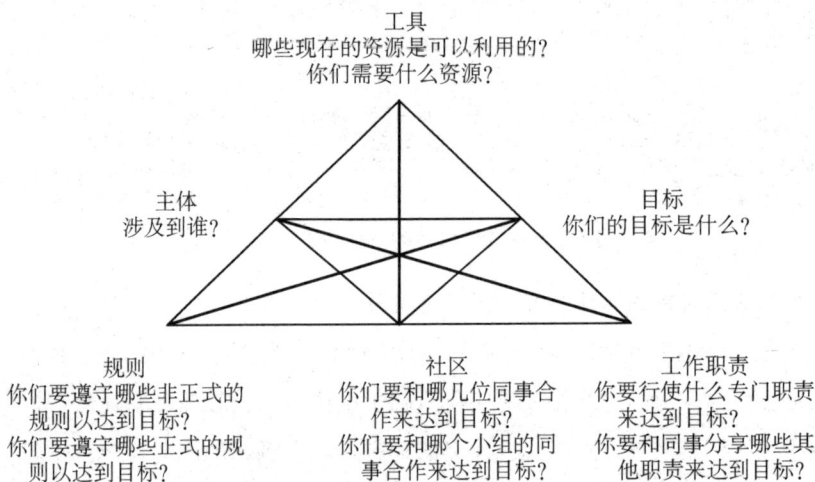

工具
哪些现存的资源是可以利用的？
你们需要什么资源？

主体
涉及到谁？

目标
你们的目标是什么？

规则
你们要遵守哪些非正式的
规则以达到目标？
你们要遵守哪些正式的规
则以达到目标？

社区
你们要和哪几位同事合
作来达到目标？
你们要和哪个小组的同
事合作来达到目标？

工作职责
你要行使什么专门职责
来达到目标？
你要和同事分享哪些其
他职责来达到目标？

图 7　有关对大学合作伙伴的期望的活动系统分析指南

有关对 NIU 教育学院合作伙伴的期望的活动系统分析的讨论问题

请在你们的小组里讨论你认为什么应该是对 NIU 教育学院合作伙伴的期望。在识别对 NIU 教育学院合作伙伴的期望时，请在这个图上标明你认为与之相关的任何归属于规则、社区、工作职责和其他领域的重要因素。请用虚线标出区域之间可能有冲突的地方。请在制图的同时，仔细作笔记，随后你们要用笔记和图示和其他小组分享你们的想法。

对合作活动系统分析讨论的数据分析

两名研究人员分析了讨论中录下的所有对话和分析会议中的交流，以评估这个研究的实践和理论意义。活动系统分析和小组讨论转录的文字是主要的数据资源，我们用持续比较法(Strauss & Corbin, 1998)对其进行了专题分析。在此过程中，我们反复研读了从录音转录的文字直到共同的主题浮现。

在这项研究中，我们采取了如下措施来保持研究的可信度：（a）从多方面搜集数据;(b)在整个研究过程中一直保持两名研究人员同时工作;(c)把我们的考察过程与有记载的中小学—大学合作关系和活动理论文献相比较;(d)在不同时间段搜集数据;(e)收集参与人员对我们结果的反馈。我们用多种方法使研究过程准确,包括多方面的数据搜集和分析、多个研究考察者、参照多种理论和利用多种方法论(Denzin,1989)。最后,我们还在八次每月例会中让与会人员进行成员核查,以对数据分析结果的准确性提供反馈。

后续研究活动:向研究参与者汇报数据分析结果和核实计划改进策略

每次会议结束后,我们会准备一份一页纸的报告,如图8所示,并在下一次会议上提供给与会人员以协助进行成员核查。根据我们所演示的信息的特殊性,有一些信息需要得到参与人员的深入反馈,而另一些只是需要确认其准确性,因此成员核查的会谈时间从5分钟—20分钟不等。这些核查的结果使我们对模型进行如图8所示的逐步改进。

我们和这些参与人员共同查验了合作关系中的障碍。最后达成共识,在这个学年中采取一些改善策略。有一些策略在活动系统分析讨论中已经触及到了;但在后续的跟进过程中,参与人还可以提出新的策略。

评估改进策略实施的后续研究活动

在我们实施改进策略的那个学年结束的时候,参与人对合作活动中的变化进行了评估。在这次会议上,我们给与会人提供了图8以重温他们对活动系统分析理论讨论的记忆,并针对中小学和大学之间的关系做了评估。

合作关系活动系统分析结果:确认的障碍

促进有效的交流

在 NIU 和合作学校、联络人和大学合作工作人员、联络人和大学教师、大学教师之间,以及学校和家长之间存在着交流方面的困难。造成这些困难的原因是缺乏可以支持合作的交流渠道。

平衡理论和实践

中小学教师希望有职业发展培训的机会,这些机会需要能提供有理论基础的即时有效的新教学法技巧。花很多时间在理论概念的研究上对中小学教师来说会导致效率不高,但大学教师却重理论而轻实践。

工具
教师，实习安置办公室，合作办，NIU大学
教师，预算，有关资料

平衡理论和实践

目标
培养合格教师
培养教师职业自豪感
参与合作研究

主体
合作参与人

促进有效的交流　　　　赢得利益相关者的承诺

规则
合作协议
课程要求
学区要求
证书要求
大学教师任命

社区
合作参与人

工作职责
教师候选人安排
联络人职责
大学教师在教师职业
培训中的参与

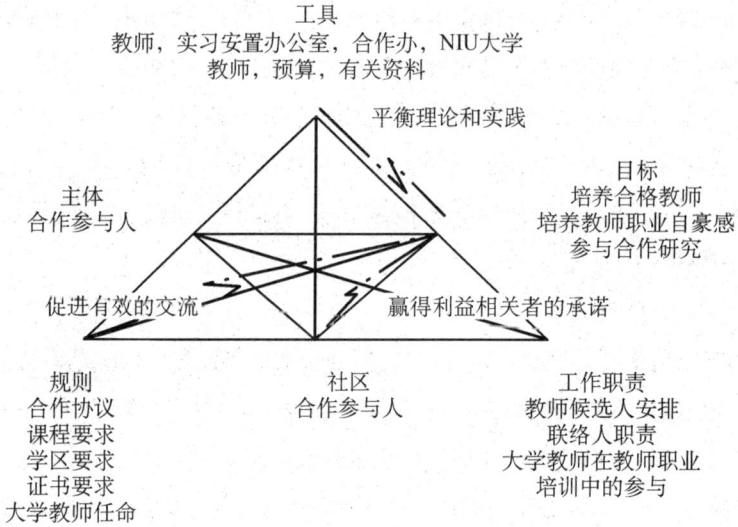

图 8　向参与人汇报的活动系统分析结果

赢得利益相关者的承诺

由于缺少利益相关者的"买入"或承诺，合作责任很难实现。这些利益相关者包括 NIU 大学教师，师范生，在职教师，学区行政工作人员和中小学学生家长。

改进方法论

在查验实施数据的基础上，研究人员汇集了理论上的发现，这些发现在本章的结论和意义部分有具体叙述。另外，匿名评审人的评述也很有价值，为将来本研究的重复实施提供了改进的策略。

结果

参与人对活动系统分析的应用

在讨论会谈期间，参与人员能够用活动系统分析做引导来构建他们讨论的话题，并保持参加讨论的动力。他们也能够就困难和复杂的问题分享多方位的看法。比如，在确认合作关系目标时，参与人积极投入于如下的讨论：

联络人 A：学区和大学教学法的老师之间应该有更密切的交流。我想看到

更多人参与问题的解决……

　　大学员工 A：需要制定一个规则吗？需要吗？

　　联络人 A：我想应该有这样一个规则。应该……

　　大学员工 A：你能解释得更清楚点吗？

　　联络人 A：唔，做决策……就学区和大学合作的内容做决策。有关如何教和教什么。

　　大学员工 A：那么，你的意思是说有关预科教师课程方面的合作，对吗？

　　联络人 A：是的。

　　大学员工 A：好吧，那这就是一个目标。那是一个很好的目标。

　　联络人 B：我们的学区是不是要用同样的方法和实践呢？我的意思是，在很多事情上，我们的方法是不同的。

　　联络人 C：我们确实有统一的州立标准。如果我们工作做到家了，自然就能满足州立标准的要求。（合作活动系统分析讨论小组 1，2005 年 5 月 13 日）

　　在上述谈话中，与会人表述了他们对大学里教学方法的传授和中小学教师之间缺乏沟通的失望。联络人 A 分享了她的观点：中小学教师应该对预科教师在大学学习的内容有发言权。联络人 B 分享了她对课程发展合作的看法：学区和大学的合作可能会很困难，因为每个学区都可能有一套完全不同但经过许可的教学方法。最后，联络人 C 认为，在一个合作发展课程的环境里，也许州立标准可以提供公认的框架。

　　讨论还涉及什么题目适合于活动系统模型。起初，促成大学教授和中小学教师交流的改善是作为一个客体或规则提出的。随着评估会谈的深入，参与人同意州立标准可以作为规则。值得注意的是，交流问题在一整天的评估会期间似乎都是有争议的。

　　在活动系统模型中给一个讨论话题找到一个合适的切入点对于参与者来说是可能的。让我们受到鼓舞的是，该模型使大家把注意力集中在讨论的话题上，并能分享不同的观点。很明显，通过观察讨论发展的趋向，参与人员认为就一个话题尽量提出所有想法是很重要的。如此，与会人员所构建的活动系统包含了非常丰富的信息。比如，在讨论了中小学对合作的期望之后，与会者共同勾画了图 9。

工具
教师，实习安置办公室，实习安置办网站，学生实
习安置手册，合作办，NIU信息手册，NIU大学
教师，预算，有关资料

需要
家长参与，教师和大学教授在课程设置上的合作

主体
行政领导
联络人
教师
教师候选人
交流方面的挑战

目标
给预科教师课程提供建议
培养职业情操
职业培训
参与接受资金资助的项目

规则
合作协议
课程要求
学区要求
证书要求
州立标准

社区
校长
学校建筑工作人员
联络人

工作职责
教师候选人安排
联络人职责

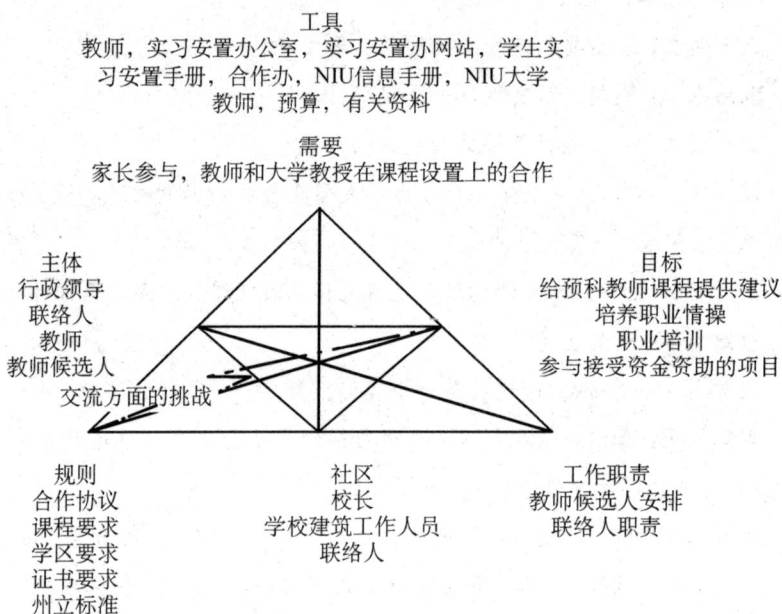

图 9　参与人演示的活动系统

活动系统分析结果

　　基于对活动系统定性数据分析的结果，我们制作了图 10，综合了活动系统。它代表了学区联络人六场讨论的共同主题。在三角形一端，主体是合作关系参与人。联络人和大学员工都认为教师、教育学院实习安置办公室、学院合作关系办公室、NIU 教师、合作预算，以及与合作关系相关的信息单元是对他们的工作有价值的工具。联络人认为这些工具是合作关系中有非常强劲的有肯定意义的因素。在很多情形下，这些联络人能够认同合作关系的客体，这包括准备高质量的教师，发展职业自豪感和积极参与合作研究。不同的个人对上述客体的投入有着程度上的不同。

　　图 10 中三角形的下半部代表了规则，社区和工作职责。参与人员认为合作关系规则是由大学、学区和伊利诺伊州制定并监督执行的正式协议和要求。这些正式协议决定了在教师候选人、联络人、教师和大学教授之间的工作职责。最后，社区包括了参加合作的人员。

　　分析中浮现的障碍包括促进有效的交流、平衡理论和实践以及赢得利益相关者的承诺。这些障碍揭示了协调大学和中小学合作关系的复杂性。另外，障碍还包括不同的个人和机构在进入合作协议时所带来的目标和期望的冲突。下面我们会具体叙述

这些障碍。

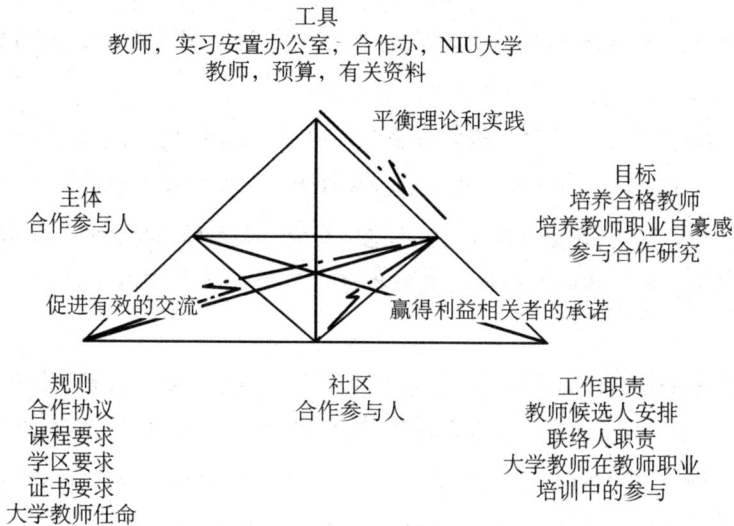

图 10 基于活动系统演示的结果

障碍1最初发现：促进有效交流

从参与人的角度来看,缺乏交流是我们合作关系中产生障碍的源头。这种障碍包括图10中主体和社区方面的因素,涉及到机构层面的大学和中小学、联络人和大学合作员工、联络人和大学教授、大学教授之间,以及中小学和家长之间的沟通。利益相关者和合作关系的核心人员之间缺乏交流渠道,对合作目标和活动不能及时沟通,这些都造成了困难。比如,当主持人就合作关系交流提出一个问题时,两位联络人是这样回答的:

联络人 A：我想看到这样一种谈话,我不知道应该是教学方法老师还是合作办主任,或是其他什么人,但是应该有某人和不同学校的校长谈谈他们的项目,他们的学校改良项目。如果他们谈了这个,他们就会切实感受到那个学校究竟想成就什么,究竟想看到师范生成就什么。

联络人 D：唔,这可能有助于我们找到一位 NIU 教授来帮忙进行员工专业发展培训。(合作关系活动系统分析讨论小组1,2005 年5月3日)

除此之外，联络人还谈到在很多情形下，他们并不清楚他们应该做什么，他们对合作关系中的协议和要求并没有深入的了解；当他们需要向学区老师和校长们传达合作活动的时候，他们不知道该传达什么以及如何传达。这些使联络人无法有效地参与和分配其他人参与工作。

比如，师范生在大学里注册教学方法课并被安置到各个实习学校时，合作联络人感到他们不了解这些学生在大学课堂里的学习活动。如果这些联络人对教学方法课有更多的了解，他们就能更有效地与搭档老师交流有关给师范生在实习课堂上提供什么样的经验的问题。这可以让联络人能指导课堂教师为实习教师提供合适的学习体验。

这个有关协调合作关系的发现让我们觉得有点困惑。联络人有一份每年修改的书面协议，这个协议就他们的职责有具体描述，其中一条就是他们要和教授教学方法课的大学老师每学期举行两到三次会议。然而，我们的研究数据分析结果表明，联络人理解并同意合作目标，但他们不清楚如何用这些目标来制定合作活动以及如何在合作中确定他们自己的工作职责。在他们看来，合作中牵涉到他们工作职责的主要任务就是把师范生安置到实习学校。讨论结果清楚地表明，合作办员工应该帮助联络人找出与合作目标相关的并需要在该学年度完成的特定任务。研究结果还表明，学区内不同合作伙伴之间的交流是有限的。联络人表示由于对整个学区合作的大方向没有了解而感到失望。

障碍 1 后续发现：促进有效交流

在后续会议上，联络人建议合作办每年举办一次学区学监和联络人共同参加的会议，一起规划各学区的合作活动，并建议和学监一起就合作活动进行活动系统分析。除此之外，联络人觉得让学监了解他们为合作关系所完成的任务是很有必要的。

障碍 2 最初发现：平衡理论和实践

联络人反映，教师们需要专业发展培训的机会来为他们提供有理论基础的及时有效的新教学法技巧，以帮助他们成为合格的教师。比如，一位教师联络人分享了如下想法，该想法体现出合作中理论和实践的最佳结合：

联络人 D：我特别想看到的是老师们能搞一些研究，我讲的是由大学老师任教的研究课程,在这种课程里,大学老师可以帮助一组老师探讨,比如,教数学的更好方法。教数学教学法的大学教师可以和中小学老师共同探讨一些方法,中小学老师可以把这些方法用在他们的课堂上,然后和一组老师一起实验一段时间,也许过了一个学期,或一年,不管多长吧,这些老师可以总结出可行的方案,可以一起发现什么是可行的,什么是不可行的。这个过程中,教学法老师可以带头启发讨论。(合作活动系统分析讨论小组 1,2005年 5 月 13 日)

在另一个讨论小组里,一位联络人提到,最近学校里被诊断出有阿斯伯格综合征的学生数量在增加。她说老师们需要对阿斯伯格综合征的研究进行培训,从而了解如何使他们的教学适应有该症状的学生。她还建议,花很多时间在理论概念上不是对教师时间的有效利用。很显然,教师们认可理论的价值;然而,如图 10 的规则所示,达到日常教学的期望是一种职业生存的需要,这种需要已经远远超过对理论建构进行深入了解的智力练习,尽管这些理论是教学实践的基础。她认为,教师们需要的是有足够的课堂教学例子来帮助他们深入理解理论。

这一发现显示了在合作中平衡理论和实践的困境。中小学教师想最低限度地谈论理论而有更多的实践;大学教师更注重理论。在合作关系中,大学和中小学需要达成合适的平衡共识。也许,重点可以每年有所不同;可是,我们以往的经验表明,如果没有一个有关理论和实践平衡的协议,大学和中小学教师将不可能在准备教师候选人时和在职教师专业发展培训中相互认可各自所做工作的价值。

在我们的合作关系中,平衡理论和实践的活动应该是学区范围的合作项目。在这类活动中,每个学区可找出一项为期一年的针对学区目标或需要的项目。比如,学区和大学之间订立协议,让学区和大学教师共同制定某个科目的课程资料,或者由大学教师为学区制定学生评估计划。过去,这些项目毫无例外地是由学监办公室来安排的,其结果是,本来是用来调节理论和实践并存的一个非常关键的工具却没能起到它应该起到的作用。

障碍 2 后续发现:平衡理论和实践

在后续计划和评估会议上,教师联络人表示,他们应该参与学区合作项目的计划和决策过程。他们认为：如果他们了解学区范围的合作项目，他们就能更成功地辨别和参与相关的活动，从而达到满足特定的理论和实践的目的；他们可以聘请其他教师参与学区范围的合作项目，解释这些项目，这样也就可以促成更多教师把理论融入实践。联络人员最终达成共识：在今后的每年一度的学监和教师联络人会议期间，他们会就学区范围的合作项目作讨论。

障碍3最初发现：赢得利益相关者的承诺

联络人反映，由于缺少利益相关者的"买入"或承诺，合作责任很难实现。这些利益相关者包括大学教授、师范生、在职教师、学区行政工作人员和中小学学生家长。比如，在以下的转录的一段对话中，几个联络人在谈论家长对合作的态度。当家长不了解大学和中小学合作的价值时，他们就会告诉学区工作人员，他们更愿意让他们的孩子和本校教师学习，而不是师范实习生：

> 联络人E：我们应该如何向家长交流合作关系呢？如何与他们沟通合作的目标以及相关的活动？
>
> 联络人F：噢，其实，应该说师范实习生在课堂里是个好处……是有好处的，就像是双行道。我觉得，家长们并没有意识到这一点。他们看到的是，他们的孩子没有跟他们心目中的老师在一起。他们没有认识到我们花时间和精力来指导这个师范实习生的意义。（合作活动系统分析讨论小组2，2005年5月3日）

联络人还建议，大学里教教学法课程的教授应该更紧密地融入合作关系。与合作初始相比，这种融入已经好多了，但还是有可以改善的余地。如果教教学法课程的大学教授对他们即将要给师范生传授的内容和对这些学生的实习期待有统一筹划，并向联络人沟通这些计划，联络人就会为学生的实习作更合适的安排。另外，联络人还觉得，如果大学里教教学法课程的教授更愿意和他们一起做事，他们就能给合作项目带来更多价值。参与人的最终目的是为准备合格教师和在预科教师中发展职业自豪感而作出更多贡献。

在图10里，主体和社区由不同的没有切实定义的"合作参与人"小组组成。当时，主体和社区包含有承诺的成员和没有承诺的成员。合作关系中还有因规则定义必须进入合作关系的默认成员,比如大学教学任务安排或者学区指定的职责。这种情形往往会造成问题:根据他们对合作关系的承诺的程度,一些人会倾尽全力促使合作活动发生,而对另一些人来讲,合作活动往往在工作中占着最不重要的地位。

障碍 3 后续发现:赢得利益相关者的承诺

在后续计划和评估会议期间,与会人建议制定一本家长手册,这样做至少可以赢得一组利益相关者。在紧接着的一学年里,合作办用相关经费,为家长们制定了一份英语和西班牙语的双语手册,解释学校—大学合作的内容以及有大学师范生在他们孩子的课堂里的好处。

联络人把这些手册带回学校并分发下去。之后的每月一次例会上的反馈表明,这些手册在小学范围比较受欢迎,因为家长非常关心他们孩子教室里发生的事情。所以,联络人就保证每个孩子回家后能把手册带给家长。相对而言,中学联络人反映老师们不太关心家长对合作的感觉,于是只有当家长要求了解有关师范实习生和合作关系的信息时才分发手册。

有关讨论的总体发现

总体来讲,这个研究的方法使学区联络人可以自由地分享他们对合作活动的看法,并就如何克服合作中的紧张关系提出建设性的建议。在我们近期为改善合作所做的努力中,这是联络人第一次能够表达合作活动的复杂本质。通过分解活动系统里的各个因素,参与人能够为他们合作活动中的互动勾画出一幅连贯的画面。

非常有趣的是,我们发现以前不太发表意见的联络人在活动系统进行分析讨论时也能踊跃发言。比如,联络人 D 提供了对紧张关系 1 和 2 的看法,她在过去两年的每月一次的例会上很少参与有难度的谈话。活动系统分析讨论使得多方位视角交换得以更全面地进行,以前不太擅长讲话的联络人觉得他们可以成为讨论的一部分并愿意参与对话。

学到的功课

在这项调研中,方法论的发展和实施相辅相成。方法论使得合作参与人能够开诚布公地就机构之间紧张关系的问题作建设性的讨论,这在以前是不可能的。实施和评估过程帮助参与人一起为一些已确认的紧张局面找到了出路。

实际意义

参与人对活动系统分析背后的理论的理解是有限的,可是他们能够欣赏它的结构。经过改进的三角模型帮助参与者在评估合作活动的同时能辨认出合作关系中冲突的源头。活动系统框架在讨论中作为指南,使参与者把注意力集中在特定的话题上,并探讨改进的措施,而不是为基础教育与高校的合作关系中的困难追究罪责。合作伙伴会议期间的对话也脱离了罗列抱怨的状况,而上升到制定策略来解决问题。

与以往的会议结构相比,这个方法为合作伙伴会议提供了一个更平等的沟通过程,使那些平常不太擅长发言的与会人员能把他们的想法放到一定的活动系统背景中,并分享那些想法。在此过程中,每位教师联络人也能够对合作中的问题有归属感,并有效地参与对话去试图解决问题。

在找出我们合作关系中的冲突的源头之后,这个方法又帮助参与人员安排改进措施的顺序。过去,由于我们没有能够以一种目标明确的合作的方式进行交流,我们也就没有能够决定应该采取什么措施以及如何实施以解决合作中的冲突。该方法使得合作各方能为改善合作关系而采取具体行动。

理论意义

从这项研究中,我们发现活动系统模型帮助了参与人员就个体、机构和合作目标展开讨论。活动系统分析理论模型包含有助于我们对合作关系做系统评估的部件。最有价值的是,它使我们找出冲突的源头并对模型中的各个部件对合作活动结果的影响作考核。参与人员可以根据活动系统模型设计以后的合作活动,并为重新勾画他们的合作关系开展一个变革性的学习过程。

理论模型本身并没有为如何设计未来的合作活动或如何安排改进措施的顺序提出具体信息。事实上,由与会人生成的活动系统模型行使了人造物件或具体化物件(Wenger,1998)的作用,它们记录了在这个研究之前不可能捕捉到的问题。用这个共同生成的工具,参与人员的活动系统使得对有关困难问题的讨论成为可能,并为将来计划和实施合作活动中的冲突和缓解提供了依据。

我们会有什么不同做法

通过这项研究,我们发现最大的挑战是在使大学和中小学在日常环境中使用不同工作语言的同时促成一个交流过程。这个挑战一直伴随着我们的合作。为了理解不同的工作语言，我们花费了很多时间，而这些时间不在评估活动计划之内。在计划将来类似的评估时，我们应该把用来理解不同工作语言的时间考虑在内，或许应该设计一个专门针对这一挑战的讨论活动。

我们想在此回复一下对两位未署名审阅人的反馈。一位审阅人谈到，我们的研究没有解释 Cole 和 Engeström（1993）以及 Engeström（1987）详细记述的活动系统分析的历史性本质。作为这项研究的主持人员，我们决定在为期一天的评估会期间让与会者仅参加一次活动系统分析。不幸的是，这样做的结果使我们的工作只能依赖于这一次机会来捕捉当时与会人对合作活动的感受。进而，我们就没有能够对合作过程中参与人员对变化的感受以及实践演变的历史发展作出记述和讨论。另外一位审阅人指出，我们的数据演示和结果讨论没有体现参与人员活动的动态交互以及活动发生的社会背景。由于我们依赖于把所有活动都集中在为期一天的评估会期间，当天的静态活动系统模型没有能够充分地记录动态交互。我们所能记录到的唯一互动是参与人员感受到的合作活动中的紧张关系，而这些思想来源于图 10 所示的活动系统模型。在未来的研究中，我们打算在整个学年里多次邀请参与人员参加这种活动系统分析，以便更好地勾画出合作活动历史性和动态性的本质。

最后，我们应该邀请更多的合作参与人员投入到这种研究中，这样可以更加系统化地代表多方位的观点。我们要邀请学区校长、学监、大学系主任和院长，以及大学教授来比较和分析他们的合作活动系统分析的结果；随着时间的推移，这些比较可以帮助我们更好地了解合作中的紧张关系并采取有效的措施来克服它们。

致谢

我们想借此机会感谢参与这项研究的联络人和我们一起共同探讨中小学与高校的合作关系；我们还想感谢匿名的审阅人，他们提出了珍贵评论，这些评论非常有助于改进我们的工作。

（刘炬红　译）

参考文献

Bacharach, N. , & Hasslen, R. （2001）. Creating a professional development school. *Phi*

Delta Kappan Fastbacks, *480*,7—44.

Bakhtin, M. M. (1986). Speech genres and other lat essays. In C. Emerson & M. Holmquist (Eds.). Austin: University of Texas Press.

Barab, S. A. , Barnet, G. M. , Yamagata-Lynch, L. C. , Squire, K. , & Keating, T. (2002). Using activity theory to understand the contradictions characterizing a technology-rich introductory astronomy course. *Mind, Culture, and Activity*, *9*(2),76—107.

Barab, S. A. , Schatz, S. , & Scheckler, R. (2004). Using activity theory to conceptualize online community and using online community to conceptualize activity theory. *Mind, Culture, and Activity*, *11*(1),25—47.

Barge, J. K. (2001), Practical theory as mapping, engaged reflection, and transformative practice. *Communication Theory*, *11*(1), 5—13.

Barge, J. K. , & Little, M. (2002). Dialogical wisdom, communicative, practice, and organizational live. *Communication Theory*, *12*(4), 375—397.

Blumenfeld, P. C. , Fishman, B. J. , Krajcik, J. , & Marx, R. W. (2000). Creating usable innovations in systemic reform: Scaling up technology-embedded project-based science in urban schools. *Educational Psychologist*, *35*(3), 149—164.

Clark, R. W. (1999). School-university partnerships and professional development schools. *Peabody Journal of Education*, *74*(3&4),164—177.

Cole, M. (1985). The zone of proximal development: Where cultural and cognition create each other. In J. Wertsch (Ed.), *Culture, communication, and cognition*, (pp,146—161). New York: Cambridge University Press.

Cole, M. , & Engeström, Y. (1993). A cultural-historical approach to distributed cognition. In G, Salomon (Ed.), *Distributed cognitions: Psychological and educational considerations* (pp. 1—46). New York: Cambridge University Press.

Craig, R. T. (1996). Practical-theoretical argumentation. *Argumentation*, *10*(4), 461—474.

Craig, R. T. , & Tracy, K. (1995). Grounded practical theory: The case of intellectual discussion. *Communication Theory*, *5*(3),248—272.

Day, C. (1998). Re-thinking school-university partnerships: A Swedish case study. *Teaching and Teacher Education*, *14*(8), 807—819.

Delandshere, G. , & Petrosky, A. (2004). Political rationales and ideological stances of the standards-based reform of teacher education in the U. S. *Teaching and Teacher Education*, *20*(1), 1—15.

Denzin, N. K. (1989). *The research act: A theoretical introduction to sociological methods* (3rd ed.). Englewood Cliffs, New Jersey: Prentice Hall.

Edens, K. , Shirley, J. , & Toner, T. (2001). Sustaining a professional development school partnership: Hearing the voices, heading the voices. *Action in Teacher Education*, *23*(3), 27—22.

Engeström, Y. (1987). *Learning by expanding: An activity-theoretical approach to developmental research*. Helsinki: Orienta-Konsultit Oy.

Engeström, Y. (1993), Developmental studies of work as a testbench of activity theory: The case of primary care medical practice. In S. Chaiklin & J. Lave (Eds.), *Understanding practice: Perspectives on activity and context* (pp. 64—103). New York: Cambridge University Press.

Engeström, Y. (1999). Activity theory and individual and social transformation. In Y. Engeström, R. Miettinen, & R.-L. Punamaki (Eds.), *Perspectives on activity theory* (pp. 19—38). New York, NY: Cambridge University Press.

Galperin. P. I. (1992). The problem of activity in Soviet psychology. *Journal of Russian and East European Psychology*, *30*(4), 37—59.

Goodlad, J. I. (1994). *Educational renewal: Better teachers, better schools.* San Francisco: Jossey-Bass.

Gore, J. M., Griffiths, T., & Ladwig, J. G. (2004). Towards better teaching: Productive pedagogy as a framework for teacher education. *Teaching and Teacher Education*, *20*(4), 375—387.

Hakkarainen, P. (2004). Editor's introduction: Challenges of activity theory. *Journal of Russian and East European Psychology*, *42*(2), 3—11.

Jonassen, D. H., & Rohrer-Murphy, L. (1999). Activity theory as a framework for designing constructivist learning environments. *ETR&D*, *47*(1),61—79.

Kincheloe, J. L. (2004). The knowledge of teacher education: Developing a critical complex epistemology. *Teacher Education Quarterly*, *31*(1), 49—66.

Lazarev, V. S. (2004). The crisis of "the activity approach" in psychology and possible ways to overcome it. *Journal of Russian and East European Psychology*, *42*(3), 35—58.

Lieberman, M. W., & McLaughlin, W. (1992). Networks for educational change: Powerful and problematic. *Phi Delta Kappan*, *73*(9), 673—677.

Luria, A. R. (1979). *The making of mind: A personal account of Soviet psychology.* Cambridge, MA.: Harvard University Press.

Perry, C., Komesaroff, L., & Kavanagh, M. (2002). Providing space for teacher renewal: The role of the facilitator in school-university partnerships. *Asia-Pacific Journal of Teacher Education. 30*(3),243—257.

Perry, C., & Power, B. M. (2004). Finding the truths in teacher preparation field experiences. *Teacher Education Quarterly*, *31*(2),125—36.

Roth, W. M., & Tobin, K. (2002). Redesigning an "urban" teacher education program: An activity theory perspective. *Mind, Culture, and Activity*, *9*(2), 108—131.

Simpson, F. P., Robert, M., & Hughes, S. (1999). Using information and communications technology as a pedagogical tool: Who educates the educators? *Journal of Education for Teaching. 25*(3),247—263.

Stetsenko, A. (2005). Activity as object-related: Resolving the dichotomy of individual and collective planes of activity. *Mind, Culture, and Activity*, *12*(1), 70—88.

Strauss, A., & Corbin, J. (1998). *Basics of qualitative research: Techniques and procedures for developing grounded theory* (2nd ed.). Thousand Oaks, CA: Sage Publications.

Teitel, L. (2003a). *The professional development schools handbook: Starting, sustaining, and assessing partnerships that improve student learning*. Thousand Oaks, CA: Corwin Press Inc.

Teitel, L. (2003b). Using research to connect school-university partnerships to student outcomes, In D. L. Wiseman & S. L. Knight (Eds.), *Linking: School-university collaboration and K-12 outcomes* (pp. 13—27). Washington D. C. : American Association of Colleges of Teacher Education.

Wells, G. (1999). *Dialogic inquiry: Towards a sociocultural practice and theory of education*. New York: Cambridge University Press.

Wenger, E. (1998). *Communities of practice: Learning, meaning, and identity*. New York: Cambridge University Press.

Wertsch, J. V. , (1985). *Vygotsky and the social formation of mind*. Cambridge, MA. : Harvard University Press.

Wertsch, J. V. (1998). *Mind as action*. New York: Oxford University Press.

Yamagata-Lynch, L. C. (2003). Using activity theory as an analytical lens for examining technology professional development in schools. *Mind, Culture, and Activity*, *10*(2), 100—119.

Yamagata-Lynch, L. C. (2007). Confronting analytical dilemmas for understanding complex human interactions in design-based research from a Cultural-Historical Activity Theory (CHAT) framework. *The Journal of the Learning Sciences*, *16*(4), 451—484.

11　对本书章节的综合评论：第一部分

Marcy P. Driscoll

"前奏"

　　我一般不会在讨论他人的章节时来谈论我自己。但是今天这种情况有点例外。我要先解释一下我当前的职务、我日常处理的事务、影响我决策的政策法规和我周围的人。所有这些都会对我的看法产生影响。你需要了解这些才能更好地理解我所要表达的观点。我是一所公立研究性大学教育学院的院长。我所在的这个州可以说在美国教育系统里最具有政治色彩。

　　我成为院长的道路可能跟其他大部分在这个职位的人相似。我在成为学科专业负责人几年后又做了系主任。在担任了几年系主任之后，我想重新返回我的教职。就在我成为系主任的第七年，这个想法突然转变了。我似乎对教育政策的一系列问题感兴趣了，也开始想这些问题对教育技术领域意味着什么。在这段时间我也同时在教育交流与技术协会（AECT）从事管理工作。我做了 22 个月的主席工作，主要是跟基础

当本书编辑 Les Moller 要我撰写这个章节时，我有些犹豫。我知道学术写作的要求，但是我不确定我繁忙的日程能否让我抽出时间来写作。Les 说如果我能把我在 AECT 研讨会晚宴上的关于这本论文集的致辞写成这个章节，他会很高兴。我同意了。在我们的后续交流中，Les 建议我使用一个爵士乐的比喻来描述本书的各个章节。我接纳了他的建议并使用了爵士乐中的一些概念来组织我的写作，这看起来很合适。因为我是一个演奏新手，所以我向著名的 Lionel Hampton 寻求了灵感。对那些不熟悉爵士乐的读者来说，我在本章的最后列出了爵士乐的词汇表。

M. P. Driscoll
Florida State University, Tallahassee, FL, USA
e-mail：mdriscoll@fsu.edu

教育的多媒体教育工作者和多媒体中心的管理人员,还有高校的教师在一起合作。这段工作经历促使我对以往没有接触的一些观念有了新的思考。我们要怎么找到团结我们、强化我们的领域和提高大众的生活的共同点?

从副院长提升到院长,这更开阔了我的眼界。作为一个学院领导,我发现这样的共同点贯穿 29 个不同的学科领域,大约三分之二都与学校管理相关。因此我不得不对联邦政府和州政府颁布的教育政策给予足够的重视。

最后一点我想提到的就是我刚刚结束了为期三年的佛罗里达州立大学(Florida State University)附属学校(FSUS)的校董事会的工作。佛罗里达州立大学附属学校是一所发展研究的特许学校(charter school)。根据法令规定,这所学校的学生人口必须反映这个州的人口状况。尽管它隶属于教育学院,但是该校是一所公立学校,归校董事会管理,而且它在佛罗里达州是一个独立的学区。因为学校—大学—学校董事会的关系是如此复杂,我作为一名董事会成员有时候会与院长职责冲突。但作为校董事成员的经历是独一无二的。同时,它也使我更清楚地认识到教育法规政策的作用。

"和声进行"

第一篇: 从 30000 英尺俯视教育

本书的贡献总的来说是关于教育。教师在教学中会运用教育技术(Wise 等;Morrison, Ross & Lowther; Strobel & Tillberg-Webb),教育改革(Reigeluth,等),教育研究(Goldman & Dong),教育干预的可扩展性(Clarke & Dede)和教育的评估考核(Spector)。所有的这些都使人们希望我们的研究能持续地对我们的教与学有所改进。我发现这当中缺少了对教育的整体领会,一种从 30000 英尺看下来的俯视图。我知道这主要针对佛罗里达州,因为它的面积和教育问题在整个国家有举足轻重的地位。佛罗里达是一个很好的例子。

政治,政治! 为成绩支付!

在前州长 Jeb Bush 的领导下,佛罗里达的教育政策法规位于前列。布什(Bush)的问责制(A+ Accountability)政策包括学校分级和择校的互补概念。他强调父母应该知道子女的学校表现,而且如果愿意的话,应能够送子女到更好的学校。州政府官员应该运用标准化考试的成绩和当年的学生成绩给学校分级。学校分级应该向社会公示,在年度总结上公布。布什的 A++ 计划提出薪酬应按业绩来分配。这也就是说,教得好的老师应该得到高工资。

然而影响学校表现很关键的一点就是教师的严重缺失。教师退休、限制班级人数的修正案、欠佳的工作条件等等都影响了学校的表现,这样常常导致一些经验欠缺的老师被分配到最难管理的班级。

在这样的情形下,该州大学的教育学院的教学质量被质疑。立委们问到为什么大学不能在更低廉的成本下培养出更多的教师。从数据看,佛罗里达教育部公布,在2006—2007 学年,佛罗里达州需要 30000 名新教师,这个数字在 2007—2008 年度降到了 20000。然而,佛罗里达所有大学的教育学院在一年中只能培养出 5000 名教师。在这样的一个情形下,立委们明显是要给教育工作者出难题。

政治,政治! 为成绩支付!

胡佛(Hoover)学院在佛罗里达州长布什的邀请下组成的考雷(Koret)特委会在调查报告中对佛罗里达教育政策,特别是教师的缺失作出了评估。他们得出的结论是:"任何人只要具有大学本科学位并能展示实质性的能力——要么具有大学相关专业的专业知识,要么通过严格的专业技能考试——只要通过背景调查就能授予在公立学校教书的资格"(Peterson,2006,第 138 页)。这点被写入了佛罗里达众议院议长马可路比尔(Marco Rubio)的佛罗里达未来 100 点创新思想中的第 20 条。他在 2007 年的立法会中强调要推出这条但没有成功。然而在第 16 条中提到的"教师和校长的薪水应根据他们的表现和成绩来决定"这一点被写入了立法案并通过了州长的批准而写入了法令。学校学区要提交优异奖,必须要通过州教育董事会的批准,但这项法令在具体实施中却不是那么顺利。这项法令使学区根据教师表现配发薪水成为一个可考虑的选择,但如果该学区选择不这么做,那么它就丧失了申请专项基金以根据教师业绩来配发教师薪水的机会。

政治,政治! 为成绩支付!

第二篇:政治的力量

到目前为止,你已经觉察到我的话语中仿佛提到了与教育相关的政治。我从来都没有想到我的学术生涯会被卷入政治的范畴。我更没有想到我会跟立法委联系得如此紧密,甚至会与参议员和众议员会面去游说或反对某些立案。在这本书的第一章节里,Spector 曾提到尽管我们投入了相当多的研究和技术,但我们的教育并没有改变多少。就这点我想说的是实际上我们的教育已经有了相当大的改变,但这并不是教育研究或教育技术所引起的变革。这个改变也并没有朝着我们所期待的方向发展。

现在的学校比以前的要多样化。佛罗里达州有庞大多样的学区，有以城市为中心的学区，像迈阿密（Miami）、杰克逊维尔（Jacksonville）、奥兰多（Orlando）和坦帕（Tampa）等学区，也有以大量流动人口为主的农业区，还有房价高到教师无法承受的沿海地区的学区。佛罗里达也成为一个以少数族裔为主要人口的州，在这里西班牙裔和拉美裔人口数量超出了白人。教师和教育学院里教师专业的人数却以白人为主。这就意味着在课堂里教师的人口组成和学生的组成有很大不同。最近的一份公共议程的报告显示，在一些郊区的学校中种族的融合程度普遍被认为不是很高（Chronicle of Higher Education，2008 年 5 月 21 日）。

老师反映在纠正学生不良行为时他们遇到更多的纪律问题，却得到更少的家长方面的支持。在杰克逊维尔郊区一所中等收入的学校，我们的一位毕业生第一天上班时就遭遇到一名气急败坏、情绪失控的家长，她不得不打电话向警察求助。

当我在与我们的学区学监们谈到新教师的教育培训时，我曾问他们怎么才能更好地为学校培养教师。他们提出的最重要的方面是课堂管理，其次是关于标准化测试和针对考试成绩作出评价和决定的能力。总之这样的话题——关于标准化考试或可测试出学生成绩的考试——总能在他们的谈话中被提及。在这里我们不能低估政治导向所起的作用。Spector 曾写道在过去"教师用不同的方法和资源，结果取得相当不同的教学效果"。现在这种情形没什么改变。然而立法上却认为州立的标准必须要目标一致，考试的成绩也要求教师对标准化引起重视。

佛罗里达州教育委员会在今年春季采用了新的理科考试标准。一个简单的投票将决定这个州的学生学习理科的方向。几千页纸的理科教科书将被废弃。假设这个新的理科考试标准被运用到佛罗里达州的综合成绩测评中，那么老师的教学将有所改变。但这仍需要观察他们是否运用了如 Spector 在他的章节中所提到的基于实证的实践。他曾提到教育研究者广泛同意的一种说法就是科研对教学设计的影响，他们会问"为什么在研究小组以外，很少有研究结果被应用于系统地提高学习和教学？"我的问题是：老师怎么知道这些研究发现？有多少课程设计者给老师提供了培训？有多少教育设计学科的大学教授跟我们的学校老师在课程设计上有紧密合作？有多少教育技术的研究发现在我们教师从业的期刊上发表？答案是有，但我认为不够。

Clarke 和 Dede 在他们的第三章节中提到了稳健型设计中的可扩展性。他们认识到环境因素在加大教育干预中起关键性作用，他们的方法帮助我们了解什么能导致一个创新的成功。这些因素包括一套教师和学生变量的完整列表、技术基础设施的条件和学校班级的变量。但这里缺少了一些教育政策方面的因素，比如说教育变革或创新与国家政策的匹配，或者是学校学区的等级分布。"成功的关键条件还包括学生的出勤率，对学区来说这样的挑战超出了稳固设计所能够克服的问题"（Clarke & Dede）。这是不是承认我们不能经受这样的挑战？教育技术人员、教育研究人员、学校老师能不能和学校学区结成一个联盟接受挑战？教育学院难道不能从这样的合作中受益吗？我们的研究人员和教育技术人员从哪里可以开始了解学区内的政治氛围？

"间奏"

这一章节跟我的预设有一点偏离，我注意到了一些章节中的内容，怕忘了提及。它们与我的文章主题相关，但没有一个适当的地方来进行讨论，所以我就把它们放到这里来了。我把它们放到这里，作为转入我主题之前的一个插曲。我就想到哪写到哪，没有一定的顺序了。

首先 Wise 和他的合作者在第 6 章里提到他们惊讶地发现教师对参与那些符合他们需求的和适合他们日程安排的培训课程的兴趣要大于与同事进行合作学习。我对此印象深刻。只要以业绩为基础和以标准化考试成绩来决定工资的制度继续有着其政治色彩，那么我们对教师为什么不那么看重与同事的合作就不应该感到奇怪。现在没有一个系统提供数据说明教师合作对学生学习的影响。这也就意味着即使佛罗里达州法律规定可根据教师业绩来配发工资，也没有一个学区会选择这样做。另外，发展一个兴旺有效的学习社区既花时间又花精力，这比让教师做好他的本职工作还要费力。

Wise 和他的合作者阐述得最好的一点就是通过经过精心设计的基于实证的专业发展来影响教师的这一做法。一个重要的问题就是该做法对技术课程的学习是否有一个广泛的或性价比高的影响。尽管有 60 门课程，但作者仅对一小部分的教师做了评估。在报告中，总招生情况没有汇报，但我们可能会问：这些数据为什么那么低，采取什么样的方法可以提高数据。

Goldman 和 Dong 在第 7 章中提到教、学和研究是不可分割的，他们相互依存。我同意他们的说法，我还想加入的一项就是教育政策，但他们是不是真正的合作伙伴是一个悬而未决的问题。寻求这样的合作伙伴关系不仅是一个目标，也是一个不可缺少的部分。我相信作者会同意我的说法。他们在后面的篇幅中也提到为了解决迫在眉睫的生态和政治问题，研究人员、教师、学习者和所有对此关心的公民必须参与到问题中，分享知识，提供并确保学习资源在全球的可获得性。

我同意他们的说法，但我们需要做更多。在今年五月份，我出席了国家科学院关于"在风暴两年后，加速走向更光明的经济前景"的会议。如果你不熟悉"聚集风暴"（Rising above the Gathering Storm）这个报告，你可以查询美国科学院的网站（www.nationalacademies. org/cosepup）。这份报告是为了答复参议员 Lamar Alexander 和 Jeff Bingaman 在能源和自然资源委员会中提出的问题：

> 为了提升科技企业，我们的联邦政策制定者可按照什么样的优先顺序来选择十大行动？什么样的策略及具体步骤可以用来实施这十大行动？（执行摘要，第 3 页）

负责这个项目的美国国家科学院的委员包括来自科学院、工业界、政府部门和高校的人员。该委员会颁布了关于基础教育、科研、高校教育和经济政策的四项建议，美国国会对这些建议采取行动，使其通过了美国竞争法案。该法案提出：提高在数学和科学方面的教学，提供在科学方面的基础研究的科研经费，以及吸引更多的人进入理科专业。

美国国家科学院今年就此专门召开了会议，评估了实施进程并研究了具体实施步骤。与会者包括科学家、工程师、立法人员、联邦内阁人员、教师和高校负责人。经过一次次的发言，大家肯定了目标并达成共识，但没有取得进展，这项竞争法案并没有得到经费拨款。除了大家群策群力外还需要政治上的共识，这样才能解决我们当前最棘手的问题。

Goldman 和 Dong（第 7 章）提到一个耐人寻味的框架，即用基于视频的多媒体工具作为促进学习和深入思考的一个手段。这种方法能帮助学生分享观点，并用辩证的方法看待自己和他人的观点。那我们能不能用这种方法来评估、验证工具本身？也就是说学生怎样才能知道工具能帮助他们更深入地思考，这些工具或媒体怎样才能促进学习？我阅读这章时，适逢演员 Ben Stein 访问 Tallahassee，为部分立法委员展示他的新电影作品"智能设计论禁令"（Expelled — No Intelligence Allowed）。它对主流科学，尤其是进化论，是非常重要的。他到访 Tallahassee 时，恰逢关于新的科学标准的公开辩论。

Morrison，Ross 和 Lowther 在他们关于教师在课堂使用计算机(第九章)的纵向研究中提到教师技术培训的必要性和以全球化的视角来管理变革过程的重要性。他们的研究结果还表明需要持续的支持才能维持由技术带来的变化。他们发现，使用笔记本电脑的老师们开始修改 NTeQ 的方法来适应他们的教学风格和需求。我不得不怀疑这些外部的力量能否影响到教师的行为。教师在面临这样那样的困难时，诸如缺乏校领导的支持，州立的标准化考试的压力，以及主导性的学校文化等等，都可能影响自身对教学实践的改善。

最后我还对 Reigeluth 等在第八章提到的影响教育改革(他们也叫教育转变)的方法特别感兴趣。这也与我在 FSUS 校董事会的工作经历十分相关。出于学校分级和问责制的目的，FSUS 既是一所学校也是它自己独立的学区。它有独立的小学、初中和高中，每个学校有自己的校长。尽管低一级的年级或学校为高一级的提供生源，却很少有年级之间或跨学校之间的课程整合。在我的董事会任期内，我的一个主要目标是更好地阐述 FSUS 和 FSU 之间的关系。也就是说，佛罗里达州立大学应该怎样来帮助州立的中小学？州立的中小学应该怎样与大学合作？大学应该做什么来对中小学负责？双边要建立一个互助合作的关系，这样才能双赢，这样学校才能真正成为一个课程教学创新改革且量化的基地。

当我在阅读并反思 Reigeluth 的章节时，我在想他们提到的模型要怎样应用才能达到目的。不幸的是，我没找到相关的应用指导说明这个模型该怎样运用。他们的描述中没有提到任何机构。也就是说，谁来指导这个理想化设计的过程？由谁来组建学区领导小组或者是学校的设计小组、中央支援小组？谁评估机构的准备情况，进行有计划的改变？是由学校的董事会来协调计划的进程还是聘用代理人来做？这些所有的分组和学校董事会有怎样的关系？最后能有什么样的证据来支持、说明这个模型是有效的？

尽管我在 FSUS 学校董事会引入系统的看法，然而我却没弄明白 Reigeluth 所描述的模型是否能在我的工作中起作用。我挑战 Reigeluth 和他的同事，把他们的思想观点带入现实，实践它们，然后总结出具体的实施方案以供他人仿效。如果我们知道这个系统变革方法如何在中小学教育中发挥作用，那么我们就能总结并能提供指导意见来明确和具体地说明学校社区的环境和文化因素如何起作用。

"转调"

我们应该何去何从？我们应该怎么做才能使在这些章节中提出的研究和发展的方面产生我们所期望的影响？我建议我们应该更加融入教育的政治中。我们的全局观应该包括政治系统。政治归根结底就是价值观的讨论。如果我们希望我们的价值观有意义，那我们就必须参与政治进程从而使得我们的呼吁被听到、被采纳。我们应该想到怎样能影响政策制定者。

当我们的观念有所转变时，我们要明白政策制定者的需要并尊重在其范围内的执行规则。以下的故事很能说明问题。两年前我跟佛罗里达教育委员会的官员开会，他们是佛罗里达州长和佛罗里达教育部的官员。我们讨论了我提出的一个关于教师教育创新项目的学科建设。我谈到我的一些想法以及在我脑海里的学科建设框架，包括：有研究表明该计划的毕业生将有更加牢固的基础知识，并且在成为教师后，这种知识的掌握也更加持久。我想得到这些人的支持，从而使人们无需经过正式的国家审批程序就能制定和实施程序。虽然他们广泛地支持我的建议，但想看到更多关于这个学科的课程设计。其中一个州立教育委员会的官员说："你能在一周之内给我们看看课程设计的草稿吗？"

从那以后我深知政策制定者对于时间的概念。在立法委员会期间，提供一个数据的限定时间是两天，这样的情况是很常见的。此外他们对数据的要求也是很高的。通常他们的要求都需要这样那样的数据支持。政策制定者常常会要求一些输出数据（我们每年有多少毕业生？教师资格考试的通过率是多少？我们有什么数据显示我们的毕业生在技术发面是擅长的？等等），有时候他们也需要一个与过程相关的数据，比如说：在教师教育的课程中我们有哪些与学科相关的课程？有时候他们也要一些与研究证据相关的数据，比如说：那些通过教师认证成为教师和那些通过其他途径成为教师的人之间在教学和学生学习成果上有什么区别？

在教育政策方面，我们应该考虑到政策制定者需要什么样的信息以及我们怎样才能获取这样的信息。我在这里提几点总结性建议：

1. 扩大我们的政治视野，把它融入到我们的系统观点中，并研究政治对教育技术干预措施的影响。即使只是描述政治背景，也将有助于告知人们对干预结果的解释。系统地了解政治因素有助于提高政治干预对教育改革的潜在影响。

2. 进行政治研究。这里并不是说要做政治分析或研究的专家。根据教育协会的政治网站，这样的研究包括："对各级的政治功能和教育成果的研究，最终做到最好地服务于社会"（www. fsu. edu/～pea/bylaws. html，截取于 2008 年 5 月 30 日）。地方、州和国家各级政策对教育技术专家感兴趣的进程和结果都会产生影响。

3. 对政策制定者推广我们的教育政策和教学实践的研究成果。这样的研究可以是一些相关的调查结果的简短论文，包括对怎样提高教育质量的清晰的描述。我把论文简讯发给了各级读者（包括州政府官员、立法者和教育管理人员），论文简讯就是我们 FSU 教授研究成果的一页纸总结。同样，AECT 也可以采取同样的做法，向与会者征集这样简短的研究成果的论文，装订以后分发给不同的读者群。

4. 培育联盟将加强我们的声音，并有利于我们接近决策者。立法者会听取信任的盟友的建议，他们所代表的是人民。要成为一个值得信赖的盟友，我们必须尝试了解政策制定者正在试图解决什么问题，并询问他们，我们如何能帮助他们解决这些问题。一旦我们问了，我们必须准备回答，这意味着迅速地整合和提供信息不仅需要预见性，也要注意应对需求。作为选民，我们可以与立法者和他们的工作人员会面，讨论那些我们特别感兴趣的法案。这就需要掌握立法活动，并且使我们想要传达的信息保持一致。美国教师教育学院协会（The American Association of Colleges of Teacher Education）已经举办了好几年"国会山的一天"的活动，在此期间，成员前往华盛顿，出席汇报讨论会，然后与他们的参议员和代表会面。去年，佛罗里达州代表团的 20 多个学院院长、教授、教师和校长一起会见了立法人员并要求其支持该州的教育法案，提供奖学金给那些教学资源严重短缺地区的学生。参加此活动的教师和校长会给这些眼前的问题带来很大影响。

最后，作为个人，我们可以通过在学校和学校董事会的工作为学校作贡献。当然有些会议，我不知道我到底在那里做什么，比如花时间决定学校的午餐费。但是我相信这个经历使我成为一个更好的教育工作者和研究人员。我们的最终目的是作出改变，而这只是其中的一小步。

爵士乐术语表

Intro(前奏)：乐曲首段，只演奏一次

Progression(和声进行)：各声部的和谐进行

Interlude(间奏)：乐曲中的一个附加部分

Modulation(转调)：一个新音调的开始

（何瑾霞　译）

参考文献

Chronicle of Higher Education. (May 21, 2006). *New teachers say they are ill prepared for classroom diversity and special-needs students*. Retrieved May, 21 2008, from http://chronicle. com/daily/2008/05/2907n. htm? utm_source = pm&utm_medium = en

Peterson, P. E. (2006). *Reforming education in Florida: A study prepared by the Koret Task Force on K - 12 education*. Hoover Institution: Hoover Press.

Rubio, M. (2006). *100 innovative ideas for Florida's future*. Regnery Publishing, Inc.

12　对本书章节的综合评论：第二部分　是爵士还是蓝调？

Wellesley R. Foshay

　　我们的研究领域是一个实践性的领域。对于该领域的定义，与其说是来自于特定研究学科的理论框架，还不如说是来自于它所需要解决的复杂问题。就像工程师一样，我们从多个理论片段中提取具有指导性的原理，再用这些原理来设计相应的技巧以解决实际的学习和教学中所存在的问题。我们通常用类推的方法而不是直接用理论来进行推理。比如说，在我们的领域中，不同知识类型的教学可以依据多种理论。我们一般认为任何特定的知识类型都有特定的框架，很多人都同意不同的知识类型需要用不同的教学技巧进行教学，这样才能达到最佳教学效果。哪怕是在同一认知范畴中，这些说法也是恰当的。如果说我们的领域也存在一种意识形态，那么这种意识形态是一种实实在在的信念，即学习和教学本身就有内在的复杂性。因此对于教学和学习来说没有最佳途径：我们的目标应该是从多种设计方案中归纳出最优化的设计。

　　那么，这是爵士乐还是蓝调？本卷书所含的章节展现了一些本领域内最前沿的研究及理论发展主题。作为一个整体，它们代表了我们所从事的大多数设计活动的重大变化。这是否意味着我们应当像听熟悉的爵士乐曲那样，对每一个新的反复乐节的新的诠释热情欢呼？还是，对我们体察到的本领域的基本理念和这些作者的实际工作之间的鸿沟，我们像听蓝调那样感叹所失？让我们审视一下本卷所包含的主题，看看我们听到的是爵士乐还是蓝调。以我所见，有三个主题。

　　1. 我们已经从过程定位转向设计定位。过去我们对过程论（来自运筹研究的系统论）的信心是如此强烈，以至于教学设计（设计行动）和教学系统开发（过程

W. R. Foshay
Texas Instruments，Dallas，TX，USA
e-mail：rfoshay@foshay.org；www.foshay.org

及工作流程）几乎是同义的。现在我们广泛地摒弃了过程论而倾向于更具当代意义的设计（来自对建筑学，工程学及工业设计学领域的类比），这个设计的理论框架就是分层设计论。其相对应的工作程序是非直线型和螺旋形，强调通过快速复制模型和反复检验达到持续发展。在本卷中，Gibbons 所著的章节为分层设计论的研讨开辟了一条充满希望的大道。Goldman 所著章节则从另一角度为分层设计论提供了一个有趣的实例。

2. 我们正在学习怎样把情景因素和设计联系起来。我们的初始模式承认"系统因素"的重要性。我们提出的解决方法必须在社会、组织和政治经济的情景环境中实现。然而，我们几乎没有关于情景因素应当怎样影响我们的设计的理论。本书许多章节展示了情景因素应该怎样促成人们关于设计的决定。Spector 的系统理论框架为设计师们提供了巨大的想象空间。Strobel 和 Webb 的理论框架为情景因素和设计师的角色之间的关系提供了另一个有益的方向。Dede 所强调的可持续性设计论是对 Reigeluth 关于如何策略性地向学校推荐含有科技元素的解决办法的理论的升华。Morrison 的实例研究为把情景因素融入学校的干预策略模式提供了具体例子。Duffy 的超强实例研究勾画出当前社会学习理论中情景因素的短板，其本身就是受到本卷其他章节（尤其是 Spector 所著章节）的启发而成的。我们在这里要表达的是，如果情景因素确实有真实的及可持续的影响的话，我们将终于开始研究关于情景因素应该怎样并且在何种程度上影响解决方法及策略设计的系统知识。相对于单单依赖认知学习理论的设计方法（或者是起源于建构主义知识论的社会学习理论），我们正开始构筑的基于情景的模式使得以前的方法看上去过于简单了。或许，随着我们对情景（或系统）的系统化理解趋于成熟，我们最终能够明白为何我们起初的方法一旦付诸实践便通常不可扩展及不可持续。

3. 我们正在学习处理重要的事务，而不仅仅是有趣的事务。在第一代设计中，当我们以 Bloom 的认知领域的分类法为理论框架来传授单个事实、单个概念及单个程序时，我们的学习理论似乎表现良好。后来，我们转向传授陈述性及程序性的知识结构，基于从加涅（Gagné）的学习条件论到例如 Anderson 的 ACT－R 理论的认知学习理论。我们现在处于复杂的认知学习及专业知识的时代。Jonassen 的章节代表了对在复杂的认知技巧及认知专长的"黑箱"中创建结构的严肃尝试。刚开始人们可能会对此有所质疑。如果这条探索的道路能够达到预期的目标,我们将明白如何像各行各业中的大师级人物一样运用自如地促进学习者学习现实生活中的重要技巧,从而使某些以前被认为无法定义的事物教起来更容易。或许这是我们第一次处理极具价值的重要认知学习成果——而不是一些我们碰巧已经知道怎样去教的认知学习成果的分支。

这是爵士乐还是蓝调? 本书的这些章节清楚地指明了如何给领域内的各个方面进行重大的重新定义。对于一个有着近 50 年历史的实践领域,这是一项可能迟到太久的任务。即使是随便浏览本书的读者也将发现当前的认知学习理论、社会变化理论,以及日新月异的设计学科的重要影响——这预示着一个对新兴理论的健康开放的态度以及对改进和应用来源广泛的新知识的持续意愿。但是读者们或许会为舍弃 ADDIE 过程或 Bloom 的认知领域分类法等熟悉的工具而吟唱蓝调,他们也许会为他们的想法独立于任何技术所具有的某个潜力而感到沮丧。然而,我却倾向于认为这是爵士乐。

(涂韵宏　译)

图书在版编目(CIP)数据

21世纪的学习和教学技术：前景瞻望/(美)莫勒主编；来凤琪译. —上海：华东师范大学出版社，2016
(教育传播与技术研究前沿译丛)
ISBN 978 - 7 - 5675 - 5538 - 9

Ⅰ.①2… Ⅱ.①莫…②来… Ⅲ.①互联网络-应用-教育研究 Ⅳ.①G420 - 39

中国版本图书馆 CIP 数据核字(2016)第 172685 号

21世纪的学习和教学技术：前景瞻望

主　　编　Leslie Moller　Jason Bond Huett　Douglas M. Harvey
主　　译　来凤琪
主译助理　叶海松　黄晓霞
策划编辑　彭呈军
特约编辑　朱智慧
责任校对　张多多
装帧设计　高　山

出版发行　华东师范大学出版社
社　　址　上海市中山北路3663号　邮编 200062
网　　址　www.ecnupress.com.cn
电　　话　021 - 60821666　行政传真 021 - 62572105
客服电话　021 - 62865537　门市(邮购)电话 021 - 62869887
地　　址　上海市中山北路3663号华东师范大学校内先锋路口
网　　店　http://hdsdcbs.tmall.com

印刷者　常熟高专印刷有限公司
开　　本　787×1092　16开
印　　张　15
字　　数　271千字
版　　次　2017年1月第1版
印　　次　2017年1月第1次
书　　号　ISBN 978 - 7 - 5675 - 5538 - 9/G·9711
定　　价　36.00元

出版人　王　焰